संस्कृति एक नाम रूप अनेक

संस्कृति एक नाम रूप अनेक

देवेंद्र स्वरूप

प्रभात प्रकाशन, दिल्ली
ISO 9001:2015 प्रकाशक

प्रकाशक • **प्रभात प्रकाशन**
४/१९ आसफ अली रोड,
नई दिल्ली–११०००२

संस्करण • २०२०
मूल्य • चार सौ रुपए
मुद्रक • आर–टेक ऑफसेट प्रिंटर्स, दिल्ली

SANSKRTI EK : NAAM ROOP ANEK

by Devendra Swarup ₹ 400.00
Published by Prabhat Prakashan, 4/19 Asaf Ali Road, New Delhi-2
e-mail: prabhatbooks@gmail.com ISBN 978-93-5186-635-0

अनुक्रम

राजनीति नहीं, संस्कृति ही भारत की आत्मा

स्वामी विवेकानंद कहा करते थे, ''जिस प्रकार किसी राक्षस के प्राण एक तोते में बसते थे, उसी प्रकार भारत के प्राण 'धर्म' में छिपे हैं। धर्म को भारत से छीन लो तो भारत मर जाएगा। यह धर्म ही है, जिसका संदेश विश्व को देने के लिए सैकड़ों वर्ष तक अत्याचारों को सहने, लगभग हजार वर्ष तक विदेशी शासन में रहने और विदेशियों द्वारा पीड़ित होने पर भी यह देश आज तक जीवित रहा है। अभी भी उसके जिंदा रहने का कारण यही है कि वह सदैव की भाँति अभी भी ईश्वर का आश्रय लिये हुए है, धर्म और आध्यात्मिकता के अमूल्य भंडार की रक्षा करता आया है।''

उन्नीसवीं शताब्दी के अंतिम दशक में अर्थात् अब से सौ साल से भी पहले के ये उद्‌गार आज भी भारत के जीवन पर कितने सटीक बैठते हैं। सन् १८५७ की महाक्रांति की विफलता के पश्चात् ब्रिटिश साम्राज्यवादियों ने पराभूत और हतप्रभ भारत की बौद्धिक-सांस्कृतिक विजय का जो प्रबल अभियान आरंभ किया, उसके फलस्वरूप भारत अपना अस्मिता-बोध खोकर पश्चिम के अंधानुकरण के रास्ते पर तेजी से दौड़ पड़ा। सत्य की खोज में भटकते अपूर्ण पश्चिमी विज्ञान, पश्चिमी राजनीति, अर्थनीति, बेंथम और मार्क्स की नास्तिक विचारधाराओं में रस लेने लगा। अंग्रेजी शिक्षा प्राप्त भारतीय धर्म का उपहास उड़ाने लगा। राजनीति और राजसत्ता

को ही मानव उत्थान और समाज निर्माण का एकमात्र साधन मान बैठा। गांधीजी के आध्यात्मिक व्यक्तित्व ने कुछ समय के लिए इस पतन-प्रवाह को रोकने का प्रयास किया, किंतु स्वाधीनता प्राप्त होते ही भारत नेहरू के नेतृत्व में राजनीति, सेकुलरिज्म और पाश्चात्य शैली के आर्थिक विकास के मोहजाल में बुरी तरह फँस गया।

नेहरू पथ पर ६० वर्ष लंबी यात्रा के बाद भारत आज कहाँ खड़ा है ? आज का राजनीतिक परिदृश्य क्या है ? सेकुलरिज्म में से कौन सा भूत बाहर आया है और आर्थिक विकास का फल कितने प्रतिशत भारतीयों को चखने को मिला है, यह सबकी आँखों के सामने है, इसका विस्तार से वर्णन करने की आवश्यकता नहीं है। राजनीति के गर्भ से भ्रष्टाचार में डूबा विखंडित समाज जीवन पैदा हुआ है। राजनीतिज्ञों के प्रति पूरा समाज वितृष्णा और अनास्था से भरा हुआ है, किंतु उनसे तथा उनकी सत्तालोलुप भ्रष्ट राजनीति से छुटकारे का कोई उपाय नहीं खोज पा रहा है। सेकुलरिज्म मुस्लिम पृथकतावाद के तुष्टीकरण का आवरण बन गया है, भारत के सांस्कृतिक श्रद्धा केंद्रों, परंपराओं और पूर्वजों को नकारने का कारण हो गया है तथा आर्थिक विकास के फल कुछ मुट्ठी भर लोगों के हाथ में सिमट गए हैं। खेती, किसान, गरीब, मजदूर सब त्राहि-त्राहि कर रहे हैं, आत्महत्या के रास्ते पर बढ़ रहे हैं। मीडिया केवल बलात्कार, हत्या, लूट, डकैती का चित्र प्रस्तुत कर रहा है।

ऊपर से देखने पर लगता है कि अस्मिता बोध से शून्य भारत मर रहा है, विश्व को देने के लिए अब उसके पास कुछ नहीं रह गया है। शायद स्वामी विवेकानंद की भविष्यवाणी गलत सिद्ध हो जाएगी, पर इस राजनीति और मीडिया से दृष्टि हटाकर जब हम समाज-जीवन के अंतरंग में झाँकने का प्रयास करते हैं तो एक अद्भुत दृश्य सामने आता है। हर जिले, हर प्रांत, हर पुराने तीर्थस्थान पर हजारों वर्षों से चले आ रहे मेले और पर्व आज भी लाखों श्रद्धालुओं को आकर्षित कर रहे हैं। राजनीति के क्षेत्र में दिखाई देने वाले सब भेद, सब स्वार्थ, सब टकराव वहाँ विलीन हो गए लगते हैं। वहीं समाज अमीर-गरीब, ऊँच-नीच, अगड़ा-पिछड़ा, साक्षर-

निरक्षर सब भेदों को भुलाकर एक समान श्रद्धा के सूत्र में बँधा बिना किसी निमंत्रण के बिना किसी स्वार्थ के स्वेच्छा से, वहाँ पहुँच जाता है और आत्मसुख प्राप्त कर वापस चला जाता है। भारत कहाँ है ? क्या फूट पैदा करनेवाली राजनीति में या जोड़नेवाली मेला-संस्कृति में ? फिर दिखाई देता है कि हजारों-हजार चले आ रहे हैं वैष्णोदेवी की यात्रा पर, अमरनाथ, बदरीनाथ-केदारनाथ, कैलास-मानसरोवर की यात्रा पर। उनकी संख्या प्रतिवर्ष बढ़ रही है। इन यात्रियों में आधुनिक युवा हैं, पुराने बूढ़े हैं, पुरुष हैं, स्त्रियाँ हैं। यह क्या है, क्यों हो रहा है ?

थोड़ा आगे बढ़ने पर दिखाई देता है कि कथावाचक कथा कह रहे हैं, कभी भागवत की, कभी रामायण की। यह कथा एक पखवाड़े तक चलती है, पचासों हजार नर-नारी श्रद्धाभाव से उसमें प्रतिदिन उपस्थित रहते हैं, एकाग्र भाव से सुनते हैं। उधर राजनीतिज्ञों की एक घंटे की जनसभा के लिए श्रोताओं को ट्रकों और बसों में भरकर लाना पड़ता है, भोजन और यात्रा व्यय देना पड़ता है, पर यह तमाशा केवल एक दिन, केवल कुछ घंटे ही चल पाता है, उससे अधिक नहीं। यह वही भारतवासी है जो राजनीतिज्ञों से दूर भागना चाहता है और धर्मोपदेशकों के चरणों में बैठना चाहता है। कथावाचक अत्यंत लोकप्रिय और श्रद्धेय हैं। मोरारी बापू, विजय कौशलजी, अवधेशानंदजी, किशोर व्यासजी, रमेश भाई ओझाजी, मृदुल कृष्णजी महाराज, साध्वी ऋतंभरा को सुनने से मन क्यों नहीं ऊबता, क्यों उनमें रमता है ? वे कौन सा भाव समाज में संचारित करते हैं ? थोड़ा और भीतर झाँकें तो पूरे भारत में अनेक नए-पुराने आश्रमों, संप्रदायों का जाल बिछा दिखाई देता है—शंकराचार्य परंपरा, साईं बाबा, सत्यसाईं बाबा, चिन्मय मिशन, रामकृष्ण मिशन, गायत्री परिवार, स्वाध्याय परिवार, स्वामीनारायण, निरंकारी, राधास्वामी, डेरा सच्चा सौदा, संत कृपाल आश्रम,, उदासीन आश्रम, रामानंद, चैतन्य, तुकाराम, रजनीश, महेश योगी, हरे कृष्ण, माता अमृतानंदमयी, ब्रह्मकुमारी, आचार्य महाप्रज्ञ, अणुव्रत, दिगंबर संप्रदाय, जैन धारा हो, चाहे बौद्ध धारा, चाहे सिख धारा, प्रत्येक मत-पंथ-संप्रदाय के समारोहों में भक्तों की विशाल संख्या दिखती है। कहीं-

कहीं तो लाखों में। यदि सब मठों, आश्रमों, तीर्थों, मंदिरों, गुरुओं, कथावाचकों, मेलों आदि की सूची बनाई जाए तो उसमें लाखों नाम व हजारों पृष्ठ होंगे। भारत की धर्म चेतना स्वयं को अनेक रूपों, अनेक मार्गों से प्रगट कर रही है। बाह्य रूप अलग हैं, पर सबका संदेश एक है। कुछ मुट्ठी भर वामपंथी नास्तिकों को छोड़ दें तो कोई भारतीय परिवार नहीं मिलेगा जो किसी न किसी आश्रम या गुरू से न जुड़ा हो। स्वामी विवेकानंद ने ठीक ही कहा था कि भारत का प्राण धर्म है, धर्म का प्रवाह अभी भी बह रहा है। धर्म क्षेत्र ही भारत है, वही भारत को जोड़ता है। वही भारत का शक्ति बिंदु है। विवेकानंद शिला स्मारक के शिल्पकार एकनाथ रानडे का यह अनुभवपूत निष्कर्ष सत्य सिद्ध हुआ है कि राजनीति हमें तोड़ती है तो संस्कृति हमें जोड़ती है। भारत में जिंदा रहना है तो उसे इस सर्वनाशी पतनकारी राजनीति की ओर से मुख मोड़कर, सेक्स, सौंदर्य, बलात्कार और हिंसा का प्रचार करनेवाले मीडिया की उपेक्षा करके इन परंपरागत श्रद्धा केंद्रों, मेलों, पर्वों, तीर्थयात्राओं, आश्रमों, मठों और मंदिरों के माध्यम से ही अपनी एकता और शक्ति का साक्षात्कार करना होगा। लोक जागरण और लोक संग्रह के इस परंपरागत ताने-बाने के महत्त्व को हमें पहचानना होगा। भारत के नए पुनर्जागरण का यही एकमात्र रास्ता है।

किंतु यहीं वह प्रश्न हमारे सामने खड़ा हो जाता है जो एकनाथजी बार-बार उठाया करते थे। प्रश्न था, "प्रवचनकारों की संख्या बढ़ रही है। प्रवचन सुनने वालों की संख्या बढ़ रही है, पर समाज का चारित्रिक स्तर लगातार गिर रहा है, ऐसा क्यों?" स्वामी विवेकानंद ने यह प्रश्न बहुत पहले उठाया था। कभी-कभी झुँझलाकर वे कह बैठते थे, "यहाँ हर आदमी ब्रह्म की बात करता है। धिक्कार है तुम्हें। भाषा ब्रह्म की बोलते हैं और तमस में डूबे हैं। तुम्हें सत्त्व नहीं, रजस की घूँट चाहिए। तुम्हें गीता नहीं, फुटबॉल चाहिए।" उन्होंने कहा, "मैं उस धर्म और ईश्वर में विश्वास नहीं करता जो विधवा के आँसू पोंछने या अनाथों को रोटी देने में असमर्थ है। तुम्हें ईश्वर को ढूँढ़ने कहाँ जाना है? क्या गरीब, दुःखी और निर्बल ईश्वर नहीं हैं? पहले उन्हीं की पूजा क्यों नहीं करते? तुम गंगा के किनारे

खड़े होकर कुआँ क्यों खोदते हो?" स्वामीजी का संदेश था, "पहले रोटी और फिर धर्म। जब दरिद्र बेचारे भूखों मर रहे हैं, तब हम उनमें व्यर्थ ही धर्म को ढूँढ़ते हैं। मतवाद या दार्शनिक प्रवचन से भूख की ज्वाला शांत नहीं हो सकती।...तुम लाखों सिद्धांतों की चर्चा करो, करोड़ों संप्रदाय खड़े कर लो, पर जब तक तुम्हारे पास संवेदनशील हृदय नहीं है, जब तक तुममें उन गरीबों के लिए वेदों की शिक्षा के अनुरूप तड़प नहीं उठती, जब तक उन्हें अपने शरीर का ही अंग नहीं समझते, जब तक यह अनुभव नहीं करते कि तुम और वे, दरिद्र और धनी, संत और पापी–सभी उस एक असीम पुंज के, जिसे तुम ब्रह्म कहते हो, अंश हैं, तब तक तुम्हारी धर्म चर्चा व्यर्थ है।" स्वामीजी ने चेतावनी दी, "किसी गरीब और निर्बल की सहायता करने के अपने सामर्थ्य पर घमंड मत करना। यह मत सोचना कि तुम महान् हो और वह तुच्छ, या तुम उस पर कोई उपकार कर रहे हो, क्योंकि यदि धर्म का उद्‌देश्य तुम्हारा आत्मिक विकास है तो नर सेवा के माध्यम से ही तुम्हारा आत्मिक विकास संभव है।" अपनी चुटीली शैली में उन्होंने कहा, "उच्च स्थान पर खड़े होकर और हाथ में कुछ पैसे लेकर यह न कहो, 'ऐ भिखारी, आओ मुझसे भीख लो।' तुम उसका उपकार मानो कि तुम्हारे सामने वह गरीब है, जिसे दान देकर तुम अपने आपकी सहायता कर सकते हो। सौभाग्य पाने वाले का नहीं, देने वाले का है। उसका आभार मानो कि उसने तुम्हें संसार में अपनी उदारता और दया को प्रकट करने का अवसर दिया और इस प्रकार तुम शुद्ध और पूर्णता के पथ पर आगे बढ़ सके।"

'मुदितो करुणापेक्षा' योग सूत्र का भी यही कहना है कि आत्मिक विकास में से करुणा का उद्वेग होता है। गीता ने मानो इसी सूत्र की व्याख्या करते हुआ कहा कि आध्यात्मिक विकास का मुख्य लक्षण है, 'आत्मवत् सर्वभूतेषु' एवं 'सर्वभूत हितेरता:' अर्थात् प्राणिमात्र में अपनी आत्मा को देखना और सब प्राणियों के कल्याण में रमे रहना। भारत की इस अध्यात्म यात्रा को समझना बहुत आवश्यक है। गीता में इस यात्रा के संकेत यत्र-तत्र बिखरे हुए हैं। गीता कहती है कि पहले जीव, जगत् और

ब्रह्म के बारे में हमारा ज्ञान त्रयी विद्या (ऋक्, यजुः, साम; भू, भुवः, स्वः; अग्नि, वायु और इंद्र) तक ही सीमित था। इंद्रलोक या स्वर्ग प्राप्ति ही जीवन का सर्वोच्च लक्ष्य था। इस लक्ष्य की प्राप्ति का मार्ग था इष्टापूर्त धर्म का पालन करना, 'इष्ट' यानी यज्ञ-याग और 'पूर्त' यानी लोकोपकार के लिए कुआँ, बावड़ी, धर्मशाला, चिकित्सालय, अन्न सत्र आदि का निर्माण कराना। किंतु यह नई विद्या त्रिगुणात्मक थी, स्वर्गलोक में पुण्य क्षीण होने पर पुनः मृत्युलोक में आना पड़ता था और इसलिए मनुष्य आवागमन के चक्र में फँसा रहता था, किंतु आगे चलकर हमने योग मार्ग का आविष्कार किया, योग मार्ग से त्रिगुणात्मक प्रकृति के परे विद्यमान गुणातीत, अतींद्रिय ब्रह्म का साक्षात्कार किया, 'अहं ब्रह्मास्मि' और 'तत्त्वमसि' का उद्घोष किया, तब से मोक्ष प्राप्ति के लिए योग साधना जीवन का परम पुरुषार्थ बन गई। उस काल में भी समाज जीवन में संतुलन लाने के लिए तैत्तिरीय उपनिषद् को स्मरण दिलाना पड़ा, 'अन्नं न निन्द्यात् (अन्न की निंदा मत करो), 'अन्नं न परिचक्षीत् (अन्न की अवहेलना न करो) और 'अन्नं बहु कुर्वीत' (अधिक अन्नोत्पादन करो)।

किंतु गीता और तैत्तिरीय उपनिषद् आदि की इन चेतावनियों के बावजूद मोक्ष की कामना सांसारिक जीवन के प्रति विरक्ति का रूप धारण कर गई। भक्ति भावना मंदिरों में विग्रह पूजा और प्रवचनों तक सिमटकर रह गई, 'नर सेवा ही नारायण सेवा' का मूल मंत्र विस्मृत हो गया। उन्नीसवीं सदी के अंत में सन् १८९७ में रामकृष्ण मिशन की स्थापना करके स्वामी विवेकानंद ने दरिद्रनारायण की पूजा को पुनरुज्जीवित किया और अब धीरे-धीरे सब मठ-मंदिर तथा आश्रम इस दिशा में प्रवृत्त हो रहे हैं। इससे उन्हें समाज के दुःख-दर्द को समझने और उसमें सहभागी होने का अवसर मिलेगा। धार्मिक पुरुषों के संपर्क में आने से समाज में आध्यात्मिक चेतना जाग्रत होगी, यह चेतना उन्हें अपनी दुर्बलताओं पर विजय पाने की शक्ति प्रदान करेगी, उन्हें सद्गुणों की ओर बढ़ाने में सहायक होगी। इसलिए प्रत्येक मठ, आश्रम, मंदिर द्वारा संचालित सेवा कार्यों के मूल्यांकन की कसौटी यह होगी कि क्या वे धनशक्ति के बल पर सेवा कार्य चला रहे हैं

या स्वयं उन सेवा कार्यों में मनसा, वाचा, कर्मणा प्रत्यक्ष भाग ले रहे हैं।

धन के बल पर सेवा कार्यों की एक बड़ी संख्या विदेशी या सरकारी अनुदान पर आश्रित स्वयंसेवी संस्थाएँ पहले से चला रही हैं, किंतु सेवा प्रकल्पों का अध्ययन बताता है कि ऐसी संस्थाओं के लिए सेवा कार्य अधिक-से-अधिक चंदा जुटाने का धंधा बन गया है। स्वयंसेवी संगठनों का क्षेत्र अब एक व्यवसाय का रूप धारण कर गया है। वह अधिकतर वेतनभोगी कार्यकर्ताओं द्वारा चलाया जा रहा है। इसमें सेवा का भाव कम जीविकोपार्जन की प्रेरणा अधिक बलवती है। और यही बात उन्हें धार्मिक संस्थाओं के सेवा कार्यों से अलग कर देती है। वे अपने आध्यात्मिक विकास और चित्त शुद्धि के लिए नर सेवा करते हैं, वे नर में नारायण के दर्शन करते हैं। नर सेवा ही नारायण सेवा-उनका मूलमंत्र है। उसमें परोपकार का अहं भाव नहीं है, अपने आध्यात्मिक विकास की विनम्रता है। स्वामी विवेकानंद के शब्द थे—उपकार सेवाकर्त्ता नहीं, सेवा लेने वाला कर रहा है। ऐसी सेवा मनुष्य को केवल भौतिक आवश्यकताओं, आध्यात्मिक शक्तियों के जागरण का द्वार भी खोल देती है। वह समाज को याचक और दाता में विभाजित नहीं करती बल्कि समाज के दुर्बलतम-दरिद्रतम व्यक्ति के भीतर सोए हुए भगवान् को जगा देती है।

(पाञ्चजन्य, 6 अप्रैल, २००८)

□

सौ-सौ नामरूपों में प्रस्फुटित सनातन धर्म

सन् १८५७ की क्रांति की विफलता से पराभूत एवं मूर्छित भारतीय राष्ट्रवाद ने पुनः अगली शताब्दी का विहान फूटने पर ही स्वदेशी आंदोलन के रूप में अँगड़ाई ली! उस समय भारतीय राष्ट्रवाद के उद्‌गाता के रूप में उभरी लाल-बाल-पाल की त्रिमूर्ति और अरविंद घोष, जो आगे चलकर योगी अरविंद बने। योगी अरविंद को ही भारतीय राष्ट्रवाद के दर्शन का सच्चा व्याख्याता कहा जा सकता है। 'वंदेमातरम्' नामक पत्र के माध्यम से वे ही इस राष्ट्रवाद के मुख्य प्रवक्ता बने! जिस समय आंदोलन अपने पूरे यौवन पर था, उसी समय २ मई, १९०८ को श्री अरविंद बंदी बनाकर रंगमंच से हटा लिये गए और पूरे एक वर्ष बाद ५ मई, १९०९ को ही बाहर निकल पाए। जेल से मुक्ति के पश्चात् उत्तरपाड़ा नामक स्थान पर धर्मरक्षिणी सभा ने उनका प्रथम सार्वजनिक स्वागत आयोजित किया और उसी के मंच से उनका सार्वजनिक भाषण हुआ। इस भाषण में बोले गए शब्द भले ही श्री अरविंद के मुँह से निकले हों पर वह ईश्वर प्रणीत वाणी थी। श्री अरविंद ने स्वयं कहा था, "जैसे ही मैं यहाँ आकर बैठा, मेरे मन में एक संदेश आया और यह संदेश आपको और सारे भारत राष्ट्र को सुनाना है।" और स्पष्ट करते हुए उन्होंने कहा, "मेरे मन में जो कुछ था, उसे भगवान् ने निकाल कर फेंक दिया है और मैं जो कुछ बोल रहा हूँ, वह प्रेरणा के वश, बाध्य होकर बोल रहा हूँ।"

श्री अरविंद ने श्रोताओं को स्मरण दिलाया कि एक वर्ष पहले भी वे उत्तरपाड़ा आए थे। तब श्री विपिन चंद्र पाल जेल से छूटे थे और उनका पहला स्वागत भी यहीं किया गया था। उस समय भी विपिन पाल ने जो संदेश दिया था, वह 'प्रेरणा से मिला हुआ संदेश था'। श्री अरविंद ने कहा, "उनकी वह वक्तृता मुझे आज भी स्मरण है। उसका मर्म और अभिप्राय उतना राजनीतिक नहीं था, जितना धार्मिक था। उन्होंने कहा था कि इस आंदोलन में जो शक्ति काम कर रही है, वह सामान्य शक्ति की अपेक्षा महान् है और इसका हेतु भी सामान्य हेतु से बढ़कर है।" श्री अरविंद ने कहा कि 'जो संदेश विपिन चंद्र पाल ने बक्सर जेल में पाया था, वही भगवान् ने मुझे अलीपुर जेल में दिया।'

सत्य का साक्षात्कार

भगवान् मुझे जेल क्यों ले गए, वहाँ उन्होंने मुझे क्या संदेश दिया, इसको स्पष्ट करते हुए श्री अरविंद ने कहा, "इस एकांतवाद में मेरे अंदर क्या हुआ, यह कहने की प्रेरणा नहीं हो रही, बस इतना काफी है कि वहाँ दिन-प्रतिदिन भगवान् ने अपने चमत्कार दिखाए और मुझे हिन्दू धर्म के वास्तविक सत्य का साक्षात्कार कराया। पहले मेरे अंदर अनेक प्रकार के संदेह थे। मेरा लालन-पालन इंग्लैंड के विदेशी भावों और सर्वथा विदेशी वातावरण में हुआ था। एक समय मैं हिन्दू धर्म की बहुत सी बातों को मात्र कल्पना समझता था, यह समझता था कि इसमें बहुत कुछ केवल स्वप्न, भ्रम या माया है, परंतु अब दिन-प्रतिदिन मैंने हिन्दू धर्म के सत्य को अपने मन में, अपने प्राण में और अपने शरीर में अनुभव किया। वे मेरे लिए जीवित अनुभव हो गए और मेरे सामने ऐसी सब बातें प्रकट होने लगीं, जिनके बारे में भौतिक विज्ञान कोई व्याख्या नहीं दे सकता। जब मैं पहले-पहल भगवान् के पास गया तो पूरी तरह भक्ति भाव के साथ नहीं गया था, पूरी तरह ज्ञान के भाव से भी नहीं गया था।"

श्री अरविंद ने बताया कि भगवान् ने मुझे जेल से बाहर जाने का आदेश देते हुए, जो संदेश दिया, वह इस प्रकार था, "इस एक वर्ष के एकांतवास में तुम्हें कुछ दिखाया गया है, वह चीज दिखाई गई है, जिसके

बारे में तुम्हें संदेह था, वह है, हिन्दू धर्म का सत्य। इसी धर्म को मैं संसार के सामने उठा रहा हूँ। यही वह धर्म है, जिसे मैंने ऋषियों-मुनियों और अवतारों के द्वारा विकसित किया और पूर्ण बनाया है और अब यह धर्म अन्य जातियों में मेरा काम करने के लिए बढ़ रहा है। मैं अपनी वाणी का प्रसार करने के लिए इस जाति को उठा रहा हूँ। यही वह सनातन धर्म है, जिसे तुम पहले सचमुच नहीं जानते थे, किंतु जिसे अब मैंने तुम्हारे सामने प्रकट कर दिया है। तुम्हारे अंदर जो नास्तिकता थी, जो संदेह था, उसका उत्तर दे दिया गया है।''

श्री अरविंद ने कहा, ''उस एकांतवास में मैंने यह जाना कि हिन्दू धर्म का मतलब क्या है? बहुधा हम हिन्दू धर्म, सनातन धर्म की बातें करते हैं, किंतु वास्तव में हममें से कम ही लोग यह जानते हैं कि यह धर्म क्या है। दूसरे धर्म मुख्य रूप से विश्वास, व्रत, दीक्षा और मान्यता को महत्त्व देते हैं, किंतु सनातन धर्म तो स्वयं जीवन है, वह उतना विश्वास करने की चीज नहीं है, जितना जीवन में उतारने की चीज है। यही वह धर्म है जिसका लालन-पालन मानव जाति के कल्याण के लिए प्राचीनकाल से इस प्रायद्वीप के एकांतवास में होता आ रहा है। यही धर्म देने के लिए भारत उठ रहा है। भारतवर्ष, दूसरे देशों की तरह, केवल अपने लिए या मजबूत होकर दूसरों को कुचलने के लिए नहीं उठ रहा। वह उठ रहा है सारे संसार पर वह सनातन ज्योति फैलाने के लिए, जो उसे सौंपी गई है। भारत का जीवन सदा ही मानव जाति के लिए रहा है, उसे अपने लिए नहीं, बल्कि मानव जाति के लिए महान् होना है।''

इसलिए, ''जब तुम बाहर निकलो तो सदा अपने राष्ट्र को यही वाणी सुनाना कि वे सनातन धर्म के लिए उठ रहे हैं। वे अपने लिए नहीं, बल्कि संसार के लिए उठ रहे हैं। मैं उन्हें संसार की सेवा के लिए स्वतंत्रता दे रहा हूँ। अतएव जब यह कहा जाता है कि भारतवर्ष ऊपर उठेगा तो उसका अर्थ होता है सनातन धर्म ऊपर उठेगा। जब कहा जाता है कि भारतवर्ष बढ़ेगा और फैलेगा तो इसका अर्थ होता है कि सनातन धर्म फैलेगा और संसार पर छा जाएगा। धर्म के लिए और धर्म के द्वारा ही भारत का अस्तित्व है। धर्म

की महिमा बढ़ाने का अर्थ है देश की महिमा बढ़ाना।''

राष्ट्रीयता राजनीति नहीं

भारतीय राष्ट्रवाद के इस मर्म को स्पष्ट करते हुए श्री अरविंद ने कहा, ''पहले भी एक बार जब मेरे अंदर यही शक्ति काम रही थी तो मैंने आपसे कहा था कि यह आंदोलन राजनीतिक आंदोलन नहीं है और राष्ट्रीयता राजनीति नहीं, बल्कि एक धर्म है, एक विश्वास है, एक निष्ठा है। उसी बात को आज मैं फिर दोहराता हूँ, किंतु आज मैं उसे दूसरे ही रूप में उपस्थित कर रहा हूँ। आज मैं कहता हूँ कि सनातन धर्म ही हमारे लिए राष्ट्रीयता है। यह हिन्दू समाज सनातन धर्म को लेकर ही पैदा हुआ है, उसी को लेकर चलता है और उसी को लेकर पनपता है। जब सनातन धर्म की हानि होती है, तब इस जाति की भी अवनति होती है और यदि सनातन धर्म का विनाश संभव होता तो सनातन धर्म के साथ-ही-साथ इस जाति का भी विनाश हो जाता।''

श्री अरविंद ने कहा कि यह मात्र संयोग नहीं है कि मेरा पहला स्वागत किसी राजनीतिक मंच से नहीं, धर्मरक्षिणी सभा द्वारा किया जा रहा है।

श्री अरविंद को भगवान् ने दूसरा संदेश यह दिया कि इस आंदोलन को तुम नहीं, मैं चला रहा हूँ। मैंने ही वह कोलाहलपूर्ण वातावरण उत्पन्न किया, जब चारों ओर वंदेमातरम् की ध्वनि गूँज रही थी और मैंने ही आज की निस्तब्धता पैदा की है। मैंने ही तुमको कर्मक्षेत्र से खींचकर कारागृह में बंद कर दिया ताकि मैं तुम्हें उस सत्य का साक्षात्कार करा सकूँ, जिसे तुम्हारे माध्यम से मुझे संसार में पहुँचाना है।

भारतीय राष्ट्रवाद की यात्रा

श्री अरविंद के मुख से ईश्वरीय वाणी को इतने विस्तार से यहाँ देने का हेतु यह कि इस वाणी को समझे बिना हम स्वतंत्रता पूर्व और पश्चात् की भारतीय राष्ट्रवाद की यात्रा ठीक से समझ नहीं पाएँगे। इतिहास साक्षी है कि भगवान् कितने विचित्र ढंग से राष्ट्रीय आंदोलन को नया मोड़ दे रहे

थे। एक ओर वे श्री अरविंद को राजनीतिक कर्मक्षेत्र से खींचकर एकांतिक अध्यात्म साधना की ओर प्रवृत्त कर रहे थे, दूसरी ओर महात्मा गांधी के रूप में एक नया नेतृत्व गढ़ रहे थे जो राजनीति में रहते हुए भी राजनीति से बाहर था। क्या यह मात्र संयोग है कि जिस समय श्री अरविंद उत्तरपाड़ा में भारतीय राष्ट्रवाद के सांस्कृतिक चरित्र की व्याख्या कर रहे थे, लगभग उसी समय भारत से हजारों मील दूर दक्षिण अफ्रीका में बैठकर गांधीजी 'हिंद स्वराज्य' नामक पुस्तिका के रूप में भारत के स्वतंत्रता आंदोलन का घोषणा पत्र तैयार कर रहे थे। इस घोषणा पत्र में उन्होंने स्पष्ट लिख दिया कि भारत राजनीतिक आजादी के लिए नहीं, सांस्कृतिक आजादी के लिए लड़ रहा है। भारत की लड़ाई मात्र राजनीतिक सत्ता के लिए नहीं है, वह पश्चिमी सभ्यता के आक्रमण के विरुद्ध लड़ाई है। भारत एक महान् सभ्यता का उत्तराधिकारी है, सभ्यता के क्षेत्र में उसे पश्चिम से कुछ नहीं सीखना है। भारत की सभ्यता और संस्कृति का मर्म है—सनातन धर्म! इसलिए सनातन धर्म ही गांधीजी के संपूर्ण चिंतन, भाषा, कर्म और कार्य पद्धति का प्रेरक तत्त्व रहा।

मुख्य प्रेरक शक्ति

स्वतंत्र भारत की यात्रा ऊपर से देखने पर सनातन धर्म की पटरी से भटकाव जैसी लगती है, पर गहराई से देखने पर उसमें भी सनातन धर्म अर्थात् आध्यात्मिकता में अडिग विश्वास ही मुख्य प्रेरक शक्ति दिखाई देता है। इस समय भारत की आध्यात्मिक चेतना एक ओर तो राष्ट्रीय स्वयंसेवक संघ रूपी वटवृक्ष की अनेक शाखा-प्रशाखाओं का रूप धारण कर राष्ट्र जीवन के प्रत्येक अंग को आप्लावित कर रही है, नव रचना के सृजन के साथ-साथ सनातन धर्म को धारण करनेवाले हिन्दू समाजरूपी शरीर की रक्षा का क्षात्र धर्म भी निभा रही है, दूसरी ओर यही चेतना अनेक साधु-संतों, संगठनात्मक नाम-रूपों से आध्यात्मिक जागरण का प्रवाह कर हिंदुत्व अर्थात् सनातन धर्म की लोकमानस में भावभूमि तैयार कर रही है। कहीं यह चेतना पांडुरंग शास्त्री आठवले का 'स्वाध्याय' नामक 'भक्ति प्रवाह' बनकर प्रकट हुई है, तो कहीं यह पं. श्रीराम शर्मा

आचार्य की 'युग निर्माण योजना' या गायत्री-परिवार बनकर लोकमन का परिष्कार कर रही है। कहीं यह स्वामीनारायण संप्रदाय के माध्यम से अपने विराट् और भव्य रूप का दर्शन कराकर विश्व को चमत्कृत कर रही है तो कहीं यह महर्षि महेश योगी के 'भावातीत ध्यान' व वेदज्ञान प्रसार का रूप धारण कर सहस्रों विदेशी नर-नारियों को आंतरिक शांति का लाभ करा रही है। कहीं यह सत्य साईं बाबा के माध्यम से चमत्कारों का प्रदर्शन कर शंकालु मनों को धर्म की शरण में ला रही है तो कहीं माँ आनंदमयी के मुख से अध्यात्म वर्षा कर रही है। भारतीय अध्यात्म के इन प्रवक्ताओं, प्रेरणा केंद्रों और शक्ति स्रोतों की संख्या सैकड़ों में नहीं, हजारों में हैं। उनमें कितनी वास्तविकता है, कितना आडंबर है, यह इस समय हमारे विवेचन का मुख्य विषय नहीं है, किंतु उनके बाह्य रूप, उनकी शब्दावली, उनके कार्यकलापों को देखने से इतना तो स्पष्ट ही है कि इन सबकी बीज भूमि भारतीय आध्यात्मिकता में ही है, ये सब अध्यात्म की भाषा बोलते हैं, सब धर्म के उन्हीं दस मूल्यों को प्राप्त करना मानव जीवन का लक्ष्य मानते हैं, जो श्रुति-स्मृति परंपरा से चले आए हैं, इन सबका प्रत्येक शब्द, प्रत्येक कार्य व्यक्ति को हिन्दुत्व के प्रति श्रद्धावान बनाता है।

कई बार हमारा तार्किक मन शंकालु हो उठता है कि यदि सबकी बीज भूमि एक है, प्रेरणास्रोत एक है, लक्ष्य एक है, भाषा एक है तो फिर अलग-अलग संस्थाएँ क्यों? प्रत्येक संस्था में किसी एक विशिष्ट गुरु परंपरा के प्रति एकांतिक श्रद्धा क्यों? यह गुरुडम नहीं तो क्या है? फिर भी कभी-कभी हमारे मन में प्रश्न उठता है कि कई बार उनके कार्यक्रमों को देखकर लगता है कि उनमें भी राजनीतिक दलों के समान अपना प्रचार करने की, आत्म प्रशंसा की, अपनी विशालता और वैभव के प्रदर्शन की भावना विद्यमान है। तो हम कैसे मान लें कि जैसा वे ऊपर से दिखाई दे रहे हैं, वैसा ही भीतर से भी हैं? इन प्रश्नों के उत्तर में हम केवल इतना ही कह सकते हैं कि आध्यात्मिक चेतना कुछ व्यक्तियों के माध्यम से ही अपने को प्रकट करती है। लंबी एकांतिक साधना अथवा ईश्वरीय कृपा से कुछ लोग आध्यात्मिक शक्ति पुंज बनकर श्रद्धालु मनों को अपनी ओर

खींचते हैं और एक नए साधनापथ का केंद्र बन जाते हैं। विविधता से परिपूर्ण इस विशाल देश में सभी देशवासियों का किसी एक केंद्र से जुड़ना या शक्ति प्राप्त करना संभव ही नहीं है, इसलिए ऐसे सभी आध्यात्मिक प्रयास अध्यात्म के उसी विशाल समुद्र में से उठ रहे बुदबुदों के समान हैं, सब अलग-अलग दिखाई देते हुए भी एक हैं, परस्पर पूरक हैं। सब अंततः उसी महासमुद्र में विलीन हो जाने वाले हैं।

जहाँ तक उनकी अंतर्बाह्य वास्तविकता और शुचिता का प्रश्न है; मुख्य चीज है श्रद्धा! गीता में कहा गया है कि जिसकी जैसी श्रद्धा होती है, वैसा ही वह बन जाता है। कौन सी श्रद्धा है, जो हजारों-लाखों लोगों को इनकी ओर खींच ले जाती है, क्या है उनके पास; जो इस श्रद्धा को टिकाए रखता है? भारतीय जन की यह श्रद्धा ही उसकी रग-रग में व्याप्त आध्यात्मिक चेतना की अभिव्यक्ति है। यही आध्यात्मिक चेतना है जो अनेक विध बाह्य परिवर्तनों के बीच भी भारतीय राष्ट्रीयता के जीवन प्रवाह को अखंड, अप्रतिहत बनाए रख सकी है।

यह ईश्वरीय लीला नहीं तो क्या है कि पूर्वी उत्तर प्रदेश के बस्ती जिले के एक छोटे से गाँव छपैया में सन् १७८० में जन्मा घनश्याम नाम का एक बालक ११ वर्ष की अल्पायु में मातृ-पितृ विहीन होकर किताबी पांडित्य को अर्जित किए बिना आध्यात्मिक साधना के अनजाने पथ पर हिमालय की ओर निकल जाता है। योगसिद्धि प्राप्त करके उत्तर से दक्षिण तक भारत भ्रमण करते हुए गुजरात पहुँच जाता है और वहाँ माँगरोली के पास 'लोज' नामक छोटे से अनजाने गाँव में आध्यात्मिकता का बीज बनकर स्वयं को बो देता है। किसी रामानंद स्वामी की आध्यात्मिक विरासत का उत्तराधिकारी बनकर सहजानंद स्वामी बन जाता है, किंतु शीघ्र ही अपने आध्यात्मिक तेज के कारण गुजरात के लाखों घरों में स्वामीनारायण भगवान् के रूप में पूजित हो जाता है। उसके आध्यात्मिक तेज से प्रकाशित होकर सर्वस्व त्यागी संतों की एक विशाल टोली तैयार हो जाती है। उसके जीवन काल में ही नौ नगरों में निर्मित नौ महा मंदिर जिनमें नर-नारायण और राधाकृष्ण की मूर्तियाँ प्रतिष्ठापित हैं, इस आध्यात्मिक आंदोलन का

केंद्र बन जाते हैं। इस आंदोलन के मूल में विद्यमान आध्यात्मिक शक्ति का इससे बड़ा प्रमाण क्या हो सकता है कि लगभग २०० वर्ष बीत जाने पर भी उसका प्रभा मंडल धूमिल होने के बजाय उत्तरोत्तर देदीप्यमान हो रहा है। आज स्वामीनारायण संप्रदाय भक्ति और आधुनिक विज्ञान का अद्‌भुत संगम बन गया है। विज्ञान और टेक्नोलॉजी के आधुनिकतम साधनों का उपयोग आध्यात्मिकता का संदेश पहुँचाने के लिए कैसे किया जा सकता है, यह अहमदाबाद के निकट २३ एकड़ के विशाल क्षेत्र पर ६ वर्ष लंबे प्रयास से निर्मित अक्षरधाम नामक स्थायी रचना को देखकर लग जाता है। हमारे जिस पत्रकार मित्र को यह रचना देखने का सौभाग्य मिला, उन्होंने लिखा है, ''यह स्थापत्य सौंदर्य का एक आकर्षक नमूना है। इसके चार भाग हैं—मुख्य मंदिर, सांस्कृतिक प्रदर्शनी, आर्ष नामक सांस्कृतिक विश्वविद्यालय और आयुर्वेदिक जड़ी-बूटियों का उद्यान। इसको देखने में मुझे चार घंटे लगे। मैं कह सकता हूँ कि इस दौरान मैंने हजारों साल की भारतीय संस्कृति की एक समेकित यात्रा कर ली।''

इसी स्वामीनारायण संप्रदाय ने दो महीने पहले मुंबई में १०० एकड़ भूमि पर अमृत महोत्सव का भव्य आयोजन किया। इस के निर्माण में भव्यता, विशालता, आधुनिकता, कलात्मकता, संस्कार क्षमता, भक्ति भावना और संगठन कौशल्य का इतना अद्‌भुत संगम किया गया कि बिना देखे उसकी कल्पना करना ही संभव नहीं है। ५४० फीट लंबा और ६० फीट ऊँचा प्रवेश द्वार अमृतमंथन के दृश्यों को संकेत रूप में प्रस्तुत करते हुए, २० हजार लोगों के बैठने लायक सभास्थल, अक्षर पुरुषोत्तम, राधाकृष्ण और सीताराम की प्रतिमाओं से सज्जित भव्य मंदिर, एक सांस्कृतिक प्रदर्शनी, औद्योगिक प्रदर्शनी, भक्तिपुरम और बाल नगरी जैसे अनेक भाग उसमें थे। कलात्मकता, प्रबंध कुशलता और सेवा के संगम का वह अद्‌भुत नमूना था। ५०-६० हजार लोग उसे प्रतिदिन देखने आते थे। कभी-कभी यह संख्या लाख में पहुँच जाती थी। इस प्रबंध के लिए २२ हजार कार्यकर्ताओं ने पूरे ४४ दिन संप्रदाय को अर्पित किए थे।

अलग प्रवेश द्वार वाली बाल नगरी में एक गुफा मंदिर, एक वीडियो

थियेटर, एक कंप्यूटर सेंटर, एक हस्तकला केंद्र की रचना की गई। इस बाल नगरी का प्रबंधन १० से १५ वर्ष की आयु वर्ग के १,६०० बच्चों ने सँभाला। उन्होंने २८ विभागों के जरिए यह दायित्व निभाया। आज के भौतिकतावादी स्वार्थी युग में स्वामीनारायण संप्रदाय को इतनी बड़ी संख्या में समर्पित ऊँची शिक्षा प्राप्त, ऊँचे पदों पर कार्यरत कार्यकर्ता मिले कहाँ से? कैसे? तो इसका रहस्य उसी संत परंपरा में है, जो स्वामी सहजानंद या स्वामीनारायण भगवान् के समय से चली आ रही है और आज भी हजारों-लाखों लोगों को निःस्वार्थ समाजसेवा के पथ पर अनुप्राणित करने की आध्यात्मिक शक्ति अपने अंदर रखती है। कुछ वर्ष पूर्व अमरीका में इसी स्वामीनारायण संप्रदाय ने अपने बल पर एक विशाल भारत महोत्सव का आयोजन किया था, जिसकी भव्यता, कलात्मकता, संस्कार क्षमता और प्रबंध कुशलता को देखकर लोग चमत्कृत रह गए थे और उसके विस्तृत वर्णन उन दिनों के समाचार-पत्रों पर छा गए थे। यह महोत्सव इसलिए भी आकर्षण का केंद्र बन गया, क्योंकि उसके कुछ ही समय पूर्व राजीव गांधी की सरकार ने जन कोष से करोड़ों-अरबों रुपए खर्च करके जिस भारत महोत्सव का आयोजन किया था, उसमें न भव्यता थी, न कलात्मकता, न प्रबंध-कौशल्य था और न संस्कार क्षमता।

स्वामीनारायण संप्रदाय ने अपनी कल्पना शक्ति और साधन संग्राहकता के बल पर इंग्लैंड में भी एक भव्य मंदिर का निर्माण करके भारतीय संस्कृति का प्रकाश स्तंभ स्थायी रूप से खड़ा कर दिया है। यह मंदिर स्थापत्य कला का तो अद्‍भुत नमूना है ही, आध्यात्मिक शांति की खोज में भटक रहे पश्चिम के बेचैन मन के लिए एक बहुत बड़ा सांत्वना केंद्र भी बन गया है। पिछले वर्ष गणेशजी के दूध चमत्कार के समय इस मंदिर के अस्तित्व ने ही ब्रिटिश मीडिया को उस चमत्कार के दर्शन करा कर उसका उद्‍घोष करने के लिए विवश किया था। अभी पिछले ही सप्ताह इंग्लैंड के राजकुमार चार्ल्स अपनी पत्नी डायना की ओर से मिल रहे आघातों से दुःखी मन को शांति देने के लिए इसी मंदिर की शरण में आए थे।

सामाजिक-आर्थिक पुनर्रचना

लेकिन स्वामीनारायण संप्रदाय का मुख्य कार्य स्थापत्य कला और प्रबंध कुशलता का प्रदर्शन करनेवाले ये भव्य और विराट स्थूल आयोजन नहीं हैं अपितु समर्पित त्यागी संन्यासियों के सतत संपर्क के द्वारा सुप्त आध्यात्मिक शक्तियों का जागरण है और आध्यात्मिकता को लोकसेवा में प्रवाहित करना है। साक्षरता प्रसार, व्यसन मुक्ति अभियान, अध्यात्म शिविर, दहेज मुक्ति, सामूहिक विवाह, अस्पृश्यता निवारण, सामाजिक समरसता आदि अनेक कार्यक्रम हैं, जो सामाजिक-आर्थिक पुनर्रचना का काम कर रहे हैं।

जब हम गायत्री परिवार की युग-निर्माण योजना में प्रवेश करते हैं या स्वाध्याय प्रवाह को समझने का प्रयास करते हैं तो हम पाते हैं कि इन सभी प्रयासों की कार्यशैली, उसमें प्रयुक्त शब्दावली में थोड़ा बहुत अंतर भले ही दिखाई दे, किंतु उनकी प्रेरणाभूमि एक है, उनकी कार्य पद्धति का आधार भक्ति के द्वारा मनुष्य के भीतर के दैवी भाव को जगाकर उसे लोकसेवा के पथ पर प्रवृत्त करना है। पाञ्चजन्य के पाठकों के लिए ये प्रयास अपरिचित नहीं हैं। कुछ ही महीने पहले २६ नवंबर, १९९५ के अंक में पाञ्चजन्य ने गायत्री परिवार द्वारा अपने संस्थापक पं. श्रीराम शर्मा आचार्य की जन्मस्थली आंवलखेड़ा में, जो मथुरा के निकट स्थित एक बहुत छोटा सा गाँव है, आयोजित एक विशाल महायज्ञ का विस्तृत वर्णन प्रस्तुत किया था। इस समारोह के लिए ९०० एकड़ भूमि पर तंबुओं की जो विशाल महानगरी बसाई गई, उसमें भी उसी भव्यता, विराटता, साधनसंग्राहकता और प्रबंध-कुशलता के दर्शन होते थे जो स्वामीनारायण संप्रदाय के अमृत महोत्सव में दिखाई दिए। १,२५० यज्ञस्थलों पर एक साथ १२-१४ हजार पीतवस्त्रधारी स्त्री-पुरुषों द्वारा वैदिक ऋचाओं के सस्वर पाठ के साथ आहुति देने का दृश्य, लाखों लोगों के निःशुल्क आवास और भोजन की व्यवस्था, २० नगरों और १५ भोजनालयों में प्रत्येक दिन ९०० बोरी चावल और १०० बोरी आटे को जुटा लेना; यह सब चमत्कार नहीं तो और क्या है। इस भव्य विराटता में भी कितनी

संस्कार क्षमता है। भारतीय परिवार व्यवस्था का प्राण माने जाने वाले, पर आज लुप्त हो रहे १६ संस्कारों की पुनर्प्रतिष्ठा के लिए कितना आग्रह। नामकरण, अन्नप्राशन, मुंडन, यज्ञोपवीत, शिखाकरण के प्रति जो आग्रह गायत्री-परिवार ने उत्पन्न किया है, उस पर तो विश्वास ही नहीं हो पाता।

इसी प्रकार पाञ्चजन्य के ३ मार्च, १९९६ के अंक में आपने पांडुरंग शास्त्री आठवले के स्वाध्याय नाम से विश्रुत भक्ति प्रवाह का आँखों देखा वर्णन पढ़ा होगा। सहसा विश्वास नहीं होता कि कामुकता और विलासिता के आज के वातावरण में भक्ति और संस्कृत के माध्यम से लोक जागरण का इतना विशाल प्रयास खड़ा हो सकता है।

यदि कोई स्वामीनारायण की रचना 'शिक्षापत्री' को पढ़े या पं. श्रीराम शर्मा आचार्य द्वारा लिखित लगभग एक हजार पुस्तिकाओं को पढ़े या पांडुरंग शास्त्रीजी के प्रवचनों के संग्रह का अवगाहन करे तो सबकी निष्ठा एक है, दृष्टि एक है और स्वर एक है। इनमें से प्रत्येक श्रुति-स्मृति परंपरा को अपने कार्य का आधार बताता है, भक्ति मार्ग को ही मानव की सुप्त दैवी-प्रवृत्तियों को जगाने का माध्यम मानता है और निःस्वार्थ लोकसेवा को ही अध्यात्म की एकमात्र कसौटी समझता है। सभी प्रयास संस्कृत भाषा को महत्त्व देकर भारतीय मन को ऋषि-परंपरा द्वारा प्रदत्त ज्ञान भंडार से जोड़ रहे हैं, भारतीय संस्कृति के प्रतीकों में श्रद्धा को दृढ़ बना रहे हैं। यही संदेश है, जो भगवान् ने इस शताब्दी के आरंभ में श्री अरविंद के माध्यम से हमें दिया था। इन सबके सम्मिलित प्रयासों से सनातन धर्म यानी भारतीय राष्ट्रीयता से उत्कर्ष हो रहा है।

(पाञ्चजन्य, १७ मार्च, १९९६)

□

हमारे राष्ट्रवाद की नींव है अध्यात्म

महात्मा गांधी ने सन् १९०९ में दक्षिण अफ्रीका में बैठकर एक छोटी पुस्तक प्रश्नोत्तर रूप में लिखी थी जिसका नाम है—हिंद स्वराज्य। इस पुस्तिका को गांधीजी के संपूर्ण चिंतन और कर्म की कुंजी कहा जाता है। इस पुस्तक में गांधीजी ने एक जगह लिखा है, ''हमें अंग्रेजों ने सिखाया है कि हम एक राष्ट्र नहीं थे और एक राष्ट्र बनने के लिए हमें सैकड़ों बरस लगेंगे। यह बात बिल्कुल बेबुनियाद है। जब अंग्रेज हिन्दुस्तान में नहीं थे, तब भी हम एक राष्ट्र थे, हमारा रहन-सहन एक था। तभी तो अंग्रेजों ने यहाँ एक राज कायम किया। भेद तो बाद में उन्होंने पैदा किए। मैं जो कहता हूँ, बिना सोचे-विचारे नहीं कहता। एक राष्ट्र का अर्थ यह नहीं कि हमारे बीच भिन्नता नहीं थी, लेकिन हमारे बड़े लोग पैदल या बैलगाड़ी में हिन्दुस्तान की यात्रा करते थे। जिन दूरदर्शी पुरुषों ने सेतुबंध रामेश्वर, जगन्नाथपुरी और हरिद्वार की यात्रा ठहराई, उसका आपकी राय में क्या खयाल रहा होगा? वे मूर्ख नहीं थे, यह तो आप कबूल करेंगे। वे जानते थे कि ईश्वर भजन तो घर बैठे हो सकता है। उन्हीं ने हमें सिखाया है कि 'मन चंगा तो कठौती में गंगा', लेकिन उन्होंने सोचा कि प्रकृति ने हिन्दुस्तान को एक देश बनाया है, इसलिए वह एक प्रजा (राष्ट्र) होना चाहिए। इसलिए उन्होंने अलग-अलग स्थान तय करके लोगों को एकता का विचार इस तरह दिया, जैसा दुनिया में और कहीं नहीं दिया गया है। दो अंग्रेज जितने एक नहीं थे, उतने हम हिंदी एक थे और एक हैं।''

अब कोई पूछ सकता है कि तीर्थ-यात्रा और राष्ट्रीयता का क्या

संबंध हो सकता है ? गांधीजी ने ये पंक्तियाँ जिस समय लिखीं, उस समय तक उन्नीसवीं शताब्दी के यूरोपीय चिंतन के अनुसार राष्ट्रीयता को एक राजनैतिक अवधारणा के रूप में देखा जाता था, राजसत्ता को ही राष्ट्र-निर्माण का मुख्य माध्यम माना जाता था। राष्ट्र बनने के लिए भूमि, भाषा, नस्ल, धर्म और राज्य की एकता को अनिवार्य कहा जाता था तथा राष्ट्रीयता की इस व्याख्या की कसौटी पर अनेक विविधताओं से भरे भारत को एक राष्ट्र कैसे कहा जा सकता था ? किंतु प्रथम विश्वयुद्ध के पश्चात् यूरोप और अमेरिका से राष्ट्रीयता की अवधारणा के बारे में पुनर्चिंतन प्रारंभ हुआ। सी.जे.एच. हेयज, हंस कोहन आदि अनेक विद्वानों ने राष्ट्रीयता की उन्नीसवीं सदी की व्याख्याओं को अवैज्ञानिक और अनैतिहासिक सिद्ध कर दिया। इस पुनर्चिंतन में से राष्ट्रीयता की जो नई व्याख्या निकली, उसके अनुसार "राष्ट्रीयता एक ऐसी समूह चेतना है जो किसी भूखंड पर रहनेवाले समाज को उसकी अनेक बाह्य विविधताओं के होते हुए भी एक लंबी ऐतिहासिक प्रक्रिया के फलस्वरूप उस भूमि के प्रति माता-पुत्र भाव से जोड़ देती है।" उस विशाल भूखंड पर रहनेवाले जन को भूमि के प्रति पुत्र भाव से जोड़ने वाली ऐतिहासिक प्रक्रिया का रूप कहीं राजनैतिक हो सकता है तो कहीं सांस्कृतिक। उस विशाल खंड की एकता का साक्षात्कार उस पर बसे 'जन' को एकबारगी अपने आप नहीं हो जाता, उसके लिए लोक शिक्षण की आवश्यकता पड़ती है। यूरोप के नवोदित राष्ट्रों में यह काम राजसत्ता ने किया तो भारत में यह दायित्व सांस्कृतिक नेतृत्व ने निभाया। अब पश्चिम के विद्वानों ने यह स्वीकार कर लिया है कि एक राष्ट्र बनने की दिशा में भारत की इतिहास यात्रा शताब्दियों पूर्व प्रारंभ हो चुकी थी, उसका स्वरूप सांस्कृतिक था, उसकी प्रेरणा राजसत्ता नहीं, अध्यात्म थी, नैतिकता थी, सदाचार था।

इस सांस्कृतिक यात्रा के कुछ संकेत हमें मनुस्मृति के दूसरे अध्याय के १७ से २४ श्लोकों में उपलब्ध हैं। वहाँ कहा गया है कि यह सांस्कृतिक यात्रा सरस्वती और दृषद्वती नामक देव नदियों के मध्य देवनिर्मित देश ब्रह्मावर्त से प्रारंभ हुई। इस यात्रा का उद्देश्य राजसत्ता नहीं, अपितु सदाचार

का प्रसार था, क्योंकि मनुस्मृति के शब्दों में—

तस्मिन् देशे यः आचारः पारम्पर्यक्रमागतः।
वर्णांतर्रं सांतरालानां सदाचार स उच्यते॥

इस ब्रह्मावर्त नामक देश में परंपरा के क्रम से विकसित आचार को ही सदाचार माना गया और उस सदाचार का पाठ पढ़ाने के लिए ही यह सांस्कृतिक यात्रा प्रारंभ हुई।

अगले श्लोक में बताया गया है कि ब्रह्मावर्त से आगे बढ़कर इस यात्रा ने कुरुक्षेत्र, मत्स्य, पंचाल एवं शूरसेन आदि जनपदों को व्याप्त कर लिया। इसलिए यह क्षेत्र ब्रह्मर्षि देश कहलाया है और पृथ्वी के समस्त मानवों के लिए आदर्श बन गया। मनुस्मृति कहती है—

एतद्देश प्रसूतस्य सकाशादग्रजन्मनः।
स्वं स्वं चरित्रं शिक्षेरन् पृथिव्यां सर्वमानवाः॥ (२/२०)

ब्रह्मर्षि देश से आगे बढ़कर यह यात्रा हिमालय से विंध्य पर्वत के बीच के क्षेत्र को अपने भीतर समेट लेती है। हिमालय से विंध्य पर्वत तक और विनशन से प्रयाग तक के इस क्षेत्र को मनुस्मृति में मध्य देश कहा गया है। इस सांस्कृतिक यात्रा का अगला चरण आर्यावर्त पर पूरा होता है। मनुस्मृति के अनुसार आर्यावर्त की सीमाएँ उत्तर में हिमालय की पर्वत शृंखला से दक्षिण में रेवा या नर्मदा नदी तक और पूर्व तथा पश्चिम में समुद्रों के बीच स्थित हैं। यह यज्ञिय देश है, इसके परे म्लेच्छ संस्कृति का वास है।

मनुस्मृति यहीं रुक जाती है। इससे आगे के सांस्कृतिक विस्तार का उल्लेख नहीं करती। हिमालय से कन्याकुमारी तक संपूर्ण भरत खंड की सांस्कृतिक यात्रा कब पूरी हुई, इसका काल निर्णय करना सरल नहीं है, किंतु बौद्ध त्रिपिटक के एक बहुत पुराने अंश 'महागोविंद सुत्त' में शकट यानी बैलगाड़ी के रूप में 'पृथ्वी' का वर्णन किया गया है। इससे विदित होता है कि किसी समय इस पूरे भूखंड को 'पृथ्वी' नाम से संबोधित किया जाता था और बैलगाड़ी के रूप में उसकी एकता का साक्षात्कार किया गया। बाद में पुराणों में भारत वर्ष की भौगोलिक एकता को 'कूर्म'

या कछुवे के रूप में देखा गया। कहीं-कहीं प्रत्यंचा खिंचे धनुष पर रखे तीर की उपमा के माध्यम से भरत भूमि का वर्णन किया गया।

स्पष्ट ही, सांस्कृतिक विस्तार की इस यात्रा की मूल प्रेरणा आध्यात्मिक थी, महाभारत का यह श्लोक बहुत प्रसिद्ध है—

त्यजेदेकं कुलस्यार्ये, कुलं त्यजेत् ग्रामार्थे।
ग्रामं त्यजेत् जनपदस्यार्थे, सर्वं त्यजेत् आत्मनार्थे॥

कुल के हित में व्यक्ति का त्याग कर देना चाहिए, ग्राम के लिए कुल का, जनपद के लिए ग्राम का और आत्मा के लिए सबकुछ त्याग देना चाहिए।

यदि 'स्व' के विस्तार का नाम ही अध्यात्म है तो 'स्व' के विस्तार की सीढ़ियों का उल्लेख इस श्लोक में कितनी अच्छी प्रकार से किया गया है।

अथर्ववेद के पृथ्वी सूक्त (१२/२/१-६३) को पूरे विश्व का पहला राष्ट्रगान कहा जा सकता है। मातृभूमि के स्वरूप और उसके साथ राष्ट्रीय जन की एकता का जैसा बहुमुखी सूक्ष्म वर्णन इस सूक्त में मिलता है, वैसा विश्व के प्राचीन साहित्य में कहीं भी उपलब्ध नहीं है। यहाँ 'जन' की एकरूपता पर आग्रह कहीं नहीं है, उसकी विविधता को पूरी तरह स्वीकार किया गया है।

जनं विभ्रति बहुधा विवाचसं नाना धर्माणं पृथ्वी यथौकसम्।
सहस्त्र धारा द्रविणस्य मे दुहा ध्रुवेव धेनुरन प्रस्फुरन्ती॥

यह पृथ्वी अनेक बोलियों को बोलने वाले, अलग-अलग धर्म या आचरण का पालन करनेवाले जनों को धारण किए हुए हैं, किंतु वह अपनी सहस्त्र धाराओं से सबको दूध दिलाती है, सबका पोषण करती है।

इसलिए यह भूमि हमारी माता है और हम इसके पुत्र हैं—

'सा नः माता भूमिः' (१२/१/१०)
'माता भूमिः पुत्रोऽहं पृथिव्याः' (१२/१/१२)

यही भूमि है, जिस पर हमारे पूर्वजों ने वास किया था, यज्ञ किए थे, एक छोर से दूसरे छोर तक हमारे शकटों और रथों की घरघराहट गूँजी

थी। यह हमारे लिए भोगभूमि नहीं, धर्म भूमि है।

विश्वस्य मातरमोषधीनां ध्रुवां भूमिं पृथिवीं धर्मणा धृताम्।
शिवां स्योनामनु चरेम विश्वहा॥ (१२/१/१७)

सबका भरणपोषण कराने वाली अन्नादि औषधियों की जननी इस भूमि की धारणा धर्म (अटल मर्यादाओं) से है। सबको कल्याण एवं सुख देने वाली इस पृथिवी की हम सदा सेवा करते रहें।

इस भूमि से हमारा रिश्ता केवल भौतिक सुखों के कारण नहीं है, सत्य ॠतं, उग्र दीक्षा, तप, ब्रह्म और यज्ञ' आदि आध्यात्मिक तत्त्वों के कारण है। ये तत्त्व ही इस भूमि की मुख्य पहचान हैं। वही इसे धारण करते हैं (१२/१/१) यदि ध्यान से देखें तो अथर्ववेद के पृथिवीसूक्त में ही बंकिमचंद्र चटर्जी के उस वंदेमातरम् गीत की बीज भूमि दिखाई देगी, जो हमारे लंबे-विकट स्वाधीनता आंदोलन का प्रेरणा मंत्र बन गया और आज भी हमारी देशभक्ति को उद्दीपित रखता है।

इस भूमि से हमारे रिश्ते के पीछे एक लंबा इतिहास है। इस भूमि पर हमारे पूर्वजों ने जीव, जगत् और ब्रह्म के अंतिम रहस्यों को जानने के लिए कठोर तप किया, ज्ञान-साधना की, इस भूमि के कण-कण पर हमारे पूर्वजों की तपोगाथा अंकित है, इसका कण-कण हमारे लिए तीर्थ है। अपने पूर्वजों की अध्यात्म साधना के प्रति हमारा श्रद्धा भाव ही हमें पूरे भूखंड की तीर्थयात्रा पर खींच ले जाता है।

महाभारत के भीष्म पर्व के अध्याय ९१ में एक अद्भुत भारत-प्रशस्ति मिलती है, जिसके कुछ श्लोक इस प्रकार हैं—

अथ ते कीर्तयिष्यामि वर्ष भारत भारतम्।
प्रियमिंद्रस्य देवस्य मनोर्वैवस्वतस्य च॥५॥
पृथोस्तु राजन्वैन्यस्य तथेक्ष्वाकोर्महात्मनः।
ययातरम्बरीषस्य मान्धातुर्नहुषस्य च॥६॥
तथैव मुचुकन्दस्य शिबेरौशनीरस्य च।
ऋषभस्य तथैलस्य नृगस्य नृपतेस्तया॥७॥

अर्थात् हे भारत अब मैं तुम्हें उस भारत वर्ष की कीर्ति सुनाता हूँ,

जो देवराज इंद्र को प्यारा था। जिस भारत को वैवस्वत् मनु ने अपना प्रियपात्र बनाया था। आदिराज वेन ने जिस भारत को अपना प्रेम अर्पित किया था, महात्मा हक्ष्वाकु को जिससे हार्दिक प्रीति थी। प्रतापी ययाति और भक्तराज अंबरीष, मांधता एवं नहुष जैसे तेजस्वी पुरुषों ने जिसे अपने हृदय में स्थान दिया। सम्राट मुचुकुंद, औशीनर शिबि, ऋषभ ऐल और नृपति नृग जिस भारत को चाहते थे। महाराज कुशिक महात्मा गाधि, व्रती दिलीप जिस भारत के प्रति भक्ति रखते थे, जिस भारत को अनेक बलशाली क्षत्रियों ने प्यार किया, जिसे संपूर्ण जनता हृदय से चाहती है आदि-आदि।

यदि सुख-दुःख, आदर्शों और पूर्वजों के पुण्य स्मरण की समान श्रद्धाएँ ही किसी जन और उसे आश्रय देने वाले भूखंड के प्रति माता-पुत्र भाव का वह रिश्ता जोड़ती हैं, जो राष्ट्रीयता का मुख्य अधिष्ठान होता है तो भारतीय राष्ट्रवाद का विकसित रूप क्या इस भारत प्रशस्ति में विद्यमान नहीं है ?

रामायण, महाभारत एवं समस्त पुराण भारत-भक्ति से भरे हुए हैं। भारतीय राष्ट्रवाद की व्याख्या करते हुए विष्णुपुराण कहता है—

उत्तरं यत्समुद्रस्य हिमाद्रेश्चैव दक्षिणम्।
वर्ष तद् भारतं नामं भारती यत्र सन्तति॥

(विष्णु २/३/१)

यही वर्णन अलग-अलग शब्दों में लगभग प्रत्येक पुराण में मिलता है। उत्तर में कैलाश-मानसरोवर या गंगा के उद्गम स्थान और दक्षिण में कन्याकुमारी को भारत के दो छोर बताया गया है, प्रत्येक पुराण में भारत भूमि में बिखरे तीर्थों की, नदियों की, पर्वतों की और जनपदों की सूचियाँ दी गई हैं, भारतवर्ष के प्रति अपूर्व श्रद्धा और गर्व का भाव प्रकट किया गया है। बार-बार यह रेखांकित किया गया है कि भारत भूमि के प्रति हमारी श्रद्धा और ममत्व उसकी भौतिक समृद्धि के लिए नहीं है, उसके द्वारा प्रदत्त भौतिक सुखों के कारण नहीं है, अपितु इसलिए है कि वह अध्यात्म भूमि है, धर्माचरण का मार्ग दिखाती है। इस भाव को विष्णु

पुराण में बहुत स्पष्ट शब्दों में प्रस्तुत किया गया है—

गायन्ति देवाः किल गीतकानि धन्यास्तु ते भारतभूमि भागे।
स्वर्गापवर्गास्पदं हेतुर्भूते भवन्ति भूयः पुरुषाः सुरत्वात्॥

(विष्णु २/३/२४)

स्वर्ग में देवता भी गीत गाते हैं, "धन्य हैं वे लोग जिन्हें भारत भूमि के किसी भाग में जन्म मिला। यह भूमि स्वर्ग से भी बढ़कर है, क्योंकि यहाँ स्वर्ग से आगे बढ़कर अपवर्ग अर्थात् मोक्ष साधना भी की जा सकती है। स्वर्ग के देवताओं को भी मोक्ष साधना के लिए भारत में फिर से जन्म लेना होगा।"

विष्णु पुराण के इस श्लोक में भगवद्गीता के निम्न श्लोक की अनुगूँज पाते हैं—

त्रैविद्या मां सोमपाः पूतपापा/यज्ञैरिष्टवा स्वर्गतिं प्रार्थयन्ते।
ते पुण्यमासाद्य सुरेंद्र लोकमश्नन्ति दिव्यान्दिवि देवभोगान्॥

(अ.९, श्लोक २०)

ते तं भुक्तवा स्वर्गलोकं विशालं क्षीणे पुण्ये मर्त्यलोकं विशन्ति।
एवं त्रयी धर्ममनुप्रपन्ना गतागंत कामकामा लभन्ते॥

(अ.९, श्लोक २१)

त्रैविद्य (तीनों वेदों में विधान किए हुए सकाम कर्मों को करनेवाले) सोमरस का पान करने वाले, पापों से पवित्र हुए लोग स्वर्ग प्राप्ति की कामना को लेकर तरह-तरह के यज्ञ करते हैं, किंतु वे पुरुष अपने पुण्यों से इंद्रलोक में प्राप्त स्वर्ग के देवभोगों को भोगते हैं, किंतु लंबे समय तक स्वर्ग का सुख भोगकर वे पुण्यों के क्षीण होने पर फिर मृत्युलोक में वापस आ जाते हैं। इस प्रकार त्रयी धर्म का पालन करनेवाले लोग आवागमन के चक्र से मुक्त नहीं होते)

भगवद्गीता और विष्णु पुराण के इन श्लोकों में अधिदैव से अध्यात्म की ओर भारत की ज्ञान-यात्रा के एक महत्त्वपूर्ण सोपान का बहुत सटीक संकेत उपलब्ध है। इस ज्ञान यात्रा की परिसमाप्ति ब्रह्म के साक्षात्कार में हुई, जिसे ब्रह्मविद्या या वेदांत कहा गया। इस प्रकार राष्ट्रवाद की ओर

भारत की ऐतिहासिक यात्रा का चरित्र राजनैतिक न होकर सांस्कृतिक रहा है और अध्यात्म ही उसकी मुख्य प्रेरणा व अधिष्ठान रहे हैं। इसीलिए भारतीय राष्ट्रवाद और अध्यात्म एक-दूसरे से अभिन्न रहे हैं। व्यास, वाल्मीकि, चाणक्य और शंकराचार्य से लेकर दयानंद, विवेकानंद, अरविंद एवं गांधी तक आध्यात्मिक महापुरुषों की अटूट शृंखला ही भारतीय राष्ट्र की निर्माता एवं मार्गदर्शक रही है।

अध्यात्म और भारतीय राष्ट्रवाद की अभिन्नता का सर्वोत्तम प्रमाण वह संकल्प मंत्र है, जिसका उच्चार आज भी प्रत्येक मंगल कृत्य के अवसर पर किया जाता है। इस संकल्प मंत्र में ब्रह्मा, कल्प, मन्वंतर और चतुर्युगों की लंबी काल यात्रा के साथ-साथ जंबूद्वीपे, भरतखंडे, आर्यावर्तैक देशांतर में अमुक क्षेत्रे अमुकनगरे का उल्लेख करके इस भूमि के साथ हमारे अखंड संबंध का स्मरण भी कराया जाता है।

(पाञ्चजन्य, २१, सितंबर, १९९७)

□

कारागार में दैवी साक्षात्कार

सन् १९०९ में जब दक्षिण अफ्रीका में बैठकर गांधीजी भारतीय राष्ट्रीयता की भावभूमि तैयार करनेवाली भू-सांस्कृतिक प्रक्रिया का वर्णन कर रहे थे, उसी वर्ष जनवरी मास में बंगाल के एक युवा इतिहासकार डॉ. राधाकुमुद मुखर्जी ने डान सोसाइटी की पत्रिका 'डान' में एक लेख प्रकाशित किया, जिसमें भारत की विविधता में व्याप्त एकता के भौगोलिक एवं सांस्कृतिक सूत्रों का खोजपूर्ण विवेचन था। इसी लेख का परिवर्द्धित रूप अगस्त १९१३ में लंदन से 'भारत की मौलिक एकता' शीर्षक से अंग्रेजी में प्रकाशित हुआ। इसका प्राक्कथन लिखते हुए ब्रिटिश लेबर पार्टी के नेता रैमजे मैकडॉनल्ड ने, जो आगे चलकर चलकर प्रधानमंत्री भी बने, 'भारत और हिन्दुत्व के बीच शरीर और आत्मा का रिश्ता' बताया।

इसे हम मात्र संयोग नहीं कह सकते कि उसी वर्ष मई मास में, अरविंद घोष ने जेल से बाहर आने पर अपने पहले सार्वजनिक भाषण में जो उत्तरपाड़ा भाषण के नाम से प्रसिद्ध है, घोषणा की कि एक वर्ष लंबे जेल जीवन में पहली बार उन्हें हिन्दू धर्म के सत्य का साक्षात्कार हुआ। उन्होंने कहा था, "पहले मेरे अंदर अनेक प्रकार के संदेह थे। मेरा लालन-पालन इंग्लैंड में विदेशी भावों और सर्वथा विदेशी वातावरण में हुआ था। एक समय मैं हिन्दू धर्म की बहुत सी बातों को मात्र कल्पना समझता था। यह समझता था कि इसमें केवल कुछ स्वप्न, भ्रम या माया है, परंतु अब दिन-प्रतिदिन मैंने हिन्दू धर्म के सत्य को अपने मन में, अपने प्राण में और अपने शरीर में अनुभव किया। वे मेरे लिए जीवित अनुभव हो गए और मेरे

सामने ऐसी सब बातें प्रकट होने लगीं, जिनके बारे में भौतिक विज्ञान कोई व्याख्या नहीं दे सकता।''

कारावास में अरविंद को इस दूसरे सत्य का साक्षात्कार भी हुआ कि सनातन धर्म में ही भारत की राष्ट्रीयता है। उन्होंने कहा, ''हमारे लिए राष्ट्रीय राजनीति नहीं, बल्कि एक धर्म है, एक विश्वास है, एक निष्ठा है।''

भारतीय राष्ट्रीयता के वैश्विक चरित्र को स्पष्ट करते हुए अरविंद ने कहा कि जेल में मुझे संदेश आया, ''तुम्हारे अंदर जो नास्तिकता थी, जो संदेह था, उसका उत्तर दे दिया गया है...। जब तुम बाहर निकलो तो अपने राष्ट्र को सदा यही सुनाना कि वे संसार के लिए उठ रहे हैं। मैं उन्हें संसार की सेवा के लिए स्वतंत्रता दे रहा हूँ। भारतवर्ष दूसरों की तरह केवल अपने लिए या मजबूत होकर दूसरों को कुचलने के लिए नहीं उठ रहा है। वह उठ रहा है सारे संसार को उस ज्योति का प्रकाश देने के लिए, जो उन्हें सौंपी गई है। भारत का जीवन सदा ही मानव जाति के लिए रहा है, उसे अपने लिए नहीं, बल्कि मानव जाति के लिए महान् होना है।'' भाषण के प्रारंभ में ही अरविंद ने स्पष्ट कर दिया था कि इस सभा में बोलने के लिए जो कुछ वे सोच कर आए थे, यहाँ आने पर भगवान ने उसे निकालकर फेंक दिया है और ''जो कुछ बोल रहा हूँ, वह एक प्रेरणा के वश में होकर, बाध्य होकर बोल रहा हूँ।''

हमने जान-बूझकर अरविंद के उत्तरपाड़ा भाषण से लंबे उद्धरण यहाँ दिए हैं। हम जानते हैं कि आज वे निष्ठावान भारतीय बुद्धिजीवी, जो बौद्धिकता के धरातल पर अरविंद के सामने शायद पिग्मी से भी अधिक बौने हैं, अवश्य ही उनके ऐसे उद्‌गारों को भावुक प्रलाप या अंधविश्वास कहना चाहेंगे, किंतु ऐसी टिप्पणियाँ करते समय यह नहीं भूलना चाहिए कि अपूर्व मेधाशक्ति से संपन्न श्री अरविंद का पालन-पोषण छह वर्ष की बाल्यावस्था से ही इंग्लैंड के 'उदारवादी' वातावरण में हुआ था और अपनी मातृभाषा बँगला व संस्कृत से अनभिज्ञ अरविंद अंग्रेजी भाषा के माध्यम से पश्चिम के ज्ञान प्रवाह को पूरी तरह आत्मसात

करके ही स्वदेश लौटे थे। पाश्चात्य साँचे में ढले ऐसे अंतःकरण में भारतीयता के संस्कार जिस बीजभूमि में से अंकुरित हुए, उसे जानने-खोजने की आवश्यकता है।

केवल श्री अरविंद ही क्यों, विपिनचंद्र पाल को भी देखिए। वे तो ब्रह्म समाज की उदारवादी विचारधारा में पूरी तरह रँगे-पगे थे। उनकी आत्मकथा को उन्नीसवीं शती के बंगाली ब्राह्मण परिवारों के सुधारवादी वातावरण का सर्वोत्तम चित्रण माना जाता है। उनकी बौद्धिक प्रतिभा और सूक्ष्म सृष्टि का लोहा तो श्री अरविंद भी मानते थे। सन् १९०८ में जेल से बाहर आते ही जब विपिन बाबू ने चीन के जागरण की ओर इशारा करते हुए स्वाधीन भारत के लिए चीन और विश्व इस्लामवाद के गठबंधन से उत्पन्न होने वाले खतरे की चेतावनी दी थी तो श्री अरविंद ने इस चेतावनी को 'भारतीय राष्ट्रवाद के अग्रदूत' के मुख से निकली दैवी वाणी बताया। भारतीय राष्ट्रवाद की बीजभूमि के बारे में कोई भ्रम विपिन पाल के मन में नहीं था। जेल से बाहर आने पर विपिन बाबू का भी पहला भाषण उत्तरपाड़ा में ही हुआ था। उस समय उन्होंने भी कहा था कि इस आंदोलन की मूल प्रेरणा राजनीतिक नहीं है, इसमें जो शक्ति कार्य कर रही है, वह सामान्य शक्ति की अपेक्षा महान् है और इसका हेतु भी साधारण हेतु से कहीं बढ़कर है। एक वर्ष बाद उस स्थान पर ही श्री अरविंद ने कहा, "जो संदेश विपिन चंद्र पाल ने बक्सर जेल में पाया था, वही भगवान् ने मुझे अलीपुर में दिया।" इंग्लैंड में दो-ढाई वर्ष बिताकर विपिन चंद्र पाल ने भारत लौटकर सन् १९११ में 'भारत की आत्मा' (सोल ऑफ इंडिया) नामक पुस्तक में भारतीय राष्ट्रवाद की सांस्कृतिक भावभूमि को प्रस्तुत किया और जनवरी १९१२ में 'हिन्दू रिव्यू' नामक मासिक पत्र में लेख लिखा, जिसमें उन्होंने पहली बार भारतीय राष्ट्रवाद की वैज्ञानिक व्याख्या करते हुए उसकी प्रेरणा एवं लक्ष्य मातृभूमि, विश्व कल्याण एवं नारायणत्व प्रतिपादित किया।

हिंदुत्व विरोध के नशे में धुत्त जो बुद्धिजीवी हिंदुत्व या हिंदू राष्ट्रवाद की विचारधारा का उद्गम सन् १९२४ में प्रकाशित विनायक दामोदर सावरकर

की हिन्दुत्व नामक पुस्तक में ही देखते रहते हैं, उन्हें जरा सावरकर से बहुत पहले प्रकाशित इस साहित्य का भी अध्ययन करना चाहिए। इस साहित्य में चाहे गांधी हो या अरविंद, विपिन पाल हों या राधा कुमुद मुखर्जी; प्रत्येक मनीषी स्वतंत्र रूप से किसी एक सामूहिक मन को ही अभिव्यक्ति दे रहा है। ऐसे सामूहिक मन का निर्माण दस-पाँच वर्षों में नहीं, शताब्दियों लंबी संस्कार प्रक्रिया में से होता है।

(पाञ्चजन्य, १५ मार्च, १९९६)

□

भारत ने गांधी को क्यों शिरोधार्य किया

आधुनिक व्याख्या के अनुसार 'राष्ट्रीयता' या राष्ट्रवाद वह 'समूह चेतना' है, जो किसी भूमि पर बसे जन की लंबी इतिहास यात्रा के उस बिंदु पर प्रकट होती है, जब एक समान सांस्कृतिक अनुभूति का उस भूमि के प्रति ममत्व अर्थात् देशभक्ति की भावना के साथ अभिन्न संयोग हो जाता है। भूमि ही राष्ट्रीयता का अधिष्ठान होती है। भूमि के प्रति 'जन' का पुत्र भाव ही राष्ट्रीयता का सिंचन-पोषण करता है। यह पुत्र भाव ही भूगोल एवं इतिहास द्वारा प्रदत्त विविधता को एकता के सूत्र में गूँथता है। भारतीय मनीषा ने इस सत्य का साक्षात्कार हजारों वर्ष पूर्व कर लिया था। अथर्ववेद के पृथिवी सूक्त को संसार का प्रथम राष्ट्र-गीत कहा जा सकता है। यह सूक्त कहता है कि—

जनं विभ्रती बहुधा विवाचसं, नाना घर्माणं पृथिवी यथौकसम्।
सहस्रं धारा द्रविणस्य मे, दुहां ध्रुवेव धेनुरन प्रस्फुरंती॥

यहाँ अनेक बोलियाँ बोलने वाले लोग निवास करते हैं, वे तरह-तरह के आचार-विचार का पालन करते हैं, किंतु यह भूमि अपना दूध पिलाकर सबका समान रूप से पोषण करती है। इसलिए पृथिवी सूक्त के ऋषि ने घोषित किया कि यह भूमि मेरी माता है और मैं इसका पुत्र हूँ। भारत माता के प्रति यह पुत्र भाव सदैव हमें अनुप्राणित करता रहा है और बहुविध विविधताओं से भरे इस विशाल देश में सांस्कृतिक एकता की धारा प्रवाहित करता रहा है। महाभारत, रामायण एवं पुराणों के माध्यम से भारतभूमि की एकता व पवित्रता का भाव युग-युगों से मन-मन पर संस्कारित होता रहा है।

उत्तरं यत्समुद्रस्य हिमाद्रेश्चैव दक्षिणम्,
वर्षं तद् भारतं नामं भारती यत्र सन्तति। (विष्णु पुराण)

इस श्लोक में भारत की भौगोलिक सीमाओं की व्याख्या करते हुए उसकी संतति को 'भारती' नाम से संबोधित करके ही नहीं रूका जाता, बल्कि भारत भूमि के सांस्कृतिक वैशिष्ट्य की भी उद्घोषणा करता है। वह कहता है—

गायन्ति देवाः किल गीतकानि धन्यास्तु ते भारतभूमि भागे।
स्वर्गापवर्गास्पद हेतुर्भूते भवन्ति भूयः पुरुषाः सुरत्वात्॥

स्वर्ग में देवतागण भी गान करते हैं कि धन्य हैं वे लोग, जो भारत-भूमि के किसी भाग में पैदा हुए। यह भूमि स्वर्ग से भी बढ़कर है, क्योंकि यहाँ स्वर्ग से आगे मोक्ष प्राप्ति की साधना भी की जा सकती है, जबकि स्वर्ग में देवत्व भोग लेने के बाद देवताओं को भी मोक्ष साधना के लिए भारत में ही जन्म लेना होगा।

यहाँ राष्ट्रीयता की भावना को ऋषियों-मुनियों की सहस्राब्दियों लंबी तपस्या में से उपजे जीवन दर्शन से जोड़ा गया है। भूमि के साथ रिश्ते को भौतिक धरातल से ऊपर उठाया गया है। इसीलिए भारत की आध्यात्मिक चेतना ने भारत-भूमि के कण-कण में पवित्रता का दर्शन किया। सप्त नदियों, सप्त पर्वतों, सप्त नगरियों का स्मरण करके भारत-माता का स्मरण किया। इसी में से समूचे देश की तीर्थयात्रा की अभिनव कल्पना का जन्म हुआ।

परंपरा से चले आए इसी माता-पुत्र भाव को ऋषि बंकिम ने १८७२ में वंदेमातरम् गीत में छंदोबद्ध किया और सन् १८८२ में अपने 'आनंद मठ' उपन्यास का अंग बनाकर मातृभूमि के स्वतंत्रता-संघर्ष का संदर्भ घोष प्रदान किया। इस पृष्ठभूमि के कारण ही यह गीत सन् १९०६ में बंगभंग विरोधी स्वदेशी आंदोलन का जयघोष बनकर पूरे भारत में गूँज उठा। हजारों छात्र वंदेमातरम् का घोष करने के कारण विद्यालयों से निष्कासित हुए, अनेक युवा क्रांतिकारी वंदेमातरम् का घोष करते हुए सहर्ष फाँसी के फंदे पर चढ़ गए। तपस्या और त्याग की यज्ञाग्नि में तपकर यह गीत राष्ट्रीयता का मंत्र बन गया। स्वतंत्रता-आंदोलन की सशस्त्र क्रांति और अहिंसक संघर्ष की

दोनों धाराओं ने 'वंदेमातरम्' को राष्ट्रगीत के रूप में अपनाया।

भारतीय राष्ट्रीयता के इस सांस्कृतिक चरित्र का साक्षात्कार गांधीजी को विदेश में रहकर हो गया था। सन् १९०९ में प्रकाशित अपनी सुप्रसिद्ध रचना 'हिंद स्वराज' में उन्होंने लिखा, "अंग्रेजों ने हमें सिखाया कि हम एक राष्ट्र नहीं थे और एक राष्ट्र बनने में हमें सैंकड़ों बरस लगेंगे, यह बात बिल्कुल बेबुनियाद है। जब अंग्रेज हिन्दुस्तान में नहीं थे, तब भी हम एक राष्ट्र थे, हमारे विचार एक थे, हमारा रहन-सहन एक था। तभी तो अंग्रेजों ने यहाँ एक राज्य कायम किया। भेद तो हमारे बीच बाद में उन्हीं ने पैदा किया। मैं जो कहता हूँ, वह बिना सोचे-समझे नहीं कहता। एक राष्ट्र का यह अर्थ नहीं कि हमारे बीच कोई भिन्नता नहीं थी, लेकिन हमारे मुख्य लोग पैदल या बैलगाड़ी में हिन्दुस्तान का सफर करते थे, एक-दूसरे की भाषा सीखते थे और उनके बीच कोई अंतर नहीं था। जिन दूरदर्शी पुरखों ने सेतुबंध रामेश्वर, जगन्नाथपुरी और हरिद्वार की यात्रा निश्चित की, उनका आपकी राय में क्या विचार रहा होगा? वे मूर्ख नहीं थे, यह तो आप मानेंगे। वे जानते थे कि ईश्वर भजन घर बैठे भी हो सकता है। उन्हीं ने हमें सिखाया कि मन चंगा तो कठौती में गंगा, लेकिन उन्होंने सोचा कि प्रकृति ने हिन्दुस्तान को एक देश बनाया है, इसलिए वह एक राष्ट्र होना चाहिए। इसलिए उन्होंने अलग-अलग स्थान तय करके लोगों को एकता का विचार इस तरह दिया, जैसा दुनिया में और कहीं नहीं दिया गया है। दो अंग्रेज जितने एक नहीं हैं, उतने हम हिन्दुस्तानी एक थे और एक हैं। सिर्फ हम और आप, जो खुद को सभ्य मानते हैं, उन्हीं के मन में ऐसा भ्रम पैदा हुआ कि हिन्दुस्तान में हम अलग-अलग राष्ट्र हैं।" (महात्मा गांधी, हिंद स्वराज संस्करण, १९५९, पृष्ठ ३१)

गांधीजी भारत भूमि को मोक्ष-भूमि के रूप में देखते थे। द. अफ्रीका को छोड़कर भारत को अपनी कर्मभूमि बनाने के पीछे यही भावना काम कर रही थी। ९ जुलाई, १९१४ को डरबन में गुजराती सभा में भाषण देते हुए उन्होंने कहा, "मैं अब भोगभूमि से कर्मभूमि में जा रहा हूँ। मेरी मुक्ति भारत को छोड़कर किसी अन्य भूमि में नहीं है। यदि मोक्ष की इच्छा हो तो

मनुष्य को भारतभूमि में जाना ही चाहिए। मेरी ही तरह प्रत्येक के लिए भारतभूमि दु:खियों का विश्राम स्थल है और इसीलिए स्वदेश जाने के लिए मैं इतना उत्सुक हूँ।'' (संपूर्ण गांधी वाङ्मय, खंड १२, पृ. ४४५) एक अन्य स्थान पर उन्होंने कहा, ''मेरी देशभक्ति मेरी धर्मभावना के अधीन है। बच्चा जैसे माँ की छाती से चिपटा रहता है, वैसे ही मैं भारतमाता से इसलिए चिपटा रहता हूँ कि मुझे लगता है कि वह मुझे आवश्यक आध्यात्मिक पोषण देती है। यहाँ वह वातावरण है, जो मेरी उच्चतम आकांक्षाओं के अनुकूल है।''

कभी-कभी मन में प्रश्न उठता है कि क्यों गांधीजी ही भारत लौटने के पश्चात् केवल चार वर्ष में अनेक दिग्गजों के होते भारत के हृदय सम्राट बन गए, पहली बार उनके आह्वान पर स्वतंत्रता आंदोलन को अखिल भारतीय जनांदोलन का स्वरूप प्राप्त हुआ। गाँवों और नगरों, शिक्षित और अशिक्षित, धनी और निर्धन, ऊँच और नीच का भेद मिट गया। भारत के प्रत्येक कोने से, प्रत्येक वर्ग से, प्रत्येक जाति से नेतृत्व उभरकर ऊपर आया। क्यों गांधी ही भारत के मूर्च्छित प्राणों में चेतना का संचार कर विश्व के सबसे विशाल जनांदोलन को सृजित कर पाए? भारतीय समाज की सामूहिक मानसिकता को समझने के लिए इस प्रश्न का उत्तर खोजना बहुत आवश्यक है। गांधीजी की इस सफलता का रहस्य इस बात में है कि उन्होंने राजनीति की नहीं, धर्म की भाषा बोली, जिन उदात्त जीवन मूल्यों की भारतीय समाज सहस्राब्दियों से पूजा करता आ रहा था, गांधीजी ने उन जीवन मूल्यों को न केवल व्यक्तिगत जीवन में; बल्कि अपने आश्रम जीवन और सार्वजनिक आंदोलन में जीने का ईमानदार प्रयास किया। भारतीय समाज ने उनमें सांस्कृतिक परंपरा का जीवंत प्रतिनिधि देखा, उनमें सत्य के दर्शन किए और उन्हें 'महात्मा' शब्द से विभूषित किया।

मुझे स्मरण है कि अब से ६५-७० वर्ष पूर्व जब मैं बालक था, मेरे छोटे से कस्बे में अनेक दुकानों पर रंगीन चित्र टँगे होते थे, जिनमें गांधीजी को विश्वामित्र और नेहरू-सुभाष को राम-लक्ष्मण की जोड़ी के रूप में चित्रित किया होता था। गांधीजी के बारे में एक लोकगीत की दो पंक्तियाँ

अभी भी मुझे भूली नहीं हैं। गांधीजी को कृष्ण की उपमा देते हुए इस गीत में कहा गया है—

वे माखन चोर कहाते थे, तुम नमक चोर कहाते हो।
वे चक्रसुदर्शनधारी थे तुम चरखाधारी होते हो॥

गांधीजी ने भारतीय राष्ट्रीयता के मर्म को पहचाना था, उसके साथ पूर्ण तादात्म्य स्थापित किया था, इसलिए भारतीय समाज के वे श्रद्धा केंद्र बन सके, भारत के सोए प्राणों में नवजीवन का संचार कर सके। सन् १९३४ में कांग्रेस की प्राथमिक सदस्यता को त्याग कर वे दल राजनीति से पूरी तरह निरपेक्ष हो गए थे, किंतु फिर भी वे ही समाज के प्रेरणा केंद्र बने रहे। उनके द्वारा उत्पन्न जन-जागरण का ही परिणाम था कि सन् १९३७ के चुनावों में कांग्रेस सात प्रांतों में पूर्ण बहुमत पा सकी। उन चुनावों में कांग्रेस की प्रचार रैली का एक अद्‌भुत वर्णन मुझे स्मरण आ रहा है। स्वतंत्रता के आगमन के पूर्व जब मैं काशी हिन्दू विश्वविद्यालय में पढ़ रहा था, तब वहाँ एक कांग्रेसी नेता बाबा राघवदास का भाषण सुनने का अवसर मिला। ये बाबा राघवदास वही हैं, जिन्होंने प्रसिद्ध समाजवादी नेता आचार्य नरेंद्रदेव को उनके ही घर फैजाबाद में पराजित किया था। उस सभा में राघवदास ने सन् १९३७ के चुनाव में कांग्रेस की भारी सफलता का वर्णन करते हुए बताया कि हमारे पास साधन नहीं थे, धनाभाव था, जबकि हमारे विरुद्ध एक प्रभावशाली साधन संपन्न जमींदार खड़ा था। हमने केवल इतना किया कि गाँव-गाँव में डुग्गी पिटवा दी कि अमुक तिथि को अमुक स्थान पर गांधी बाबा का यज्ञ होगा। उसमें सबको अपने वोटों की आहुति डालनी है, वहाँ भंडारे के लिए खाने-पीने का सामान साग-सब्जी लेकर पहुँचे। बाबा राघवदास ने बताया कि इस सूचना का चमत्कारिक असर हुआ। लोग झुंड बनाकर सिरों पर साग-सब्जी, अनाज लादकर मतदान केंद्र की ओर चल पड़े। उन्होंने बताया कि एक जमींदार हाथी पर साग-सब्जी लादकर स्वयं पैदल आ रहा था। किसी ने पूछा कि ऐसा क्यों तो उसका उत्तर था कि गांधी बाबा के यज्ञ में जा रहे हैं तो क्या हम हाथी पर बैठकर जाएँगे। बाबा राघवदास जब यह वर्णन कर रहे थे तो

हम छात्रों की आँखों से आँसू बह रहे थे।

यह है भारतीय समाज का अंत:करण जिसे समझना बहुत आवश्यक है, किंतु गांधीजी की सफलता की इस गाथा को कहते समय यह भी ध्यान रखना होगा कि कांग्रेस को केवल उन्हीं प्रांतों में सफलता मिल सकी, जहाँ हिंदुओं का भारी बहुमत था। जिन प्रांतों में मुस्लिम बाहुल्य का प्रभाव था, वहाँ कांग्रेस को सफलता नहीं मिली। हिन्दू बहुल प्रांतों में भी मुस्लिम सीटों पर कांग्रेस को भारी पराजय मिली। ये आँकड़े उपलब्ध हैं और उनका अध्ययन बहुत उपयोगी रहेगा। मुस्लिम समाज की इस मानसिकता ने ही मि. जिन्ना को अपनी व्यक्तिगत महत्त्वाकांक्षा की पूर्ति के लिए मुस्लिम पृथकतावाद का मंच अपनाने की प्रेरणा दी। तभी अक्तूबर १९३७ में उन्होंने मुस्लिम लीग के अधिवेशन में सात प्रांतों में कांग्रेसीराज को हिन्दूराज बताया, गांधी को 'हिन्दू पुनरुत्थानवादी' घोषित किया और प्रस्ताव पारित करके मुसलमानों को वंदेमातरम् राष्ट्रगीत का बहिष्कार करने का आह्वान किया। स्वतंत्रता प्राप्ति के ६० वर्ष बाद भी वंदेमातरम् के विरोध की वह मानसिकता ज्यों-की-त्यों जीवित दिखाई दे रही है।

अत: भारतीय राष्ट्रवाद की दृष्टि से इन दोनों समाजों की सामूहिक मानसिकता के अंतर को समझना बहुत आवश्यक हो जाता है। इसे कैसे समझें? इतिहास की आँखों से देखें तो प्रश्न उठता है कि सन् १९३७ से १९४७ तक मुस्लिम समाज के सामने दो नेता थे—एक मौलाना अबुल कलाम आजाद और दूसरे मुहम्मद अली जिन्ना। मौ. आजाद अपनी वेषभूषा, अपनी उपासना-आस्था और मजहबी निष्ठा में इंच-इंच पक्के मुसलमान थे। वे कुरान के अधिकारी व्याख्याता थे, अरबी-फारसी और उर्दू पर उन्हें अधिकार था, उर्दू के प्रभावी वक्ता थे, अचकन-पाजामा, लंबी टोपी पहनकर, दाढ़ी रखकर उस काल के मुस्लिम वेश में रहते थे, पाँच बार नमाज पढ़ते थे, कांग्रेस कार्यसमिति की बैठक के बीच भी नमाज पढ़ते थे। उधर मि. जिन्ना वेशभूषा, खान-पान में पूरी तरह अंग्रेज थे, वे नमाज कभी नहीं पढ़ते थे, अरबी-फारसी तो क्या, वे उर्दू भी न बोल सकते थे, न लिख सकते थे, मुसलमानों के लिए वर्जित सुअर का मांस उन्हें प्रिय था, किंतु

क्या कारण है कि भारत के मुस्लिम समाज ने मौलाना आजाद को ठुकराकर मि. जिन्ना को नेता बनाया, उन्हें रातोंरात कायदे आजम बना दिया। सन् १९४६ का चुनाव परिणाम साक्षी है कि ९५ प्रतिशत मुस्लिम समर्थन मुस्लिम लीग को प्राप्त हुआ, न कि मौलाना आजाद की कांग्रेस को। मुसलमानों ने जिन्ना को नेता माना, क्योंकि वे पृथकतावाद और विभाजन की भाषा बोल रहे थे, मौ. आजाद को उन्होंने ठुकराया, क्योंकि उनकी दृष्टि में वे हिन्दू कांग्रेस की कठपुतली थे, क्योंकि वे राष्ट्रवाद और अखंड भारत की भाषा बोल रहे थे।

दूसरी ओर सन् १९३७ के बाद वीर सावरकर रत्नागिरी जिले में स्थानबद्धता से मुक्त होकर कर्म क्षेत्र में उतर चुके थे, हिन्दू महासभा के अध्यक्ष के नाते पूरे भारत का तूफानी दौरा उन्होंने शुरू कर दिया था। वे ओजस्वी वक्ता थे, प्रभावशाली लेखक थे, उनकी देशभक्ति, साहस और त्याग की कहानियाँ काफी लोकप्रिय थीं। उनकी हिन्दुत्व निष्ठा और देशभक्ति निःसंदिग्ध थी, किंतु सन् १९३७ से १९४७ तक उनके अथक प्रयत्नों के बावजूद हिन्दू समाज उनके पीछे खड़ा नहीं हुआ, वह गांधी की कांग्रेस के पीछे ही खड़ा रहा। मैं बहुत सोचता हूँ कि ऐसा क्यों हुआ तो उसका एक ही उत्तर मुझे समझ में आता है कि शायद सावरकर का हिन्दुत्व राजनीतिक और प्रतिक्रियात्मक थी जबकि गांधी का हिंदुत्व भावात्मक और सांस्कृतिक था। सावरकर की भाषा राजनीतिक थी, गांधी की भाषा धार्मिक थी, जो हिन्दू मानस के अनुकूल थी।

गांधीजी को हिन्दू समाज ने तो शिरोधार्य किया, पर मुस्लिम समाज को राष्ट्रीयता के प्रवाह में लाने में वे असफल रहे, जिसकी परिणति उनकी आँखों के सामने ही मातृभूमि के विभाजन में हुई। गांधीजी देश को विभाजन की त्रासदी से जूझते छोड़कर दुर्भाग्यपूर्ण परिस्थितियों में अनायास चले गए और खंडित भारत के शासन सूत्र जवाहरलाल नेहरू के हाथों में छोड़ गए। स्वाधीन भारत का समूचा सार्वजनिक जीवन सत्ताविमुख होकर राजनीति केंद्रित हो गया और राजनीतिक चुनावों की धुरी पर घूमने लगा। स्वाधीन भारत ने सन् १८६१ से १९३५ तक ब्रिटिश शासकों द्वारा आरोपित जिस ब्रिटिश

संसदीय प्रणाली को अपनाया, उसने हिन्दू चेतना को जाति, भाषा एवं क्षेत्र के आधार पर विभाजित किया और मुस्लिम समाज को मजहब के आधार पर संगठित किया, जिसके कारण मुस्लिम समाज सबसे बड़े वोट बैंक के रूप में उभर आया है। अनेक छोटे-छोटे दलों में विभाजित हिन्दू नेतृत्व में मुस्लिम वोटों को पाने के लिए जबरदस्त प्रतिस्पर्धा मची हुई है। मुस्लिम वोटों को रिझाने के लिए सेकुलरिज्म के आवरण में हिन्दू बहुसंख्यकवाद का काल्पनिक हौवा खड़ा किया जा रहा है। राष्ट्रीयता और देशभक्ति के प्रतीकों को हिन्दू प्रतीक कहकर अपमानित और लांछित किया जा रहा है, दूसरी ओर हिन्दू मतों को पाने के लिए जातिवाद और क्षेत्रवाद को उभारा जा रहा है। जातिवादी राजनीति को पुरोगामी और हिन्दू एकता की बात को प्रतिगामी व सांप्रदायिक कहा जा रहा है। यह भुलाया जा रहा है कि जाति चेतना और राष्ट्रीय चेतना परस्पर विरोधी नहीं है, विश्वैक्य की ओर बढ़ाने वाली उत्तरोत्तर सीढ़ियाँ हैं। हमारे यहाँ कहा गया है कि व्यक्ति को कुल के लिए, कुल को ग्राम के लिए, ग्राम को जनपद के लिए और आत्मा के लिए सब कुछ त्याग देना चाहिए। जिस प्रकार मनुष्य परिवार में पिता, पुत्र, पति आदि सब धर्मों का निर्वाह एक साथ कर सकता है, उसी प्रकार वह समाज जीवन में इन अनेक समूह चेतनाओं को एक साथ लेकर चल सकता है। केवल इतना ध्यान रखना आवश्यक है कि जिस प्रकार राष्ट्रीयता नामक समूह-चेतना का भाव एकता की ओर ले जानेवाली एक सीढ़ी है, उसी प्रकार जाति चेतना व्यक्ति को राष्ट्रीयता की ओर बढ़ाने वाली सीढ़ी मात्र है, किंतु आज तो जाति के लिए राष्ट्र की बलि दी जा रही है। हिन्दू अर्थात् भारतीय राष्ट्रवाद के चरित्र को रेखांकित करते हुए श्री विपिनचंद्र पाल ने जनवरी १९१२ में प्रकाशित अपने लंबे लेख का समापन इन तीन सूत्रों में किया था (१) मातृभूमि, (२) मानवता, (३) नारायण अर्थात् अध्यात्म। यहीं भारतीय राष्ट्रवाद और मानव-एकता विरोधी पाश्चात्य राष्ट्रवाद का अंतर आ जाता है। ऐसा विषम वातावरण बन गया है कि राष्ट्रीयता और देशभक्ति की बात करना अपराध लगने लगा है। मुस्लिम समाज को पृथकतावाद के रास्ते पर धकेला जा रहा है। राष्ट्रवादी मुस्लिम नेतृत्व की आज भी वही स्थिति है, जो पहले मौ. आजाद की थी।

वंदेमातरम् विवाद ने यह बहुत स्पष्ट कर दिया है। वंदेमातरम् गाने वाले आरिफ मुहम्मद खान, मुख्तार अब्बास नकवी और शाहनवाज हुसैन जैसे नेताओं को हिन्दू भाजपा का एजेंट कहा जा रहा है। उन्हें दीन से निकालने की धमकियाँ दी जा रही हैं।

राजनीतिक नेता निर्लज्जता के साथ जाट-मुस्लिम, दलित-मुस्लिम, यादव-मुस्लिम, वोक्कालिंगा-मुस्लिम और तमिल-मुस्लिम गठबंधन की भाषा बोल रहे हैं। क्या ऐसी राजनीति के माध्यम से राष्ट्रीयता की भावना का पुनर्जागरण संभव है ? यदि नहीं तो उसका विकल्प क्या है ? वैकल्पिक लोकशक्ति को खड़ा करने का मार्ग क्या हो सकता है ? क्या दयानंद-बंकिम-विवेकानंद-अरविंद-गांधी और श्रीगुरुजी की परंपरा का अनुसरण करते हुए राष्ट्रीयता के जागरण का एक विशाल बौद्धिक आध्यात्मिक आंदोलन का सृजन पुनः संभव है ? इसमें संदेह नहीं कि भारत की सांस्कृतिक चेतना व श्रद्धा आज भी स्थानीय और राष्ट्रीय मेलों, वृद्धिगंत तीर्थयात्रा, अनेकानेक नए-पुराने आश्रमों, मठों, मंदिरों व प्रवचनों के माध्यम से प्रवाहित हो रही है। गायत्री परिवार, स्वामीनारायण संप्रदाय, सत्य साईं बाबा, स्वाध्याय परिवार, चिन्मय मिशन जैसी अनेक संस्थाएँ आध्यात्मिक चेतना को जगाने का प्रयास कर रही हैं। करोड़ों भारतीय बिना किसी निमंत्रण के, अपनी आंतरिक श्रद्धा से ऊँच-नीच, गरीब-अमीर, शिक्षा-अशिक्षा, जात-पाँत और भाषा का भेद भूलकर इन मेलों, तीर्थों, प्रवचनों, उपासना केंद्रों में खिंचे चले आते हैं, वही भारत की आत्मा है। वे ही उस गैर राजनीतिक नैतिक-बौद्धिक जागरण का माध्यम बनने की क्षमता रखते हैं, पर कौन इन सब प्रयासों को एक प्रवाह में लाने का सामर्थ्य रखता है ? गांधी ने भारत आगमन के पश्चात् प्रारम्भिक वर्षों में कुंभ के मेले, गुरुकुल कांगड़ी, रामकृष्ण मिशन आदि सब सांस्कृतिक रचनाओं से जिस प्रकार अपने को जोड़ा, उसका अध्ययन आज भी उपयोगी हो सकता है।

पर यक्ष प्रश्न यह है कि भारतमाता की कोख में से जन्मा आज का शंकराचार्य या गांधी कौन है, कहाँ है ?

□

नेहरू राजनीति, तो गांधी संस्कृति

यह जगजाहिर है कि जवाहरलाल नेहरू का गांधीजी के आर्थिक एवं सामाजिक चिंतन से गहरा मतभेद था। सभ्यता के बारे में गांधीजी की दृष्टि भी उन्हें स्वीकार नहीं थी। कई बार नेहरूजी का मन-मस्तिष्क बागी होकर गांधीजी से अलग होने को छटपटाता था, पर उनमें साहस नहीं होता था। ऐसे ही आत्मचिंतन के क्षणों में नेहरूजी ने स्वयं से पूछा कि 'गांधी से अलग होकर मुझे जनाधार मिल पाएगा क्या? ऐसा क्या है गांधी में कि केवल वही ग्राम-झोंपड़ियों में रहने वाले भारतीयों को जगा सकते हैं, आजादी की लड़ाई में कूदने की प्रेरणा दे सकते हैं? गांधी के पास न पैसे की ताकत है, न सत्ता की। गांधी न जोशीला भाषण करते हैं और न भारी-भरकम शब्दों में ऊँची-ऊँची विचारधारा का प्रतिपादन करते हैं। तब गांधी में यह ताकत आई कहाँ से कि इस देश की जनता उनके पीछे पागल है और मुझ समेत सब समाजवादी मिलकर भी उनके जैसा जनांदोलन खड़ा करने में असमर्थ हैं? गांधीजी की इस शक्ति से हतप्रभ नेहरू में उनसे टूटने का साहस कभी नहीं हुआ, क्योंकि वे समझते थे कि गांधी से टूटने का मतलब होगा-गुमनामी के अँधेरे में खो जाना।

नैतिक शक्ति

वे यह तो समझ पाए कि भारत की जनता में गांधी की लोकप्रियता का रहस्य उनकी नैतिक शक्ति में है, किंतु गांधी की नैतिक शक्ति का स्रोत कहाँ है, यह वे शायद कभी नहीं समझ पाए! नेहरूजी पश्चिम के

साँचे में ढले, पश्चिम की विचारधाराओं में रँगे शुद्ध राजनीतिक प्राणी थे, वे सत्ता और राजनीति को ही राष्ट्र-निर्माण का एकमात्र साधन समझते थे। वे यह कैसे सोच सकते थे कि गांधी भाषा, क्षेत्र, जाति के भेदों को पाटकर पूरे भारत के अमीर-गरीब, पढ़े-लिखे व अपढ़ सभी भारतीयों की आँखों का तारा बने हैं तो इसलिए कि वे राजनीतिक प्राणी नहीं हैं, अपने लिए सत्ता पाना उनके जीवन की लालसा नहीं है, वे भारत की चिरंतन आध्यात्मिक संस्कृति के प्रतिनिधि हैं, वे उस संस्कृति के प्राणतत्त्व के रूप में धर्म के दस लक्षणों को ही स्वयं जीने का प्रयत्न कर रहे हैं, भारत की जनता उनमें राजनेता नहीं, महात्मा के दर्शन करती है। उनका यह अधनंगा रूप, जिसे चर्चिल ने हिकारत के भाव से 'वह फकीर' कहा था, में ही उनकी शक्ति है, वही भारतीय मन को उनकी ओर खींचता है और वह आज भी गाता है 'साबरमती के संत तूने कर दिया कमाल'। भारत के इस वैशिष्ट्य को जिसने नहीं समझा, वह भारत को नहीं समझ सकता।

यह देखने की बात है गांधी के इस संत रूप ने हिन्दू मानस को तो झंकृत किया ही, वह पश्चिम के रंग में रँगे अंग्रेजीदां हिन्दुओं को भी खद्दर के रंग में रँगने में समर्थ हो पाया। हाँ, मुस्लिम मानस को आकृष्ट करने और बदलने में असफल रहा, क्योंकि इस्लाम की ऐतिहासिक परंपरा मुख्यतया सत्ता केंद्रित है, राजनीतिक है। जबकि भारत की समस्त विविधताओं के बीच एकता की मुख्य कड़ी रही है—उसकी सांस्कृतिक चेतना, जिसका उत्स है अध्यात्म में, धर्म में! इसीलिए स्वामी विवेकानंद बार-बार स्मरण दिलाया करते थे कि पश्चिम के प्राण यदि पाउंड, शिलिंग, पेंस में हैं, तो भारत के प्राण उसके अध्यात्म में हैं, उसके धर्म में हैं। विवेकानंद जब धर्म की बात करते हैं तो उनका मतलब पूजा-पाठ या घंटा बजाने जैसे कर्मकांड से बिल्कुल नहीं है, आध्यात्मिक जीवन मूल्यों से है, 'आत्मवत् सर्वभूतेषु' में से निष्पन्न 'सर्वभूत हितेरतः' वाली दृष्टि से है।

विवेकानंद को कभी-कभी आश्चर्य होता था कि उनके जैसे तर्कवादी, नास्तिक, आधुनिक मस्तिष्क को निरक्षर भट्टाचार्य, घोर मूर्तिपूजक, गँवारू वेशधारी रामकृष्ण परमहंस ने कैसे जीत लिया, अपने रंग में रँग

लिया। विवेकानंद को इसका एक ही उत्तर मिला कि रामकृष्ण ने अपनी आध्यात्मिक शक्ति से उनको जीता। रामकृष्ण के बाह्य गँवारू वेश और विवेकानंद की आधुनिकता को जोड़ने वाली कड़ी थी अध्यात्म। विवेकानंद को संस्कारों में प्राप्त अध्यात्म के सुप्त भाव को रामकृष्ण ने अपनी उद्‌बुद्ध प्रबल अध्यात्म चेतना के स्पर्श से जगा दिया और वही नास्तिक नरेंद्र दत्त मूर्तिपूजक रामकृष्ण के पारस स्पर्श से जगद्‌गुरु विवेकानंद बन गया। रामकृष्ण को गुरु स्वीकार करने से पूर्व नरेंद्र ने उनकी कई बार परीक्षा ली, यह देखने के लिए कि क्या रामकृष्ण सचमुच अध्यात्म में जीते हैं, अध्यात्म को जीते हैं। इस बारे में निशंक हो जाने के बाद उनके लिए रामकृष्ण के बाह्य रूप का कोई महत्त्व ही नहीं रह गया।

स्वदेशी आंदोलन की भावभूमि

विवेकानंद ने ही बंगाल में स्वदेशी आंदोलन की भावभूमि तैयार की। राजनीति से अलग रहकर भी विवेकानंद ही पश्चिम का अंधानुकरण कर रही भारतीय राजनीति को फिर से भारत की सांस्कृतिक धारा से जोड़ने का माध्यम बने। पश्चिम के रंग में रँगे अंग्रेजीदां भारतीयों को फटकारते हुए स्वामीजी कभी-कभी कहा करते थे, "ऐ पढ़े-लिखे मूर्खो, वृथा गर्व मत करो। कभी मैं भी ऐसा ही गर्व करता था, जिसका दंड देने के लिए विधाता ने मुझे ऐसा गुरु दिया, जो देखने में घोर मूर्तिपूजक पागल जैसे और निरक्षर भट्टाचार्य था।"

किंतु जब विवेकानंद अपनी प्रसिद्धि के चरम शिखर पर थे, तब भी वे एक क्षण के लिए यह नहीं भूले कि वे जो कुछ हैं, रामकृष्ण की रचना हैं, उनके मुख से रामकृष्ण बोलते हैं और इसीलिए जीवन के अंतिम वर्ष में उन्होंने यह लिखना शुरू कर दिया कि 'शिक्षादाता आचार्य विवेकानंद चला गया, अब शेष रह गया है वही पुराना नरेंद्र, जिसे दूर वृक्ष के नीचे बैठे रामकृष्ण फिर से अपने पास बुला रहे हैं।' भारत की अंतरात्मा को समझने के लिए रामकृष्ण परमहंस और विवेकानंद के गुरु-शिष्य संबंध की इस आध्यात्मिक भूमि को अवश्य समझना होगा।

भारत के समूचे इतिहास पर दृष्टि डालिए तो क्या दिखाई देगा?

राजनीति और राजसत्ता कभी इस देश को जोड़ने वाली कड़ी नहीं रही, राजसत्ता ने कभी इस देश में महान् सांस्कृतिक और वैचारिक आंदोलनों को जन्म नहीं दिया, उलटे हर बार बड़े राजनीतिक परिवर्तन के पीछे कोई-न-कोई सांस्कृतिक आंदोलन विद्यमान था और इस आंदोलन का जनक कोई न कोई आध्यात्मिक शक्तिपुंज या संत था। सर्वक्षत्रांतक, निरंकुश अत्याचारी नंद का समूलोच्छेदन कर मौर्य साम्राज्य की स्थापना किसने की? क्या अज्ञात कुल-शील चंद्रगुप्त ने या आचार्य कौटिल्य ने? पुराणों में स्पष्ट कहा गया है कि नंदों के 'एक राष्ट्र', 'एकच्छत्रम्', 'अनुल्लंघित-शासन' अर्थात् जिससे कोई टक्कर नहीं ले सकता था, ऐसे अधार्मिक राजा के वंश को 'कौटिल्य नामक एक ब्राह्मण समूल नष्ट करेगा' और वही कौटिल्य चंद्रगुप्त को सिंहासन पर बैठाएगा।

जब राजनीतिक दृष्टि से अनेक छोटे-छोटे राज्यों में विभाजित उत्तर भारत को मुस्लिम आक्रमणकारियों ने पदाक्रांत कर लिया तो दक्षिण की ओर इस आक्रमण के विस्तार को रोकने के लिए सन् १३३६ में विजयनगर साम्राज्य का जन्म यकायक कैसे हो गया? क्या विजयनगर साम्राज्य की स्थापना का श्रेय उसके प्रथम शासकद्वय हरिहर राय व बुक्कराय को दें, जिन्हें मुहम्मद तुगलक पकड़कर दिल्ली ले आया था और जिन्होंने इस्लाम कबूल कर लिया था? उन्हें फिर से इस देश की सांस्कृतिक धारा में वापस कौन लाया? कौन थी वह शक्ति, जिसने इन दोनों को एक महान् राजनीतिक परिवर्तन का वाहक बना डाला? क्या इस परिवर्तन के पीछे विद्यमान उस सांस्कृतिक आंदोलन को भुलाया जा सकता है, जिसका नेतृत्व सायणाचार्य और माधवाचार्य नामक दो भाइयों ने किया, जिसमें से एक ने विद्यारण्य नाम धारण किया? इन दोनों भाइयों की मुख्य प्रेरणा क्या थी? क्या मात्र राजनीतिक परिवर्तन, क्या मात्र सत्ता? या सांस्कृतिक पुनरुज्जीवन? सायणाचार्य की अध्यक्षता में उस युग की विद्वत्ता ने एकत्र होकर विशाल वैदिक वाङ्मय के भाष्य का जो महा प्रयास किया, वह इस राजनीतिक परिवर्तन को जन्म देने वाले सांस्कृतिक आंदोलन की मूल प्रेरणा का निदर्शक है।

सांस्कृतिक आंदोलन की अभिव्यक्ति

विजय नगर साम्राज्य तो नष्ट हो गया, पर वह सांस्कृतिक प्रवाह तो अबाध बहता ही रहा और १७वीं शताब्दी में छत्रपति शिवाजी के हिंदवी स्वराज्य की स्थापना के राजनीतिक आंदोलन के रूप में पुनः प्रगट हुआ। लगभग पूरे भारत पर राजनीतिक प्रभुत्व स्थापित करने वाले सर्वशक्तिमान और अजेय माने जाने वाले औरंगजेब को दक्षिण में ही दफनाने वाले, कटक से अटक तक भगवाध्वज फहराकर हिन्दू पद पादशाही की स्थापना करके मुगल साम्राज्य को धूल धूसरित करने वाले इस शक्तिशाली राजनीतिक परिवर्तन की प्रेरणा और शक्ति का स्रोत कहाँ था? कौन कह सकता है कि संत ज्ञानेश्वर और तुकाराम से लेकर समर्थ गुरु रामदास तक की संत मालिका ने जो सांस्कृतिक आंदोलन खड़ा किया था, आध्यात्मिक चेतना जाग्रत की थी, उसी की राजनीतिक क्षेत्र में शिवाजी के हिंदवी स्वराज्य आंदोलन के रूप में अभिव्यक्ति नहीं हुई थी?

१३वीं-१४वीं शताब्दी के उत्तर भारत को देखकर कौन कह सकता था कि निरंकुश, अत्याचारी, असहिष्णु, दुर्दांत मुस्लिम शासन के सामने भारत का सांस्कृतिक जीवन प्रवाह स्वयं को अखंड और जीवित रख पाएगा? कम-से-कम राजनीति के धरातल पर तो हिन्दू समाज में ऐसी कोई शक्ति दिखाई नहीं दे रही थी, जो मजहबी उन्माद, असहिष्णुता और अत्याचार का मुकाबला कर सके।

तब कौन उठा? भारत की आध्यात्मिक चेतना का प्रतिनिधित्व करनेवाली संत-शक्ति। बाबा गोरखनाथ, आचार्य रामानंद, कबीर, नानक, चैतन्य, नामदेव, रविदास, जीया, तुलसी, मीराबाई, सूरदास, दादू, धन्ना-एक लंबी शृंखला है इन नामों की। भारत के प्रत्येक कोने से, प्रत्येक भाषा में, प्रत्येक जाति में से संत प्रगट होने लगे। प्रत्येक का आविर्भाव स्वतंत्र रूप से हुआ, अपनी अंतः चेतना में से हुआ, किंतु सबको जोड़ने वाली भावभूमि एक ही थी, भारत के अंतःस्थल में बह रही आध्यात्मिकता की अजस्र चेतन धारा। उसी धारा की ये सब बूँद थे। उन्होंने वैचारिक धरातल पर इस्लाम की 'एकमेवाद्वितीय' गर्वोक्ति को चुनौती दी, भारतीय समाज की आध्यात्मिक

आस्थाओं को जगाया और राजसत्ता से अप्रभावित रहकर अपने ढंग से अपनी आस्थाओं के साथ जीने का आत्मविश्वास प्रदान किया। आचार्य रामानंद ने तो एक पग आगे बढ़कर संत-शक्ति को मुस्लिम शासन के विरुद्ध संघर्ष के पथ पर भी बढ़ा दिया। उन्होंने अखाड़ा पद्धति प्रारंभ की। इन अखाड़ों को जात-पाँत, छुआछूत के भेद से ऊपर उठाकर शक्ति की साधना में लगाया। पराभूत दुर्बल समाज ने कभी निर्वस्त्र तो कभी कौपीनधारी संतों को त्रिशूल हाथ में लेकर रणचंडी का आह्वान करते देखा। इन वैरागियों की संघर्ष गाथा को पूरे रूप में सामने लाना और स्मरण करना आज के भारत के लिए बहुत उपयोगी रहेगा।

विदेशी विधर्मी राजसत्ता के विरुद्ध संत-शक्ति के संघर्ष की यह गौरवशाली परंपरा बंगाल में ब्रिटिश शासन की स्थापना के प्रारंभिक चरण तक जीवित रही। सन् १७५७ में प्लासी के मैदान पर ब्रिटिश विश्वासघात की सफलता के पश्चात् सन् १७७२ तक पर्दे के पीछे शासन चलाने के बाद सन् १७७२ में वारेन हेस्टिंग्ज के गवर्नर बनने पर जब अंग्रेजों ने बंगाल पर अपना सीधा शासन स्थापित किया, उस समय के ब्रिटिश दस्तावेज इस संन्यासी विद्रोह की घटनाओं से भरे हुए हैं। वस्तुतः ब्रिटिश शासन के विरुद्ध भारत की सांस्कृतिक चेतना में से उपजे स्वातंत्र्य संघर्ष का इसे प्रथम पृष्ठ कहा जा सकता है। इसी संन्यासी विद्रोह की प्रथम शताब्दी वर्ष सन् १८७२ में बंकिम चंद्र ने 'बंग दर्शन' नामक बंगाली पत्रिका को जन्म देकर सांस्कृतिक पुनर्जागरण के नए चरण का सूत्रपात किया। उनके आनंदमठ में वर्णित संतानों की संघर्ष गाथा में इसी संन्यासी विद्रोह की प्रतिध्वनि है। इन संतानों के मुख से निकला 'वंदेमातरम्' गीत ही आगे चलकर भारत के लंबे स्वतंत्रता संघर्ष का मूलमंत्र बन गया। बंकिम और विवेकानंद की सांस्कृतिक साधना में से ही स्वदेशी आंदोलन का जन्म हुआ। स्वदेशी आंदोलन की त्रिमूर्ति लाल-बाल-पाल के केवल राजनीतिक पक्ष पर ही दृष्टि केंद्रित करने वाले अभ्यासकों को इस सत्य की भी खोज करनी चाहिए कि लाला लाजपत राय के प्रेरणास्रोत स्वामी दयानंद थे तो विपिन चंद्र पाल के विजयकृष्ण गोस्वामी और बालगंगाधर तिलक की प्रेरणा गीता थी। श्री अरविंद घोष को

भगिनी निवेदिता, योगी लेले, बंकिम, तिलक और दयानंद ने अनुप्राणित किया। यह भी अध्ययन करने का विषय है कि क्यों सशस्त्र क्रांतिकारी आंदोलन के अनेक सदस्यों ने आगे चलकर संन्यास धारण कर लिया ? क्यों बंगाल के युगांतर आंदोलन में योग साधना और गीता पाठ को सर्वोपरि स्थान दिया गया ? भारत के स्वतंत्रता आंदोलन की इस आध्यात्मिक भावभूमि के कारण ही महात्मा गांधी का आध्यात्मिक व्यक्तित्व विश्व इतिहास के विशालतम जन-आंदोलन का प्रणेता बन सका और उन्हीं के संत नेतृत्व में उत्पन्न सांस्कृतिक जागृति के फलस्वरूप ब्रिटिश शासकों द्वारा आयोजित संवैधानिक प्रक्रिया के धरातल पर भी भारत क्रमशः सन् १९२४, १९३७ और १९४६ के चुनावों में सफलता के सोपानों को पार करते हुए सन् १९४७ में राजनीतिक स्वतंत्रता के सिंहद्वार में कदम रख सका।

राजनीति का नशा

किंतु राजनीतिक स्वतंत्रता पाते ही हमने गांधी को उनके आदर्शों सहित उपेक्षा व विस्मृति की टोकरी में फेंक दिया, राजसत्ता को ही राष्ट्र निर्माण का एकमात्र माध्यम समझ लिया और सत्ताभिमुखी राजनीति को ही भारत के सार्वजनिक जीवन का केंद्र-बिंदु मान लिया। राजनीतिक परिवर्तन के उन क्षणों में भारतीय मानस पर राजनीति का नशा इतनी बुरी तरह छा गया था कि जिन्होंने सत्ता-राजनीति से अलग रहकर सांस्कृतिक साधना करने का संकल्प लिया था, वे भी अपने संकल्प से डगमगाने लगे।

सौभाग्य से डगमगाहट के इन क्षणों में एक भविष्यद्रष्टा हमारे बीच प्रकटे, वे थे—राष्ट्रीय स्वयंसेवक संघ के मार्गदर्शक श्री माधवराव गोलवलकर, जिन्हें कट्टर संघ विरोधी समाजवादी चिंतक मधु लिमये ने भी भारत की देशभक्ति और नैतिक शक्ति के प्रतीक के रूप में पहचाना। स्वतंत्र भारत की प्रथम सरकार द्वारा अकारण लगाए गए प्रतिबंध की यातना को डेढ़ वर्ष तक झेलकर कारावास से मुक्त हुए संघ के कार्यकर्ताओं के अंत:करण उद्वेलित थे कि सत्ता की ओर से हम पर आपत्ति आई तो क्यों न हम सत्ता को ही अपने हाथ में लें ? यदि हमारे पास अपना राजनीतिक दल होता तो क्या हम पर प्रतिबंध का यह संकट आता ? क्यों न हम अपना राजनीतिक दल बनाएँ ?

क्यों न हम भी सत्ता के माध्यम से राष्ट्रीय पुनर्रचना के कार्य में योगदान करें? मानसिक उद्वेलन और वैचारिक अंतर्द्वंद्व के उन क्षणों में दिसंबर १९४९ में श्री गुरुजी ने जगह-जगह संघ-प्रचारकों के शिविरों में जो पाँच बौद्धिक दिए, वे उसी समय लखनऊ के राष्ट्रधर्म प्रकाशन ने 'ध्येय दर्शन' शीर्षक ८४ पृष्ठों की पुस्तिका में प्रकाशित किए थे। श्री गुरुजी ने सत्ता और राजनीति की सीमाओं को रेखांकित करते हुए जो चेतावनी दी थी, उसे आज स्मरण करना आवश्यक लगता है। इस चेतावनी के कुछ अंश गुरुजी के शब्दों में ही यहाँ प्रस्तुत हैं। श्री गुरुजी ने कहा था—

(अ) जब तक देश में व्यक्तिगत और राष्ट्रीय चारित्र्यहीनता है, तब तक परिवर्तन कैसे होगा? इसके लिए हम इस पर विचार करें कि चरित्र की नींव क्या है?

(आ) सर्वसाधारण रीति से यह चारित्र्य, जो दिखाई नहीं देता, उसका कारण यह है कि लोग विचार करते समय किसी-न-किसी पंथ की दृष्टि से विचार करते हैं, चाहे वह राजकीय हो या आर्थिक, वे दल की महत्ता को अधिक मानकर उसको बढ़ाना और उसी के द्वारा राष्ट्र का कल्याण करना चाहते हैं। अपने दल को बढ़ाने का ही प्रयत्न करते हैं। राष्ट्र के लिए भला-बुरा क्या होगा, इसका विचार नहीं करते। लोग चुनावों में देश का भला करने के भाव से नहीं, दलगत स्वार्थ लेकर आते हैं। आज जीवन के सभी क्षेत्रों में आसेतु हिमाचल फैले हुए राष्ट्र के बारे में परिपूर्ण कल्पना नहीं। सबकी संपूर्ण प्रवृत्ति दलगत स्वार्थ में फँस गई, दल-स्वार्थ और अनुशासन ही सम्मुख रह जाता है। केवल पक्ष-स्वार्थ ही सम्मुख रह जाता है और राष्ट्र दृष्टि से ओझल हो जाता है। लोग कहते हैं कि दल बनाकर भी ऐसा हो सकता है कि दल के संस्कार न हों और मनुष्य ऐसा न बने, किंतु ऐसा संभव नहीं। ऐसा मनुष्य आज तक कोई हुआ नहीं। यदि कोई श्रेष्ठ भाव इतना हो तो दल और पक्ष बनाने की आवश्यकता ही क्या, फिर चरित्रहीनता की इतनी रट ही क्यों? दल बनाकर दलगत स्वार्थ से ऊपर उठने की बात असंभव है।...इसलिए हमने अपने को किसी दल या राजनीतिक पक्ष या पंथ के रूप में नहीं रखा, वरन राष्ट्रव्यापी सम्यक् कल्पना रखकर एक-एक

व्यक्ति को इस कल्पना का ज्ञान कराने और राष्ट्रप्रेमी बनाने की कल्पना लेकर चले हैं। (ध्येय दर्शन लखनऊ, १९४९, पृष्ठ ४१-४३)

ऋषि दृष्टि

वर्तमान राजनीतिक प्रणाली की तोड़क प्रवृत्ति के बारे में चेतावनी देते हुए उन्होंने कहा था—

"सभी संस्थाएँ समाज के भेदों को अपनाकर अपनी रोटी पर ही अधिक घी चुपड़ने की इच्छा से भिन्नता को बढ़ाने की कोशिश कर रही हैं। नई-नई विभिन्नताएँ पैदा की जाती हैं।⋯अखिल भारतीय नेतृत्व के दावेदार भी इन भेदों से ऊपर नहीं उठ पाए हैं⋯जिन्होंने सबकी खिचड़ी बनाकर नए राष्ट्र के निर्माण की घोषणा की, वे ही आज विभिन्न प्रकार के भेद उत्पन्न कर रहे हैं।" (ध्येय दर्शन लखनऊ, १९४९, पृष्ठ ३४-३५)

श्री गुरुजी ने स्पष्ट शब्दों में क़हा, "मनुष्य के अंदर श्रेष्ठ जीवन उत्पन्न करने का कार्य केवल सत्ता से ही नहीं हो सकता। जिन्होंने सत्ता नहीं पाई, वे तो दुःख और कष्ट का जीवन अपनाकर ही समाजहित के लिए कार्य करते रहे। उन्हीं से समाज की धारणा रही।⋯सत्ता प्राप्त होने पर सत्ता बनाए रखने की आवश्यकता होती है और फिर स्वयं सत्ताधारी एवं शेष गुलाम; यही भाव पैदा हो जाते हैं। वहाँ स्वप्रेरणा से काम करने की शक्ति भी नष्ट हो जाती है।" (ध्येय दर्शन लखनऊ, १९४९, पृष्ठ ४९)

सत्ता-राजनीति के दुष्परिणाम के बारे में उनकी चेतावनी आज भविष्यवाणी लग रही है। उन्होंने कहा था, "इसकी बात जाने दीजिए। हाल के ही इतिहास से एक उदाहरण लें। कांग्रेस में एक समय बड़े त्यागी और देशभक्त व्यक्ति थे। देश की सेवा में उनके द्वारा समाज में श्रेष्ठ गुण प्रकट हुए। उनके पास राजसत्ता आई और अब उनका क्या चित्र है? उन्हीं के कर्णधार आज कहते हैं कि उनके चरित्र का पतन हो गया। अनाचार, स्वार्थ, पदलोलुपता की प्रवृत्ति चारों ओर बढ़ गई है। कांग्रेस के लोगों का ऐसा पतन हुआ होगा, हमारा नहीं होगा, यह तो मिथ्याभिमान है।" (ध्येय दर्शन, लखनऊ, १९४९, पृष्ठ ४६)

कौन मानेगा कि ये वाक्य दिसंबर १९४९ में बोले गए थे? इसे ही

कहते हैं ऋषि दृष्टि।

संस्कृति की जोड़क शक्ति को स्पष्ट करते हुए उन्होंने कहा, "संस्कृति को राष्ट्र की आत्मा जानकर उसे ही हम जगाना चाहते हैं। छोटे-मोटे स्वार्थों के कारण वह एकात्मता छिप जाती है। अपनी सांस्कृतिक भावना से उत्पन्न होने वाले गुण समुच्चय के कारण ही एकात्मता साक्षात्कार अनुभव में हो, केवल शब्दों में नहीं। इसके लिए सत्ता की आवश्यकता नहीं। इतिहास बताता है कि सत्ता के कारण बनी हुई एकता शीघ्र नष्ट हो जाती है। पुराना और आज का भी यही अनुभव है।" (ध्येय दर्शन, लखनऊ, १९४९, पृष्ठ ४८)

"राजसत्ता के ऊपर हमारा जीवन निर्भर होता तो परकीयों के आक्रमण होते ही हम समाप्त हो जाते, किंतु वे आए और चले गए। गजनवी, गोरी, तुगलक और मुगल, फ्रांसीसी एवं अंग्रेजी; सबके सब चले गए। हम ही रहे, क्योंकि हमने अपने समाज का अधिष्ठान संस्कृति को रखा और अभी तक है। जब तक हम इस सांस्कृतिक धारणा को जाग्रत रख सकेंगे, तब तक जीवित रहेंगे।"

सांस्कृतिक अधिष्ठान को सुदृढ़ करने से उसका प्रभाव राजनीति पर भी पड़ेगा, इस बात को स्पष्ट करते हुए श्री गुरुजी ने कहा था, "जैसे सूर्य के प्रकाश से चंद्रमा प्रकाशित होता है, उसी प्रकार प्रजा के प्रकाश से ही सत्ता को जीवन, प्रकाश और प्रभाव मिलता है। सूर्य के अंदर भी प्रभावान् चैतन्ययुक्त शक्ति के समान हम प्रजा के सर्वस्व, उसकी आशा-आकांक्षा के मूर्त रूप लें, फिर उसके प्रकाश से चमकने वाली सत्ता और कौन सा प्रकाश दे सकेगी?" (ध्येय दर्शन, लखनऊ, १९४९, पृष्ठ ५३)

सांस्कृतिक जागरण के इस महत् कार्य में भारत की विशाल संत-शक्ति का योगदान पाने की उनकी इच्छा में से ही सन् १९६४ में विश्व हिन्दू परिषद् का जन्म हुआ था, उसी विश्व हिन्दू परिषद् ने प्रत्येक हिन्दू अंत:करण में गहरी बैठी रामभक्ति को जाग्रत करके विभेदकारी राजनीति के बीच भारत की सांस्कृतिक एकता को सुदृढ़ करने के लिए कई शताब्दियों से चले आ रहे अयोध्या विवाद को विराट जनांदोलन का रूप प्रदान किया। इस विराट दर्शन से भयभीत सत्तालोलुप राजनेता, जिन्होंने शताब्दियों लंबी सांस्कृतिक

एकता के अधिष्ठान पर स्वाधीनता आंदोलन के दौरान उपजी राजनीतिक एकता को भी दल, जाति, भाषा, क्षेत्र और संप्रदाय के भेदों को उभारकर तार-तार बिखरा दिया, जो स्वयं भी अखिल भारतीय नेतृत्व का दावा करते-करते छोटे-छोटे क्षेत्रीय दलों में बँटकर रह गए हैं, संत-शक्ति के नेतृत्व में भारत की सांस्कृतिक एकता के पुनरुज्जीवन की संभावनाओं से भयभीत हो उठे हैं और इसे राजनीति में धर्म का हस्तक्षेप बता रहे हैं। मानो राजनीति ही राष्ट्र जीवन में सर्वोपरि हो और कर्मकांडी जटिलताओं से मुक्त, अध्यात्म चेतना में प्रतिष्ठित 'धर्म' कोई त्याज्य वस्तु हो? छिलके को फल और गूदे को छिलका समझने वाली इस बुद्धि को क्या कहें? वे भूल जाते हैं कि इस पतनशील, विभाजनकारी राजनीति के बीच भी केंद्र में सत्ता-परिवर्तन का चमत्कार यदि सन् १९७७ में घटित हो सका था तो उसके पीछे भी एक ऐसा व्यक्तित्व विद्यमान था, जिसकी छवि जनमानस में एक ऐसे व्यक्ति की थी, जिसने सत्ता पाने के प्रत्येक अवसर को ठुकराया, जिसने भौतिकवादी मार्क्सवाद से संबंध विच्छेद कर भारत की मिट्टी की आध्यात्मिक सुगंध से संबंध जोड़ा और जिसने वर्तमान राजनीति के विकल्प खोजने के लिए 'समग्र क्रांति' का आह्वान किया। लोकनायक जयप्रकाश की समग्र क्रांति की विफलता की कारण मीमांसा करना यहाँ संभव नहीं है, किंतु इतना स्पष्ट है कि सत्ता से अलिप्त रहकर सर्वोदय की अध्यात्म दृष्टि को अपनाकर राष्ट्र साधना ही उनकी शक्ति का वास्तविक आधार था। दल और वोट की राजनीति ने भारत को फूट और चारित्रिक पतन के जिस दलदल में घसीट लिया है, उससे बाहर निकालने के लिए अब संत-शक्ति को ही मैदान में कूदना पड़ेगा। यह देश इस समय फिर से गांधी, गुरुजी गोलवलकर और जयप्रकाश जैसे नैतिक शक्तिपुंजों के आगमन की प्रतीक्षा कर रहा है।

(पाञ्चजन्य, २९ जनवरी, १९९५)

□

वह विराट दृश्य और अंधी पत्रकारिता

यदि मैं वहाँ गया नहीं होता और केवल समाचार-पत्रों पर निर्भर रह जाता तो मैं जान ही नहीं कर पाता कि ऐसा अद्भुत विराट् दृश्य मैंने अपनी आँखों से देखा था। ८ अक्तूबर, २००० की सायं, राजधानी दिल्ली का विशालतम जवाहरलाल नेहरू स्टेडियम। वर्तुलाकार बैठने की व्यवस्था। ऊपर गैलरियाँ, जिनमें बैठने के लिए सीढ़ियाँ बनी हैं। ५६ प्रवेश द्वार हैं। उनके नीचे चारों ओर कुर्सियाँ लगी हैं, जिनके लिए १० प्रवेश द्वार हैं। कुल मिलाकर ९० हजार व्यक्तियों के बैठने की व्यवस्था है, किंतु इस वर्तुल के बीच विशाल क्रीड़ांगण है, जिसके बीचोबीच एक मंच बना है, जहाँ से सांस्कृतिक कार्यक्रमों का प्रक्षेपण किया जा रहा है। वहाँ कलाकारों का जमघट है। पूरे क्रीड़ांगण में पीली साड़ी धारण किए सैंकड़ों साध्वियाँ व्यवस्था के साथ बैठी हुई हैं। उनके सामने दीप रखे हुए हैं। कार्यक्रम का समापन दीप यज्ञ के साथ होने वाला है। वह क्षण आते ही ये साधिकाएँ २४,००० दीपों को प्रज्ज्वलित करके तमिस्रा की छाती को प्रकाश से जगमगा देंगी। हजारों कार्यकर्ता व्यवस्था में लगे हुए हैं। यहाँ आनेवाले प्रत्येक सहभागी को पता है कि उसे किस प्रवेश द्वार से घुसना है, उसके बैठने का स्थान कहाँ है। कार्यक्रम प्रारंभ होते-होते प्रत्येक स्थान भर गया है। इस क्रीड़ांगण का परिसर इतना विशाल है कि चारों ओर केवल नरमुंड दिखाई देते हैं, छोटी-छोटी बूँदों की तरह। उन्हें अलग-अलग पहचान सकना कठिन है।

मंच से उद्घोष हुआ कि इस विराट् विभूति ज्ञान यज्ञ में एक लाख

परिजन और अतिथि भाग ले रहे हैं। वे पूरे भारत से आए हैं। कोई बस से, कोई ट्रेन से, कोई कार से, कोई स्कूटर या मोटरसाइकिल से। स्टेडियम के बाहर चारों ओर सैकड़ों-सैकड़ों बसों का जमघट है। कार पार्किंग के लिए जगह मिलना कठिन है। हम एक दिशा में गए, दूर तक जगह नहीं मिली, वापस लौटे, फिर काफी दूर जाकर गाड़ी पार्क कर पाए। एक अजीब सी अनजानी श्रद्धा प्रत्येक को वहाँ खींचकर लाई है। क्या नाप सकेंगे उस श्रद्धा की गहराई को, जो तीन युवकों को हजारों मील दूर उड़ीसा से साइकिल पर दिल्ली खींच लाई और बड़ौदा के वे चार परिजन जो ट्रेन से आए पर हृदयहीन दिल्ली के बस वालों ने उन्हें रास्ता भटका दिया, किंतु उनके चेहरों पर शिकायत नहीं थी, थकावट नहीं थी। कार्यक्रम में पहुँचने का उत्साह था। वह युवक, जो हमसे अगली पंक्ति में बैठा था, आंध्र से आया था। उसका परिचय पत्र बता रहा था कि वह सेना का जवान है। गायत्री-परिवार का पीला वेश धारण किए उस जवान की आँखों से श्रद्धा और स्नेह छलक रहा था। हमारे साथ बैठे बच्चों को भूख से परेशान देख उसने तुरंत अपने झोले में से अपना भोजन निकाल उन्हें पकड़ा दिया, बिना इस बात की चिंता किए कि साढ़े चार घंटे लंबा यह कार्यक्रम रात्रि ८:३० बजे समाप्त होगा और तब उसकी भूख का क्या होगा। सही अर्थों में पीले वस्त्र धारण कर सात्विकता और श्रद्धा ही वहाँ सब ओर पसर गई थी।

युग संधि की बेला

अखिल विश्व गायत्री परिवार द्वारा आयोजित इस विराट विभूति ज्ञान यज्ञ में भारत के बाहर विदेशों से भी साधक आए थे। मंच से बताया गया कि ८१ देशों में गायत्री परिवार का कार्य चल रहा है। अमरीका के चार नगरों—लॉस एंजिल्स, सान फ्रांसिस्को, शिकागो और ड्रेटायट में गत वर्ष मुझे स्वयं गायत्री परिवार के अस्तित्व के दर्शन हुए थे। इसलिए यह आयोजन केवल राष्ट्रीय ही नहीं वैश्विक भी था। गायत्री परिवार की आस्था है कि सन् २०११ में सतयुग फिर वापस आएगा। आज जो तमोगुणी अँधेरा हमें घेरे हुए है, वह छँट जाएगा। आज सब कुछ उलट गया है, इस

उलटे को फिर से उलटाकर सीधा करने के महत्त्कार्य में लाखों-करोड़ों आस्थावान अंत:करणों को जुटना होगा, पर, सन् २०११ में ही सतयुग क्यों आएगा, उनका कहना है कि स्वामी विवेकानंद ने कहा था कि रामकृष्ण परमहंस के जन्मवर्ष सन् १८३६ से युग-परिवर्तन का क्रम प्रारंभ हो गया और योगी अरविंद का कहना था कि तब से १७५ वर्ष का समय युग-संधि का काल है। दोनों का योग हमें सन् २०११ ईस्वी में पहुँचा देता है, पर गायत्री परिवार के लिए २०११ ईस्वी का वास्तविक महत्त्व है कि वही वर्ष गायत्री परिवार के प्रणेता गुरुदेव पं. श्रीराम आचार्य का जन्म शताब्दी वर्ष भी है। गुरुदेव ने सन् १९२६ में पहली बार अखंड दीप प्रज्ज्वलित किया था, जून १९७१ में उन्होंने पुण्य तीर्थ हरिद्वार में शांतिकुंज की स्थापना की थी, उन्होंने गायत्री मंत्र में मानवता की मुक्ति का सूत्र पाया और उस मंत्र को दसों दिशाओं में करोड़ों-करोड़ों मुखों से गुँजाने का संकल्प लिया। मंच से बताया गया कि इस समय ६ करोड़ अंत:करण गायत्री परिवार से जुड़ चुके हैं। अगले माह ७ से ११ नवंबर, २००० ईस्वी को हरिद्वार में सृजन संकल्प विभूति महायज्ञ में हरिद्वार में २ करोड़ श्रद्धालुओं का अभूतपूर्व समागम होने वाला है। इसके लिए अभी से हरिद्वार के दोनों ओर ऋषिकेश से रुड़की तक ४८ अस्थायी नगरों का निर्माण कार्य आरंभ हो चुका है।

इस बाहरी विराटता की तह में एक उदात्त जीवन दर्शन है, एक दिव्य स्वप्न है और उस स्वप्न को साकार करने के लिए एक बहुचरणीय बहुमुखी कार्ययोजना है। गायत्री परिवार के वर्तमान प्रमुख संचालक डॉ. प्रणव पांड्या इस कार्यक्रम को सात शीर्षकों या आंदोलनों का रूप देते हैं। सर्वप्रथम है साधना अर्थात् व्यक्तित्व परिष्कार की जीवन साधना। इसके लिए समय, अर्थ, इंद्रिय और विचार में संयम का पालन करते हुए श्रेष्ठ विचारों का स्वाध्याय और श्रेष्ठ गुणों का व्यवहार दैनिक जीवन में संकल्पपूर्वक करना। इसमें उपासना पद्धति से अधिक महत्त्व आध्यात्मिक चेतना के जागरण का है। गायत्री परिवार का नारा है, 'हम बदलेंगे, युग बदलेगा' अर्थात् पहले स्वयं को बदलो, चरित्र की साधना करो। दूसरा आंदोलन है सुसंस्कारी आत्मावलंबी शिक्षा का प्रसार। अध्यात्म चेतना से

अनुप्राणित शिक्षकों का निर्माण। तीसरा आंदोलन है स्वास्थ्य-शिक्षा : संतुलित आहार-विहार, योग-व्यायाम, प्राणायाम, शुद्ध सात्विक स्वच्छ प्रकृति के अनुकूल जीवन का विकास। चौथा है आर्थिक स्वावलंबन। इसके लिए ग्राम केंद्रित कृषि प्रधान अर्थव्यवस्था की स्थापना। गाँव की ओर वापस लौटने का संकल्प। बहुराष्ट्रीयकरण का उन्मूलन और स्वदेशी कुटीर उद्योगों का पुनरुज्जीवन। पाँचवाँ आंदोलन है पर्यावरण रक्षा का, जिसके लिए हरीतिमा संवर्द्धन और कचरे के विसर्जन का संकल्प हृदय-हृदय में जगाना होगा। छठा आंदोलन है नारी जागरण का। संस्कारवान धर्मनिष्ठ महिलाओं को लोक शिक्षण और परिवार संवर्द्धन की भूमिका सौंपना। सातवाँ आंदोलन है नई पीढ़ी को दुर्व्यसनों से मुक्त कराना। उन्हें संकल्प देना कि स्वयं को 'व्यसनों से बचाएँ', 'सृजन में लगाएँ' इसके साथ ही प्रगति के मार्ग में बाधक बने ढेरों विकृत रीति-रिवाजों, कुरीतियों, मूढ़ मान्यताओं से समाज को छुटकारा दिलाना।

प्रतिभावानों की फौज

इन सातों आंदोलनों को गति देने के लिए प्रतिभावान, क्षमतावान, संवेदनशील अंतःकरणों की बड़ी फौज चाहिए। सतयुग के पुनः आगमन के लिए प्रतिभाओं को अपनी मानवीय संवेदनाओं को जगाना होगा। ऐसे प्रतिभासंपन्नों को अपने राष्ट्रीय और मानवीय कर्तव्यों का बोध कराने के लिए ही यह विराट् आयोजन किया गया।

इस कार्य में गायत्री परिवार अकेला नहीं है। मानव संसाधन विकास मंत्री डॉ. मुरली मनोहर जोशी ने अपने व्यक्तिगत अनुभव से ऐसे अनेक विराट् प्रयासों का परिचय मंच से दिया। स्वाध्याय प्रवाह, स्वामीनारायण पंथ, सत्य साईं बाबा, श्रृंगेरी और कोच्चि के शंकराचार्य मठ, रामकृष्ण मिशन, चिन्मय मिशन, महर्षि महेश योगी, आर्यसमाज, राधा-स्वामी मत, निरंकारी और भी अन्य अनेक प्रयास इस एक ही दिशा में कार्य कर रहे हैं। उन सभी के माध्यम से विराट जागरण हो रहा है, आध्यात्मिक ऊर्जा का प्रवाह बह रहा है। ये सब प्रयास एक-दूसरे के पूरक हैं। सब नैतिक क्रांति के स्रोत हैं। सब भगवतकार्य में लगे हैं। राष्ट्र के गृहमंत्री लालकृष्ण

आडवाणी ने ठीक ही कहा कि नैतिक क्रांति का सृजन राजनीति से नहीं हो सकता, वह आध्यात्मिक साधना से ही हो सकता है। इस विराट् आध्यात्मिक अनुष्ठान को देखकर वे गद्गद हो गए। उन्होंने स्वीकार किया कि यदि मैं यहाँ आकर अपनी आँखों में इस दृश्य को नहीं देखता तो मैं विश्वास नहीं कर पाता कि गायत्री परिवार राष्ट्र निर्माण की दिशा में कितना मूलभूत महत्त्कार्य कर रहा है। उन्होंने माना कि राजनीति के बाहर जो चरित्र निर्माण का, सांस्कृतिक जागरण का, आध्यात्मिक ऊर्जा के प्रसारण का महाप्रयास चल रहा है, वही भारत राष्ट्र को विश्व का मार्गदर्शन करने की क्षमता व योग्यता प्रदान करेगा।

इस विराट विभूति ज्ञान यज्ञ में अपनी-अपनी विभूति को राष्ट्र और मानवता की सेवा में समर्पित करने का संकल्प दोहराया गया। पूरा वातावरण भारतमाता की जय के नारों से गूँज रहा था। भारत के सांस्कृतिक अतीत के आलोक में उसके उज्ज्वल भविष्य का विश्वास जगा रहा था। २४,००० दीपों के प्रज्ज्वलन से जगमगाती तमिस्रा में जब महाकाल की स्तुति हुई तो अंत:करण को दिव्य चेतना ने झंकृत कर दिया। उन क्षणों की अनुभूति को, स्पंदन को शब्दों में बाँध पाना कठिन ही है।

वह पत्रकार दीर्घा!

किंतु इस अभूतपूर्व दुर्लभ आयोजन के समाचार को अगले दिन राजधानी से प्रकाशित होने वाले अखबारों में उपयुक्त स्थान क्यों नहीं मिला? अंग्रेजी के केवल एक अखबार 'हिन्दू' के अतिरिक्त किसी ने नहीं छापा। 'हिन्दू' में भी एक कोने में सफेद-काला चित्र छप गया। हिंदी में केवल 'जागरण' ने दीप यज्ञ का रंगीन चित्र छापा और समाचार भी विस्तार से दिया। इसका श्रेय जहाँ 'जागरण' की पत्रकारिता की संस्कृतिनिष्ठा और राष्ट्रभक्ति को जाता है, वहीं इसका एक कारण शायद उसके प्रधान संपादक श्री नरेंद्र मोहन की मुख्य अतिथि के रूप में उपस्थिति भी हो सकती है। 'राष्ट्रीय सहारा' और 'जनसत्ता' ने उस अद्‌भुत दृश्य का चित्र छापने की आवश्यकता नहीं समझी। ऐसा नहीं है कि गायत्री परिवार ने सभी समाचार-पत्रों को न्योता नहीं दिया था, उनके बैठने की विशेष व्यवस्था

नहीं की थी, जबकि उस विशाल स्टेडियम का चप्पा-चप्पा श्रद्धालुओं से भरा था, केवल एक खाली कोना दिखाई दे रहा था और वह था पत्रकार दीर्घा। न्योता मिलने पर भी पत्रकार क्यों नहीं पहुँचे?

इस प्रश्न का उत्तर पाने के लिए अपने अखबारों के चरित्र और उस चरित्र के पीछे विद्यमान मानसिकता को समझना होगा। ९ अक्तूबर के अखबार में राष्ट्र जागरण और नैतिक क्रांति के इस विराट आयोजन को स्थान कैसे मिलता, क्योंकि उन्हें पाकिस्तान की गायिका रेशमा के चित्रों को छापना था, क्योंकि उन्हें वायु सेनाध्यक्ष टिपनिस के किसी कार्यक्रम में सोनिया गांधी को फिल्म अभिनेता अनुपम खेर से बात करते हुए प्रमुखता से दिखाना था। इस चित्र का क्या समाचारी महत्त्व है? यह खोज करने का विषय है। इस चित्र के पीछे वही वंशवादी मानसिकता कार्य कर रही है, जो सोनिया की बेटी प्रियंका और उसके पति रॉबर्ट वडेरा के मतदान करते चित्र को पहले पन्ने पर छापना जरूरी समझती हैं, जो प्रियंका की होने वाली संतान के बारे में पहले पन्ने पर कई दिन तक इस तरह छापती है मानो भारत में भगवान् का अवतार होने वाला है। यही दरबारी मानसिकता है जो पिछले एक महीने से प्रधानमंत्री के घुटने के ऑपरेशन को लेकर पहले पन्ने को रंग रही है।

प्रधानमंत्री के स्वास्थ्य में राष्ट्र की रुचि होना स्वाभाविक है। उसकी जानकारी देशवासियों तक पहुँचाना प्रचार माध्यमों का कर्तव्य है, किंतु पिछले एक महीने से प्रतिष्ठित अंग्रेजी साप्ताहिकों और दैनिकों के पहले पन्ने केवल इसी समाचार से भरे हुए हैं, उसे देखकर प्रधानमंत्री भी मन ही मन परेशानी अनुभव कर रहे होंगे। यह दरबारी मानसिकता किसी भी लोकतंत्र के लिए लज्जा की बात है और जरा आज के अखबार देखिए। सभी के पहले पन्ने पर बहुरंगी शीर्षक व चित्रों के साथ भाजपा सांसद साध्वी उमा भारती की एक प्रेम कहानी को केरल के अंग्रेजी साप्ताहिक 'वीक' से उधार लेकर छापा गया है। जबकि सुश्री उमा भारती ने उस कहानी का खंडन किया है। केवल एक हिंदी दैनिक ने प्रथम पृष्ठ पर उमाजी द्वारा प्रेषित खंडन को अलग से छापने की सौजन्यता दिखाई है।

इस प्रेम कहानी को प्रथम पृष्ठ पर प्रमुखता से छापने के पीछे क्या कारण हो सकता है ? क्या संन्यास और राजनीति के बीच झूल रही किसी साधिका के अतीत को उघाड़कर वे समाज को आत्मसंयम का पाठ सिखाना चाहते हैं या उनकी अपनी बीमार मानसिकता ऐसी प्रेम कथाओं में रस लेती है ?

बीमार मानसिकता का परिणाम

शायद यही कारण है कि हमारे समाचार-पत्रों में काफी स्थान बलात्कार, अपहरण, अप्राकृतिक यौनाचार, लूट, डाके व हत्या के समाचारों को दिया जाता है। उन्हें देखकर लगता है कि जीवन में उदात्तता समाप्त हो चुकी है और केवल पशुप्रवृत्तियाँ शेष रह गई हैं। आधे से अधिक स्थान राजनीतिक उठापटक, तोड़-फोड़ के समाचारों से भरा होता है, जो सत्ता के इर्द-गिर्द चक्कर लगाने वाली दरबारी सामंतवादी, वंशवादी मानसिकता का लक्षण है। सुरा, सुंदरी और सत्ता में डूबी मानसिकता को अध्यात्म से क्या लेना, चरित्र-निर्माण से क्या संबंध, नैतिक क्रांति की क्या उपयोगिता, सतयुग का क्या आकर्षण ?

किंतु इस कार्यक्रम को देखकर यह आशावाद जगा कि राष्ट्र-जागरण और मानव-उद्धार के वास्तविक प्रयास प्रचार माध्यमों की दुनिया से बाहर हो रहे हैं। प्रचार माध्यम गंदगी फैला रहे हैं तो संतजन सात्विकता का गंगाजल छिड़क रहे हैं। ऐसा नहीं है कि गंगाजल छिड़कने वाले ये नैतिक प्रयास सब दृष्टि से पूर्ण हैं और उनके बारे में कुछ प्रश्न नहीं उठाए जा सकते, किंतु अपनी अपूर्णताओं के बावजूद वे समाज में जिन आदर्शों व मान्यताओं के प्रति श्रद्धा जगाते हैं, वे व्यक्ति को ऊपर उठाने के साथ-साथ राष्ट्र और मानवता के लिए कल्याणकारी हैं।

(पाञ्चजन्य, १३ अक्तूबर, २०००)

□

सहस्रशीर्षा सहस्रपाद हिन्दुत्व राष्ट्र-जागरण यज्ञ

आज यदि हम यह मान बैठे हैं कि राज्यसत्ता और उसके चारों ओर घूमने वाली राजनीति ही राष्ट्र-जीवन की धुरी है, जो कुछ राजनीति के क्षेत्र में घटित हो रहा है, केवल वही जानने लायक है, शेष सब या तो उपेक्षा योग्य हैं अथवा अप्रासंगिक हैं, तो इसका अधिकांश श्रेय हमारे प्रचार माध्यमों, विशेषतया पत्रकार बंधुओं को जाता है। हमारे अधिकांश पत्रकार बंधुओं की गतिविधि राजनीतिक दलों के कार्यालयों अथवा राजनीतिज्ञों के घरों तक सीमित रहती है। आप किसी भी दैनिक पत्र को उलट जाइए, उसमें तीन चौथाई समाचार और विश्लेषण राजनीतिक दलों की भीतरी उठा-पटक अथवा राजनेताओं के अर्थहीन ऊल-जलूल भाषणों से भरे होंगे। राजनीति के अलावा देश में जो बहुत कुछ हो रहा है, उसकी ओर न उनकी दृष्टि जाती है और न उन्हें उसमें कोई समाचार दिखाई देता है। गैर-राजनीतिक प्रसंगों और कार्यक्रमों को भी राजनीतिक रंग देकर प्रस्तुत करने में ही उन्हें आनंद मिलता है।

ताजा उदाहरण लीजिए। इसी ३० अप्रैल को दिल्ली के अंबेडकर स्टेडियम में राष्ट्रीय स्वयंसेवक संघ के सरसंघचालक रज्जू भैया के लिए संघ के स्वयंसेवकों का पूर्ण अथवा अर्ध गणवेश में एक विशाल कार्यक्रम आयोजित था। लगभग ४० हजार स्वयंसेवकों से वह विशाल स्टेडियम खचाखच भरा हुआ था। जीवन के विभिन्न क्षेत्रों में कार्यरत स्वयंसेवक

वहाँ उपस्थित थे। स्वाभाविक ही उनमें भारतीय जनता पार्टी के कई राजनेता भी थे, जो संघ के स्वयंसेवक हैं। वे भी सभी स्वयंसेवकों के साथ पंक्तियों में बैठे, किंतु अगले दिन के समाचार-पत्र में उस कार्यक्रम के मुख्य अतिथि एवं सरसंघचालक रज्जू भैया का चित्र कहीं नहीं था और था तो केवल दिल्ली के मुख्यमंत्री मदनलाल खुराना का, जो पूर्ण गणवेश में कार्यक्रम में उपस्थित थे, मानो वही उस कार्यक्रम के मुख्य अतिथि हों। कार्यक्रम के समाचार में भी राजनीतिक कार्यकर्ताओं के नामों का विशेष रूप से उल्लेख किया गया। ३ मई को दिल्ली के कांस्टीट्यूशन क्लब में श्री रज्जू भैया ने प्रबुद्ध नागरिकों के विशाल सम्मेलन को संबोधित किया। रज्जू भैया का एक घंटा लंबा भाषण पूर्णतया गैर-राजनीतिक था। राष्ट्रीय एकता की भावात्मक कल्पना के साथ-साथ उन्होंने अधिकांश समय राष्ट्र की प्रगति में कर्म-संस्कृति को विकसित करने की आवश्यकता पर बल दिया और सर्वग्रासी भ्रष्टाचार से मुक्ति का एकमात्र उपाय राष्ट्रभक्ति के जागरण को बताया, किंतु अगले दिन समाचार पत्रों में छपा कि उन्होंने भाजपा की मुसलमानों को रिझाने की हाल की नीति को आगे बढ़ाने की दृष्टि से अल्पसंख्यकों को संघ की शाखाओं में आने का न्योता दिया।

राजनीति प्रेरित समाचार

इन सबके पीछे कौन सी मानसिकता कार्य कर रही है? ऐसा बिल्कुल नहीं है कि ये सभी पत्रकार बंधु संघ विरोधी हैं या उसकी छवि को जान-बूझकर विकृत करना चाहते हैं। वे एक प्रकार से पत्रकार जगत् में जो राजनीति-प्रधान वातावरण छाया हुआ है, अनजाने ही उसके बंदी बने हुए हैं। राजनीति से अलग हटकर यदि कोई समाचार बनाते हैं तो उसे समाचार माना ही नहीं जाता।

अभी २१ अप्रैल को वनवासी कल्याण आश्रम के संस्थापक अध्यक्ष श्री बाला साहब देशपांडे ने ८२ वर्ष की आयु में अपना शरीर त्यागा। संघ का यह श्रेष्ठ स्वयंसेवक जिसने सन् १९५२ में जशपुर में ३२ छात्रों के छात्रावास से अपने कार्य का श्रीगणेश किया और ३४ वर्ष लंबी अखंड एकांतिक साधना के द्वारा वनवासियों के विकास के लिए विशालतम राष्ट्रीय

संगठन खड़ा किया, जिसके नेतृत्व में देश के कोने-कोने से सैकड़ों हिंदू नवयुवक शहरी सुख-सुविधाओं को ठोकर मारकर दूरस्थ, दुर्गम वनवासी क्षेत्रों में जुट गए, वनवासी समाज में से ही सैकड़ों युवक वनवासी कल्याण आश्रम के पूर्णकालिक कार्यकर्ता बन गए, सरकारी प्रश्रय एवं विदेशी धन की सहायता लिये बिना उन्होंने वनवासी समाज में से नया नेतृत्व खड़ा किया। अपनी मृत्यु के पूर्व देश पांडेजी ने वनवासी कल्याण आश्रम का नेतृत्व एक वनवासी बंधु के कंधों पर सौंपने पर सात्विक आनंद प्राप्त किया। कितनी पीड़ा की बात है कि बाला साहब देशपांडे जैसे महान् सामाजिक कार्यकर्ता के प्रेरणादायी व्यक्तित्व और कर्तृत्व के बारे में हमारे देश के समाचार-पत्रों में कुछ भी नहीं छपा।

मुझे स्मरण आता है कि सन् १९९० में जब आडवाणीजी की रथयात्रा और ३० अक्तूबर को अयोध्या में कारसेवा को लेकर वातावरण बहुत गरम था, देश के एक प्रख्यात समाज शास्त्री से भेंट करने का सुअवसर मिला। वे अयोध्या आंदोलन के विरुद्ध बहुत उत्तेजित थे। लगभग आधा घंटे तक इस विषय पर बहस करते रहे, किंतु जब उनकी बात आगे नहीं बढ़ी तो बोले कि अच्छा छोड़ो इस विषय को, जरा अपने संघवालों को यह तो बताओ कि वे लड़ाई-झगड़ा छोड़कर हिन्दू समाज का कुछ सुधार और सेवा भी तो करें। मैंने कहा कि यह तो अवश्य ही होना चाहिए। कृपया बताएँ कि दिल्ली में कहाँ से शुरू करें। थोड़ा सोचकर बोले कि झोंपड़पट्टियों को ही क्यों नहीं ले लेते, वहाँ बड़ी गरीबी और पिछड़ापन है। मैंने कहा कि यह तो बहुत अच्छा है। तो मैं ऐसा करता हूँ कि दिल्ली के संघ अधिकारियों से प्रार्थना करके कुछ स्वयंसेवकों को बुलवाता हूँ, आप कृपया अपने अनुभव के प्रकाश में उनका कुछ मार्गदर्शन कर दें। इस पर वे तुरंत बोले कि भई मैं स्वयं तो 'फील्ड' में गया नहीं, पर मैं तुम्हें ऐसे व्यक्ति ढूँढ़कर ला दूँगा। तब मैंने पूछा कि क्या आपने सेवा भारती नामक संगठन का नाम सुना है, क्या आपको पता है कि सेवा भारती, दिल्ली की १२५ झोंपड़पट्टियों में ५५० से ज्यादा सेवा प्रकल्प चला रही है? सन् १९७८ से कार्यरत यह संस्था सरकारी सहायता और

विदेशी धन पर आश्रित नहीं है और इस समय दिल्ली की झोंपड़पट्टियों में कार्यरत सबसे विशाल संगठन है, जिसे संघ के स्वयंसेवकों ने खड़ा किया है। यह सुनकर वे चौंक गए कि भई इस संगठन का नाम तो मैंने कभी किसी अखबार में नहीं पढ़ा, इसलिए इसका तो मुझे पता नहीं था।

इस वार्त्तालाप से स्पष्ट हो गया कि देश में 'सामाजिक क्रांतिकारियों' की ऐसी पौध खड़ी हुई है जिसका प्रत्यक्ष कर्म क्षेत्र से कोई नाता नहीं है, जो खोखले शब्दाचार को ही क्रांति और समाज सुधार समझती है, जो लेख लिखकर पैसा कमाती है, यशार्जन करती है और महान् समाज सुधारक की छवि प्राप्त करती है।

जिस प्रकार संघ-परिवार की कर्म साधना का अधिकांश भाग राजनीति के बाहर है, उसी प्रकार हिन्दुत्व जागरण का जो विराट् यज्ञ देशभर में अनेक नाम-रूपों से चल रहा है, उसकी व्यापकता केवल संघ-परिवार तक ही सीमित नहीं है।

ऐसे ही एक महाप्रयास का उल्लेख करना यहाँ समीचीन रहेगा। इस महाप्रयास के बारे में जो कुछ जानकारी आज उपलब्ध है, उसका पूरा श्रेय उन महानुभावों को जाता है, जो दिल्ली के कुछ वरिष्ठ पत्रकारों और बुद्धिजीवियों को प्रयत्नपूर्वक बटोरकर १९ मार्च को राजकोट से १९ मील दूरी पर आयोजित एक विशाल कार्यक्रम का दर्शन कराने ले गए। यह कार्यक्रम स्वाध्याय आंदोलन या प्रवाह नामक इस महाप्रयास के प्रेरणा-पुरुष संत पांडुरंग शास्त्री आठवले के ७५वें जन्मदिवस के अवसर पर इस आंदोलन द्वारा संगठित एवं संस्कारित सदस्यों का अपने 'दादा' (संत आठवले के लिए 'दादा' शब्द प्रयोग होता है) के प्रति कृतज्ञता समारोह था। इस कार्यक्रम से लौटकर इन पत्रकारों ने अपने-अपने पत्रों में उस कार्यक्रम और स्वाध्याय आंदोलन का जो वर्णन लिखा, वह बहुत ही विस्मय एवं आह्लादकारी है। पायनियर में अजीत भट्टाचार्य और अनीस जंग, नवभारत टाइम्स में राजीव वोरा और जनसत्ता में रामबहादुर राय ने स्वीकार किया कि यदि उन्होंने अपनी आँखों से वह दृश्य न देखा होता तो वे कभी विश्वास नहीं करते कि यह सब सत्य होगा। ये पत्रकार कभी

कल्पना भी नहीं कर सकते थे कि एक गृहस्थ संत, जिसका नाम भी अधिकांश लोगों ने नहीं सुना, के प्रति कृतज्ञता ज्ञापन करने के लिए १२ से १४ लाख लोग एक सुदूर कोने में एकत्र हो आएँगे, और ये लोग राजनीतिक रैलियों में बसों, ट्रकों द्वारा बटोरे गए भाड़े के टट्टुओं की अनुशासनहीन व उच्छृंखल भीड़ नहीं थे।

दिल्ली के पत्रकार और बुद्धिजीवी यह जानकर आश्चर्यचकित रह गए कि लगभग ४० वर्ष से चल रहा लोक जागरण, लोक संस्कार, लोक संगठन और सर्वांगीण विकास का यह 'स्वाध्याय आंदोलन' पश्चिम से आयातित आधुनिक प्रतीकों एवं मुहावरों के बजाय परंपरागत शुद्ध हिन्दू प्रतीकों और पद्धतियों के माध्यम से कार्य कर रहा है। 'दादा' का आह्वान ही है कि अपनी जड़ों की ओर वापस लौट चलो। मुंबई में 'दादा' का तत्त्वज्ञान-विद्यापीठ मनुष्य निर्माणशाला है। ४० साल पहले इस विद्यापीठ में संस्कारित १९ युवकों को सौराष्ट्र को अपना कर्मक्षेत्र बनाने का आह्वान देते समय 'दादा' ने कहा था, "गाँवों में जाओ, समाजवाद या साम्यवाद की विचारधारा हमारी जड़ों को खोखला कर रही है। वैदिक धर्म के आदर्शों की ओर लोगों को मोड़ना होगा।" 'दादा' ने भक्ति और संस्कृत भाषा को लोक जागरण के मुख्य माध्यम के रूप में इन युवकों को पकड़ा दिया। भक्ति को उन्होंने नया अर्थ दिया। केवल पूजा-पाठ या नाम-संकीर्तन वाली भक्ति नहीं, कर्म से जुड़ी भक्ति। 'ईश्वर तुम्हारे अंदर है, उसकी कर्म द्वारा अर्चना करो।'

स्वाध्याय प्रवाह

४० वर्ष पहले प्रारंभ हुआ यह स्वाध्याय यज्ञ अब सौराष्ट्र के गाँव-गाँव में पहुँच चुका है। लाखों लाख हरिजन, किसान, मछुआरे, वाघरी और अन्य जातियों के लोग स्वाध्याय प्रवाह में सम्मिलित होकर आंतरिक परिवर्तन का अनुभव कर रहे हैं। 'स्वाध्याय' ने उनके जीवन में एकादशी व्रत, गायत्री मंत्र व उपनिषद् वाणी का सस्वर पाठ, त्रिकाल संध्या जैसी परंपरागत आस्थाओं को पुनः स्थापित किया है। लाखों कंठों से उपनिषद् और गायत्री मंत्रों का समवेत स्वर में पाठ सुनकर दिल्ली के बुद्धिजीवी

अभिभूत हो उठे–इतनी शक्ति थी उस मंत्र पाठ में। जब एक अनुसूचित जाति के बालक ने घोषणा की, ''मैं ब्राह्मण हूँ'' तो वह जाति व्यवस्था के विरुद्ध आक्रोश व्यक्त नहीं कर रहा था, अपितु घोषणा कर रहा था कि यदि ब्राह्मणत्व किन्हीं गुणों का नाम है तो उन गुणों को मैं अर्जित कर रहा हूँ। यह भेद का नहीं, एकत्व का स्वर था। स्वाध्याय आंदोलन ने अमीर-गरीब, ऊँच–नीच, विद्वान–अपढ़ के भेदों को बड़े सहज और अनजाने ढंग से मिटा दिया है। जो जातियाँ कल तक अपराधी मानी जाती थीं, शराब के नशे में डूबी रहती थीं, स्वच्छता से जिनका कोई नाता नहीं था, वे आज शांति, अहिंसा, व्यसन मुक्ति एवं स्वच्छ जीवन शैली का उदाहरण बन गई हैं। स्वाध्याय का कार्य भक्ति–फेरी से प्रारंभ होता है। सामूहिक प्रार्थना के लिए अमृतालयम नामक खुले मंदिर की स्थापना उसकी अंतिम सीढ़ी है। स्वाध्याय का प्रयास केवल आध्यात्मिक चेतना के जागरण और सामाजिक समरसता तक ही सीमित नहीं है। वह योगेश्वर कृषि, श्रीदर्शन कृषि जैसे नामाभिधानों के द्वारा आर्थिक विकास के प्रयोगों में भी संलग्न है। खेत-मजदूरों को अधिक मजदूरी दिला रहा है। उसकी प्रेरणा से याज्ञवल्क्य वृक्ष मंदिर नामक एक विशाल फलोद्यान का विकास हुआ है। मछुआरों के लिए मत्स्यगंधा जैसे नाम धारण करनेवाली ३२ स्टीम चालित नौकाएँ सक्रिय हैं।

केवल एक संत की आध्यात्मिक शक्ति में से अंकुरित राष्ट्र–निर्माण का यह महान् कार्य हमें बताता है कि देश में अनेक संतों की प्रेरणा से ऐसे अनेक कार्य अलग–अलग नामों और पद्धतियों से कार्यशील हैं। स्वामीनारायण संप्रदाय, गायत्री परिवार, सत्य साईंबाबा और न जाने कितने। ये सभी प्रयास हिन्दुत्व की भावात्मक आधार भूमि तैयार कर रहे हैं, उसे सुदृढ़ कर रहे हैं, हिन्दुत्व आज त्रिविध संकटों से घिरा हुआ है। प्रथम—उखड़ती आस्थाएँ एवं चारित्रिक पतन, द्वितीय—वोट की राजनीति द्वारा आंतरिक विघटन एवं फूट, तृतीय—विस्तारवादी असहिष्णु मजहबों का आक्रमण। इन संकटों को परास्त करने की दिशा में ये सभी प्रयास प्रतिस्पर्द्धी न होकर परस्पर पूरक हैं। किसी में क्षात्रवृत्ति का प्राधान्य है तो किसी में

संस्कार भावना का। सभी की जड़ें भारतीय अध्यात्म और परंपरा में हैं। इन सभी का श्रद्धापूर्वक स्वागत अभिप्रेत है। ये सभी सहस्रर्शीर्षा, सहस्रपाद हिन्दुत्व-जागरण यज्ञ के अंग हैं, इन सब प्रयासों का कुल मिलाकर प्रभाव राजनीति के क्षेत्र में प्रगट हो रहा है, क्योंकि हिन्दुत्व के विरुद्ध विघटनकारी एवं पृथकतावादी कौरव शक्तियों से युद्ध राजनीति के कुरुक्षेत्र में ही लड़ा जा रहा है।

(पाञ्चजन्य)

□

स्वाध्याय प्रवाह : एक अद्भुत प्रयोग

वह सन् १९५७ की चाँदनी रात थी। मुंबई के जुहू समुद्र तट पर एक संस्कृतज्ञ आचार्य उन्नीस स्नातकोत्तर डिग्री प्राप्त युवकों का आह्वान कर रहा था कि अब समय आ गया है कि हम कर्मक्षेत्र में कूद पड़ें और भक्ति फेरी पर निकल जाएँ। युवकों ने पूछा कि इतने विशाल देश में हम कहाँ से शुरू करें? आचार्य ने कहा, ''वहीं से, योगेश्वर श्रीकृष्ण की जन्मभूमि सौराष्ट्र से।'' ये सभी युवक गुजराती कृष्ण भक्त थे। वे प्रसन्न हो गए और आचार्य ने कुमकुम तिलक करके उन्हें 'भक्ति फेरी' के लिए विदा कर दिया। यह भक्ति फेरी क्या है? आचार्य ने शिष्यों से कहा कि तुम्हें एक गाँव के अनेक घरों में बिना ऊँच-नीच, बिना जात-पाँत, बिना अमीर-गरीब का खयाल किए जाना है। पैदल जाना है, अपना सामान खुद उठाना है, अपना भोजन खुद पकाना है अर्थात् अयाचक वृत्ति लेकर जाना है। वहाँ कुछ माँगना नहीं है, लेना नहीं है, न चाय, न भोजन, केवल पानी चलेगा। वह पूछेगा। फिर आए क्यों? उत्तर होगा, ''आपसे मिलने, योगेश्वर श्रीकृष्ण का स्मरण करने, आपस का स्नेह बनाने-बाँटने।'' आपसे प्रार्थना करने कि आप भी रोज तीन बार भगवान् का स्मरण करें—प्रातः उठकर, दोपहर में भोजन से पूर्व, रात्रि को सोने के पहले, बस इतना ही। यह हुआ हमारा आपसे भाव-संपर्क। यह भक्ति-फेरी, यह भाव-संपर्क, यह त्रिकाल संध्या, नई शब्दावली, नई कार्यपद्धति। इसका आविष्कार कैसे हुआ? किसने किया? क्यों किया? बात सन् १९५४ में जाती है। यही युवा आचार्य जापान में एक विश्व धर्म सम्मेलन में प्रतिनिधि बनकर गए। वहाँ

पर इन्हें भी अपने विचार रखने का अवसर मिला। इन्होंने किसी विद्यालय-विश्वविद्यालय में शिक्षा नहीं ली थी, कोई विश्वविद्यालयी डिग्री उनके पास नहीं थी। एक परंपरागत संस्कृतनिष्ठ महाराष्ट्रीय ब्राह्मण परिवार में जन्म लिया था। पिता पं. बैजनाथ शास्त्री ने सन् १९२६ में मुंबई के माधवबाग में श्रीमद्‌भगवद्‌गीता पाठशाला की स्थापना की थी। उसमें प्रति रविवार गीता पर प्रवचन की परंपरा प्रारंभ की थी। भारतीय ऋषि परंपरा द्वारा प्रदत्त ज्ञान निधि का वितरण प्रारंभ किया था। वही परंपरागत ज्ञान-निधि उनके पुत्र पांडुरंग शास्त्री आठवले ने भी अर्जित की थी। जीव, जगत् और ब्रह्म; व्यक्ति, कुल और समाज; ग्राम, देश और विश्व; शरीर, मन, बुद्धि और आत्मा का विकास; आदर्श मानव, आदर्श समाज का चित्र, समाज रचना का ताना-बाना; संस्कार और शिक्षा द्वारा चरित्र निर्माण आदि-आदि विषयों पर प्राचीन भारतीय मनीषा द्वारा प्रदत्त ज्ञान-निधि को इस युवक ने आत्मसात् किया था। सन् १९४६ से गीता पाठशाला में पिता के स्थान पर साप्ताहिक प्रवचन देना भी आरंभ कर दिया था। उसी ज्ञान को उन्होंने जापान में विश्व धर्म सम्मेलन के सामने प्रस्तुत किया। उसे सुनकर सभी चमत्कृत रह गए, गद्‌गद हो गए। पूछा कि क्या भारत में इस समाज रचना का, इस शिक्षा पद्धति का, इस लोक जागरण का कोई नमूना देखने को मिलेगा? अब युवा आचार्य चुप थे। अपने देश के सामाजिक जीवन का पतन और विशृंखलता का वर्तमान चित्र उनकी आँखों के सामने खड़ा हो गया। प्राचीन ज्ञान-निधि के आधार पर प्रवचन देना तो सरल है, पर उसमें प्रस्तुत दिव्य सामाजिक जीवन का प्रत्यक्ष दृश्य प्रस्तुत करना असंभव।

गहरी टीस और व्यथा उनके अंत:करण में प्रवेश कर गई। मस्तिष्क में विचारों का अँधड़ उठने लगा। स्वदेश लौट कर एक ही चिंता कि प्राचीन ऋषियों द्वारा प्रदत्त दिव्य ज्ञान के आधार पर दिव्य जीवन का चित्र कैसे खड़ा हो सकता है। डेढ़-दो वर्ष तक गाँवों, शहरों, मोहल्लों का भ्रमण कर समाज-जीवन के यथार्थ को देखने-समझने का प्रयास किया। घोर दारिद्र्य, अशिक्षा, स्वार्थ, बुरे व्यसनों और कर्मों में लिप्त समाज के उपेक्षित वर्गों के जीवन में झाँककर देखा। समाज के विभिन्न वर्गों के बीच

विद्यमान विषमता को देखा। शिक्षित, संपन्न, मध्य वर्ग अपनी ही छोटी-सी दुनिया में मस्त-मगन। गरीब बस्तियों से उसका कोई संपर्क-रिश्ता नहीं। कौन जाएगा इनके पास, कौन बाँटेगा इनका दुःख, इनकी गरीबी, इनकी बुराइयाँ?

क्या मार्ग हो सकता है इन दोनों वर्गों को मिलाने का? समाज-सेवा के अनेक स्वयंसेवी स्वैच्छिक प्रयासों को देखा। उनकी कार्यपद्धति क्या है? पहले एक स्वयंसेवी संस्था का पंजीकरण कराना, फिर सरकारी योजनाओं, धनपतियों एवं विदेशी सहायता संस्थाओं से धन जुटाना। किसी एक ग्राम या क्षेत्र को चुनकर वेतन या मानधन पर आश्रित सहकारियों की टीम लेकर वहाँ एक भवन बनाना, वाहन जुटाना, प्रचार साहित्य निर्माण करना और ग्रामवासियों में शिक्षा व स्वास्थ्य आदि की दृष्टि से कुछ प्रकल्प प्रारंभ करना। इनका काम बाँटना, ग्रामवासियों का काम लेना। एक दाता, दूसरा याचक। जब तक बाहर के वित्तीय स्रोत-सहायता का प्रवाह जारी रहा, तब तक कार्य जीवित। वित्तीय स्रोत सूखते ही सेवा कार्य बंद। गाँव या पिछड़ी बस्ती जहाँ की तहाँ, अगले दाता की प्रतीक्षा में। उनके मन, स्वभाव और आचरण में लेशमात्र सुधार या परिवर्तन नहीं।

आचार्य ने सोचना आरंभ किया कि क्या लोक जागरण की इस बाँझ, आयातित कार्यपद्धति का कोई विकल्प नहीं हो सकता? क्या भारत की मिट्टी में से, भारत की सहस्राब्दियों लंबी अनुभव परंपरा में से लोक जागरण, चरित्र निर्माण और समाज संगठन की किसी अभिनव पद्धति का अंकुरण नहीं हो सकता? आचार्य ने खूब सोचा, परंपरा का गहरा अवगाहन किया, प्राचीन संस्कार पद्धतियों का आलोड़न किया। भारत की मिट्टी में से उपजी एक अभिनव कार्यपद्धति के कुछ सूत्र मन-मस्तिष्क में उतरने लगे। उन्हें दिखाई दिया कि प्रत्येक भारतीय के अचेतन मानस में सहस्राब्दियों के संस्कारों के फलस्वरूप आध्यात्मिकता का बीज आज भी जीवित है। उसी आध्यात्मिक चेतना को जगाना होगा। भारतीय परंपरा द्वारा प्रदत्त प्रतीकों, शब्दों और श्रद्धा केंद्रों के प्रति भक्ति को जगाकर। उन्होंने सोचा कि चरित्र निर्माण स्वार्थ को जगाकर नहीं, निःस्वार्थ ईश्वर भक्ति या

अयाचकवृत्ति को जगाकर ही हो सकता है। उन्हें लगने लगा कि भक्ति में बहुत शक्ति है। वह मनुष्य में स्नेह, करुणा और आत्मविश्वास जगा सकती है, उसकी अच्छाई को ऊपर ला सकती है।

उन्होंने निश्चय किया कि हमारी लोकजागरण की कार्यपद्धति धन पर आधारित नहीं होगी। हम किसी के पास धन माँगने नहीं जाएँगे। किसी स्रोत से कोई अनुदान नहीं लेंगे। जितना स्वयं से आएगा, उससे काम चलाएँगे।

इसी चिंतन धारा को रूपायित करने के लिए पांडुरंग शास्त्री ने सन् १९५६ में मुंबई के निकट ठाणे में तत्त्वज्ञान विद्यापीठ नामक एक अनूठे संस्थान की स्थापना की। तत्कालीन भारत के उपराष्ट्रपति और महान् दर्शनशास्त्री डॉ. सर्वपल्ली राधाकृष्णन के हाथों बिना किसी प्रचार के, तामझाम के उसका उद्घाटन कराया। गीता पाठशाला के साप्ताहिक प्रवचनों में आने वाले कुछ श्रद्धावान स्नातकोत्तर शिक्षा पाए युवकों के तत्त्वज्ञान विद्यापीठ में लंबे शिविर चलाए। उन शिविरों में प्राचीन भारतीय मनीषा के आलोक में आदर्श मनुष्य, आदर्श समाज रचना, आदर्श शिक्षा पद्धति, आदर्श लोक जागरण के बारे में अपने विचारों को धारावाहिक रूप में प्रस्तुत किया। प्रतिभागियों के साथ विचारों का आदान-प्रदान किया। उनमें से प्रत्येक की गुण संपदा, क्षमता, योग्यता और तत्परता को समझा। ऐसे कई वर्गों में से छाँटे गए वे उन्नीस नवयुवक थे, जो सन् १९५७ में भक्ति फेरी का संकल्प लेकर सौराष्ट्र पहुँचे थे।

वे मछुआरों, सफाईकर्मियों, जिन्हें हरिजन कहा जाता है, अपराधकर्मी और व्यसनों में लिप्त बकरियों के द्वार पर गए। उनके साथ बैठे, प्यार बाँटा, उनके मन में भक्ति-भाव जगाने का प्रयास किया। आचार्य ने उन्हें बताया था कि जितना महत्त्व प्रतीकों का होता है, उतना ही शब्दों का। क्यों न हम मछुआरों को 'सागरपुत्र' कहें, मछुआरिनों को 'सागर कन्या' कहें। क्यों न हम सफाईकर्मी या ऐसे ही किसी अन्य वर्ग के लोगों को 'भाव लक्षी' कहें। भाव लक्षी में ध्वनित होता है कि वह याचक नहीं है, हमारी दया का भिखारी नहीं है, वह हमसे केवल स्नेह चाहता है, बराबरी

का संबंध चाहता है अर्थात् वह 'भाव' का भूखा है, आरक्षण या वित्तीय सहायता की वैशाखी का नहीं। क्यों न हम इन बकरियों को, जिन्हें उनकी अपराधवृत्ति और गलीज जीवन शैली के कारण उच्चवर्ग के लोग पास भी नहीं फटकने देना चाहते, 'देवीपुत्र' कहें। ऐसी बस्तियों में भक्ति-फेरी के समय यह पता लग चुका था कि उनको ईश्वर या किसी अन्य देवता का कुछ पता नहीं, उनकी श्रद्धा केवल, देवी में है। इसी प्रकार क्यों न खेतिहर को 'भूमिपुत्र' कहा जाए। शब्द परिवर्तन से उनके प्रति समाज की दृष्टि तो बदलती ही है, उनकी अपने बारे में अपनी दृष्टि भी बदलती है।

भक्ति-फेरी की साधना का विस्तार हुआ। पाँच वर्षों में इसने आकार धारण कर लिया, पर हर जगह प्रश्न उठता था कि आप किसकी ओर से आए हैं, किसने भेजा है? साधक कहते हमें 'दादा' ने भेजा है। आचार्य पांडुरंग शास्त्री आठवले को वे 'दादा' ही पुकारते थे, पर 'दादा' कौन? उनकी संस्था का नाम क्या? इस पूछताछ में से पाँच वर्ष बाद सांस्कृतिक विस्तारक संघ नाम निकला। काम पहले, नाम बाद में, पर अब तो यह नाम भी नहीं है। केवल 'स्वाध्याय' शब्द ही इस महाप्रयास का परिचय है। स्वाध्याय का कोई संगठन तंत्र नहीं है। यह कोई पंथ या संप्रदाय नहीं है, यह स्वयं को आंदोलन भी नहीं कहता। यह प्राचीन भारतीय ऋषि परंपरा के ऋण को चुकाने के लिए स्वाध्याय यज्ञ है। अधिक से अधिक कहना हो तो यह स्वाध्याय प्रवाह है, अर्थात् प्राचीन भारत की ज्ञान धारा का प्रवाह। इसमें न कोई पद है, न कोई अधिकारी तंत्र, न संविधान, न कोई नियमावली। जो त्रिकाल संध्या का व्रत लेता है, वह स्वाध्यायी। स्वाध्यायी का विश्वास है कि भगवान् उसके भीतर बैठा है, वह उसका निकटतम पड़ोसी है। वह उसके हर कर्म का, हर विचार का साक्षी है। क्या वह अपने भीतर बैठे भगवान को बीड़ी पिलाएगा, शराब पिलाएगा, जुए और अपराध का दोषी ठहराएगा, क्या वह अपनी पत्नी और बच्चों को पीटकर उनके और अपने अंदर के भगवान को पीड़ा पहुँचाएगा, पर यह विश्वास अनायास नहीं आता। इसके लिए लंबे संपर्क की आवश्यकता पड़ती है। उनके साथ रहकर उनके जीवन में सहभागी बनना पड़ता है।

किसके मन की है यह तैयारी, कौन देगा इतना समय? सभी तो कामकाजी हैं। सभी को जीविकार्जन और परिवार पालन के लिए समय चाहिए।

'दादा' ने—अब हम भी दादा ही कहेंगे—ठाना था कि स्वाध्याय का कार्यकर्ता अविवाहित, समाजाश्रित प्रचारक नहीं होगा। यह समाज जीवन की स्वाभाविक स्थिति नहीं है। गृहस्थ जीवन ही समाज का मुख्य आधार है। अतः गृहस्थियों के कंधों पर ही यह कार्य खड़ा होगा। दादा स्वयं भी गृहस्थ हैं। दूसरा विचार उन्होंने किया कि किसी एक गृहस्थी से केवल एक व्यक्ति स्वाध्याय में नहीं आएगा, पूरा परिवार ही स्वाध्यायी बनेगा। तीसरा, उन्होंने तय किया कि स्वाध्याय या समाज-कार्य का कोई मूल्य नहीं होगा। कोई स्वाध्यायी समाज से कुछ अपेक्षा नहीं करेगा। वह यात्रा का, खाने का भार स्वयं वहन करेगा। उसी निःस्वार्थ भावना से जिससे वह अपना पारिवारिक धर्म निभाता है।

दादा ने पूछा, एकादशी का महत्त्व क्या है? एकादशी को उपवास क्यों? चित्त शुद्धि के लिए। समाज सेवा, भक्ति फेरी से भी तो चित्त शुद्धि ही होती है। अतः क्यों न हम यह मानकर चलें कि 'एकादशी' भगवान की है, एकादशी मेरी या केवल मेरे परिवार की नहीं। मैं एकादशी स्वाध्याय को अर्थात् भगवान् को अर्पित करूँगा। एक मास में दो, तो एक वर्ष में चौबीस एकादशी होती हैं। मैं वर्ष में २४ दिन समाज को दूँगा। चाहे एक-एक करके, आवश्यकता हो तो दस या पंद्रह एकादशी इकट्ठा करके। नौकरी से छुट्टी लेकर, व्यापार या कृषि से अवकाश लेकर मैं किसी एक क्षेत्र में रहकर भक्ति-फेरी करूँगा। भगवान का संदेश घर-घर तक पहुँचाऊँगा। इस आठ-दस दिन की भक्ति फेरी को 'धर्म यात्रा' नाम दिया गया। इससे भी एक लंबा उपक्रम। देश में बिखरे हुए तीर्थों की तीर्थयात्रा। हजारों की संख्या में स्वाध्यायी एक साथ अपने वाहनों और भोजन की व्यवस्था करके किसी एक तीर्थ की यात्रा पर जाएँगे, वहाँ आठ-दस दिन ठहरेंगे। आस-पास के ग्रामों में भक्ति फेरी करेंगे, अंत में यज्ञ करेंगे, सब संपर्कित लोगों को उस यज्ञ में सहभागी बनाएँगे। ऐसी पहली तीर्थयात्रा सितंबर १९७८ में बदरीनाथ धाम की, नवंबर १९७९ में कुरुक्षेत्र की और

मार्च १९८० में पेंठण तीर्थ की संपन्न हुई। इस लेखक को सन् १९९६ में कुरुक्षेत्र में ऐसी ही एक तीर्थयात्रा के समापन कार्यक्रम में उपस्थित होने का अवसर मिला था। गुजरात व महाराष्ट्र से ५० हजार से अधिक स्वाध्यायी गृहस्थ बसों में आए थे। वे अपने भोजन की व्यवस्था स्वयं करते थे।

भक्ति-भावना के इस जागरण को और स्थिरता देने के लिए कोई उपास्य भी चाहिए, कोई उपासना केंद्र भी चाहिए। इसमें से 'अमृतालयम्' मंदिर की कल्पना निकली। जिस गाँव में ६० प्रतिशत परिवार स्वाध्याय का व्रत लें, उस गाँव में 'अमृतालयम्' की स्थापना होगी। यह मंदिर ईंट, पत्थर और सीमेंट का नहीं बना होगा। उसका निर्माण बाँस, घास और पत्तों से होगा। एक मिट्टी का चबूतरा, उस पर बाँसों के मंडप पर घास-पत्तों का छप्पर। चबूतरा गोबर से पोता जाएगा। उस पर रंगोली बनेगी। मंदिर में योगेश्वर श्रीकृष्ण के साथ शिव और माँ की गोद में शिशु गणेश की प्रतिमाएँ स्थापित करेंगे। 'अमृतालयम्' में कोई पूर्णकालिक पुजारी नहीं होगा, कोई चढ़ावा नहीं चढ़ेगा। वहाँ प्रतिदिन एक नया स्वाध्यायी दंपती पुजारी बनेगा। स्नान करके 'अमृतालयम्' आएगा। चबूतरे को गोबर से पोतेगा, रंगोली बनाएगा। भगवान् का ध्यान करेगा। सायंकाल सब स्वाध्यायी परिवार वहाँ एकत्र होकर भक्ति गीत गाएँगे, भगवान के संदेश का पुनःस्मरण करेंगे। 'अमृतालयम्' का पहला प्रयोग २८ अप्रैल, १९८० को भावनगर जिले के मोटा असराणा नामक ग्राम में दादा की उपस्थिति में प्रतिमाओं की प्राण-प्रतिष्ठा के साथ आरंभ हुआ था। इस लेखक को सन् १९९६ में 'प्रयोग-दर्शन यात्रा के दौरान' सौराष्ट्र के एक क्षत्रिय ग्राम शांतिपरा के 'अमृतालयम्' में ग्राम के भक्ति मिलन का दृश्य देखने का अवसर मिला था।

राजीव वोरा द्वारा आयोजित इस प्रयोग-दर्शन कार्यक्रम में रिनपोछे सामदोग मौलाना वहीद्दीन, पानीवाले बाबा राजेंद्र, पुरुषोत्तम अग्रवाल आदि अनेक मनीषी विचारकों का एक सप्ताह लंबा साथ मिला था। उस 'प्रयोग दर्शन' नामक कार्यक्रम में भावलक्षियों, देवी पुत्रों और सागर पुत्रों की बस्तियों में जाने का अवसर मिला। वहाँ बालकों और स्त्रियों तक को

संस्कृत श्लोकों का उच्चारण करते देखा। प्रत्येक अंत:करण में भक्ति का उद्रेक देखा। भक्ति के द्वारा चरित्र-परिवर्तन के चमत्कार सुने। जुआ छूट गया, शराब और बीड़ी छूट गई, मार-पीट बंद हो गई। व्यक्ति सुधरा, आर्थिक स्थिति बदल गई, घर में सुख-शांति आ गई। क्या सचमुच इस युग में भक्ति और संस्कृत के द्वारा सामाजिक परिवर्तन का इतना बड़ा चमत्कार घटित हो सकता है? अभी तक विश्वास नहीं होता कि अपनी आँखों से जो कुछ देखा, वह सत्य था, तब जो देखा वह आज भी है।

यहाँ तक तो हुआ भक्ति के द्वारा आध्यात्मिक चेतना को जगाने का प्रयास, पर दादा की आस्था है कि भक्ति केवल व्यक्तिगत मोक्ष का साधन नहीं, समाज की पुनर्रचना करने वाली एक सामाजिक शक्ति भी है। समाज की पुनर्रचना का आधार होगा समाज देवता के चरणों में अपने श्रम का दान अर्थात् श्रम-भक्ति और कर्म भक्ति को अर्पित करना। भक्ति का कृति में रूपांतरण।

साथ-साथ मिलकर काम करने का अभ्यास डालना। ग्राम सहकारिता का वातावरण पैदा करना। इस दृष्टि से दादा ने बतलाया कि प्रत्येक स्वाध्यायी को अपने-अपने व्यवसाय में एक दिन का श्रम भगवान् को अर्पित करना चाहिए। मछुआरे को मछली पकड़कर, कृषक को खेती करके, पर इनके सामूहिक श्रमदान का रूप क्या होगा? उसका नाम क्या होगा? कृषि के क्षेत्र में दादा ने योगेश्वर कृषि और श्री दर्शन की कल्पना प्रस्तुत की। एक गाँव के स्वाध्यायी आपस में मिलकर गाँव के पास एक खेत खरीदेंगे। उस खेत पर बारी-बारी से दो-चार स्वाध्यायी कृषक एक दिन मिलकर श्रम भक्ति करेंगे। वे उस दिन के पुजारी रहेंगे। यह योगेश्वर कृषि होगी। इसके उत्पादन से होने वाली आय भगवान के चरणों में अर्पित होगी। वह योगेश्वर कृषि ट्रस्ट में जमा कर दी जाएगी। उसका उपयोग उसी गाँव के विकास के लिए किसी भी आर्त्त स्वाध्यायी परिवार की आवश्यकता को पूरा करने के लिए बिना किसी प्रचार या उसकी ओर से प्रार्थना की प्रतीक्षा किए होगा। इससे भी बड़ा प्रयोग जिसमें २० ग्रामों का संकुल भाग लेगा, श्री दर्शन कहा जाता है। इसमें एक बड़ा कृषि क्षेत्र खरीदकर उसमें २० ग्रामों

के स्वाध्यायी परिवार क्रम से पुजारी बनकर श्रम भक्ति करते हैं।

प्रत्येक परिवार को पहले से पता है कि उसे किस तिथि पर पुजारी बनकर दिनभर श्रम भक्ति करनी है। एक दिन आनेवाले पुजारी चार अलग-अलग गाँवों के भी हो सकते हैं, एक गाँव के भी हो सकते हैं, किंतु उनके बीच निरंतरता को बनाना, समन्वय की स्वचालित व्यवस्था खड़ा करना, यह संगठन-चातुर्य के द्वारा ही संभव है। इसी प्रकार अनेक ग्रामों के बीच, विभिन्न वर्णों के बीच, विभिन्न वर्गों के बीच सहकार्य और सामाजिक एकता का भाव पैदा हो सकता है। इससे कृषि उत्पादन बढ़ाने की दृष्टि से नए-नए प्रयोग भी हो सकते हैं। सिंचाई के लिए ट्यूबवैल लगाने, कुओं को रिचार्ज करने अर्थात् इधर-उधर बह जाने वाले पानी को कुएँ की ओर ले जाने की व्यवस्था करने के प्रयोग भी किए गए। सौराष्ट्र और कच्छ का क्षेत्र जल संकट के लिए विख्यात है। वहाँ जल की आपूर्ति के लिए, वर्षा के पानी के संचय के लिए पुराने तालाबों की सफाई, नए तालाबों का निर्माण, पानी को बहने से रोकने के लिए कच्चे बाँधों को बनाना आदि कार्यक्रम को 'निर्मल नीर' नाम से संबोधित किया जाता है। बाँध बनाने के इस उपक्रम में आस-पास के गाँवों के सैकड़ों स्वाध्यायी परिवारों को अपने घरों से भोजन साथ लेकर अपने वाहनों से आकर भाग लेते हमने देखा।

सागर पुत्रों या मछुआरों के गाँव के स्वाध्यायियों ने एक यंत्रचालित नाव खरीदी। उसे दादा ने 'मत्स्यगंधा' नाम दिया। यहाँ भी वही व्यवस्था। प्रत्येक दिन चार या पाँच सागर पुत्र पुजारी बनकर मत्स्यगंधा पर समुद्र में जाकर मछलियाँ पकड़ लाते। उन मछलियों को 'सागरकन्याएँ' बाजार में जाकर बेचतीं। उनके विक्रय से प्राप्त राशि को भगवान् को अर्पित कर दिया जाता। वह उनके ट्रस्ट में जमा हो जाती। पहली मत्स्यगंधा २४ दिसंबर, १९८० को दत्त जयंती के पर्व पर ओखा बंदरगाह पर समुद्रतट में उतारी गई और अब तो जगह-जगह समुद्र में ऐसी 'मत्स्यगंधाएँ' तैर रही हैं।

प्राकृतिक संपदा की वृद्धि के लिए वृक्षारोपण के कार्यक्रम को भक्ति भावना से जोड़ा गया। ३० जुलाई, १९७९ को राजकोट के निकट एक विशाल 'याज्ञवल्क्य वृक्ष मंदिर' में एक साथ ६,००० पौधों का मंत्रोच्चार

के साथ रोपण हुआ। ८ अगस्त, १९८० को वेरावल से १८ कि.मी. दूर मालजींजवा नामक ग्राम में वाल्मीकि उपवन का उदय हुआ। घर-घर में आम के वृक्ष लगाने के कार्यक्रम को 'माधववृंद' नाम दिया गया। माधव वृंद अर्थात् बालक कृष्ण की रोज पूजा करना, रोज उसे जलदान करना। अतिरिक्त फलोत्पादन को बाजार में बेचकर उसकी आय का ग्राम कार्य में सदुपयोग करना।

हमें बताया गया कि समाज के विभिन्न वर्गों और व्यवसायों से जुड़े स्वाध्यायियों की श्रम भक्ति से जो आय हुई है, उसमें से ४५ न्यासों का गठन हो चुका है। सामाजिक परिवर्तन का इससे अद्‌भुत प्रयोग और क्या हो सकता है। एक ओर वह समाज सेवा है, जो हर समय भीख का कटोरा लिये सरकारी कार्यालयों, धन्ना सेठों और विदेशी संस्थाओं के दरवाजों पर गिड़गिड़ाती रहती है, वहाँ समाजसेवक दाता होता है और जिनकी वह सेवा करता है, वे 'याचक' या लाभान्वित। यहाँ समाज के दुर्बल वर्ग के लोग आत्मसम्मानपूर्वक जीते हैं। समाज से कुछ पाने की अपेक्षा न करके स्वयं अपने पुरुषार्थ से समाज को कुछ देते हैं। हमने अहमदाबाद में भावलक्षी बस्ती में स्वाभिमान का यह स्वर सुना कि हमें आरक्षण की बैसाखी नहीं चाहिए। हम अपने बल पर खड़े होंगे। हम अपने अंदर से ब्राह्मणत्व के गुण प्रगट करेंगे और स्वयं ब्राह्मण बनकर रहेंगे।

भक्ति के द्वारा सामाजिक और आर्थिक परिवर्तन के इन कार्यक्रमों से भी अधिक महत्त्वपूर्ण प्रयास है शिक्षा की एक अभिनव प्रणाली का आविष्कार। विद्यालयी डिग्री से असंबद्ध इस प्रणाली का लक्ष्य है चरित्र निर्माण और ग्रामीण परिवेश में वापस लौटकर सामाजिक आर्थिक विकास का उपकरण बनना। इस शिक्षा प्रणाली की विस्तृत व्याख्या स्थानाभाव के कारण यहाँ संभव नहीं है।

स्वाध्याय का यह प्रयोग अब केवल भारत तक सीमित नहीं है। सन् १९७९ से उसका विस्तार विदेशों में भी होने लगा है। सन् १९९९ में अमरीका यात्रा के दौरान मुझे शिकागो और ह्यूस्टन में कई स्वाध्यायी परिवारों के संपर्क में आने का अवसर मिला। शिकागो में २,५०० भारतीय

परिवार स्वाध्याय का अंग हैं। वहाँ प्रति रविवार को १९ केंद्र लगते हैं। ऐसे ही एक केंद्र पर मुझे दो बार जाने का अवसर मिला। बताया गया कि यह केंद्र सबसे छोटा है। वहाँ लगभग २५० की उपस्थिति रहती है। ५ कक्षाओं में वे विभाजित होते हैं। सबसे बड़ी कक्षा गुजराती माध्यम की, एक हिंदी माध्यम की, एक दूसरी पीढ़ी के कॉलेज छात्रों के लिए अंग्रेजी माध्यम की और दो कक्षाएँ बच्चों की। दो स्वाध्यायी परिवारों में रात्रि विश्राम का अवसर मिला। उनकी जीवन शैली और संस्कारों को निकट से देखा। बताया गया कि दादा के आने पर शिकागो में लगभग २२,००० स्वाध्यायी एकत्र हुए थे। स्वाध्याय का यह विशाल प्रवाह एक तपस्वी आचार्य की साधना में से निकला है। उसके प्रत्येक कार्यक्रम, प्रत्येक कल्पना पर दादा की छाप है, इसलिए स्वाभाविक ही प्रत्येक स्वाध्यायी उन्हीं से प्रेरणा लेता है, हर चौथे वाक्य में दादा का नाम लेता है। दादा ही प्रत्येक स्वाध्यायी के एकमात्र श्रद्धा-केंद्र और संपर्क बिंदु हैं, पर दादा अब ८२ वर्ष पार कर चुके हैं। लगभग ६० वर्ष लंबी तपस्या से उनका शरीर जर्जर हो चुका है। कोई सीढ़ीनुमा संगठन व्यवस्था अबतक उन्होंने खड़ी नहीं की है।

आज स्वाध्याय परिवार के सामने प्रश्न है कि दादा के न रहने पर उनका मार्गदर्शन कौन करेगा। क्या स्वाध्याय परिवार तत्त्वभक्ति के सहारे आगे बढ़ता रहेगा या उसके सामने नेतृत्व का संकट खड़ा होगा? इन प्रश्नों का उत्तर पाने के लिए हमें प्रतीक्षा करनी होगी।

इस प्रकार की सेवा का सर्वोत्तम उदाहरण स्व. पांडुरंग शास्त्री आठवले (दादा) द्वारा प्रवर्तित स्वाध्याय परिवार की कार्यशैली में दिखाई दिया। दादा ने स्वाध्याय परिवार की कार्यपद्धति के निम्न सूत्र निर्धारित किए—

(अ) समाज का निर्बल से निर्बल व्यक्ति भी भगवान् का अंश है, उसके भीतर के भगवान् को जगाना है।

(आ) भगवान् को जगाने का काम 'भक्ति' के माध्यम से ही हो सकता है, इसलिए भक्ति को उन्होंने अपनी कार्यपद्धति का मुख्य आधार

बनाया। किसी नए व्यक्ति तक स्वाध्याय का संदेश पहुँचाने की प्रक्रिया को 'भक्ति फेरी' नाम दिया।

(इ) वाल्मीकि, साँसी, मछुआरे, किसान जैसे वर्गों में समाज से कुछ लेने की बजाय समाज को देने का आत्मविश्वास जगाया। प्रत्येक स्वाध्यायी का यह संकल्प होता है कि समाज का काम करने के लिए वह न तो समाज से भोजन लेगा और न ही यात्रा व्यय। 'नो टिकिट नो टिफिन' स्वाध्याय परिवार का मंत्र है। प्रत्येक स्वाध्यायी संकल्प लेता है कि मास की दो एकादशियाँ मेरी नहीं, भगवान् की हैं। इन एकादशियों को मैं अपने लिए नहीं, समाज को अर्पित करूँगा। एक एकादशी पर भक्ति फेरी करके नए परिवारों तक स्वाध्याय का संदेश पहुँचाना है तो दूसरी एकादशी पर मेरा श्रम मेरे अपने परिवार के लिए नहीं, बल्कि समाज के काम आएगा। उस दिन वह कृषक है तो अपना श्रम स्वाध्याय द्वारा संचालित सामूहिक 'योगेश्वर कृषि' को अर्पित करेगा, मछुआरा है तो अपना श्रम स्वाध्याय प्रवाह की नौका 'मत्स्यगंधा' पर मछली पकड़ने के लिए देगा। योगेश्वर कृषि और मछली पकड़ने से प्राप्त आय अमृतालय में देवता के चरणों पर चढ़ाकर अलग-अलग खातों में जमा हो जाएगी।

(ई) हीन भावना से बाहर निकालने के लिए इन वर्गों को सम्मानित नाम दिए गए—अपराध वृत्ति के लिए कुख्यात साँसियों को 'देवीपुत्र', मछुआरों को 'सागरपुत्र', सफाईकर्मी वाल्मीकियों को 'भावलक्षी' जैसे उदात्त संबोधन दिए गए। उन्हें दुर्गुणों पर विजय पाने के लिए स्मरण कराया गया, "तुम्हारे भीतर जो भगवान् बैठा है, उसे तुम्हारा यह दुर्गुण क्या अच्छा लगता होगा? क्या उसे कष्ट नहीं होता होगा?"

इस कार्यपद्धति के कारण समाज के दुर्बल व उपेक्षित वर्गों में भारी आत्मविश्वास पैदा हुआ है। इस आत्मविश्वास के कारण अनुसूचित जातियों के स्वाध्यायियों ने आरक्षण की सुविधा लेने से इनकार कर दिया और

कठोर साधना करके सामान्य श्रेणी में अच्छा परीक्षाफल प्राप्त करके दिखाया। यह अकेला आध्यात्मिक आंदोलन है, जिसने किसी प्रकार की आर्थिक सहायता बाहर से नहीं ली और अपने सब अनुयायियों को स्वाभिमान व स्वावलंबन का पाठ पढ़ाया। भक्ति मार्ग का अवलंबन करके समाज के तथाकथित पिछड़े वर्गों में भी संस्कृत के प्रति रुचि उत्पन्न की। हमने स्वयं सोमनाथ के पास शांतिपरा नामक मछुआरों के गाँव में छोटे-छोटे बच्चों को संस्कृत के श्लोकों का सस्वर सामूहिक पाठ करते सुना।

किंतु इतना श्रेष्ठ कार्य भी अंततः उत्तराधिकार के संघर्ष में उलझ गया। दादा ने अनेक वर्षों तक स्वाध्याय में कोई शृंखलाबद्ध संगठनात्मक ढाँचा खड़ा नहीं किया। वे उसे स्वाध्याय प्रवाह जैसे नाम से पुकारते रहे। सब स्वाध्यायी स्वयं को समाजसेवी मानते रहे। 'दादा' अकेले ही उनके एकमात्र प्रेरणास्रोत और संदर्भ बिंदु बने रहे। हमने पाया कि प्रत्येक स्वाध्यायी हर तीसरे वाक्य में दादा का नाम स्मरण अवश्य करता था। इसमें निहित खतरा हमें दिखाई दिया और इस बारे में हमने अमरीका के शिकागो नगर के स्वाध्यायियों को सचेत भी करने की कोशिश की थी। तब तक दादा सशरीर विद्यमान थे, किंतु दादा के बाद कौन? यह प्रश्न स्वाध्यायियों के सामने खड़ा हो गया। उन्हें आश्चर्य हुआ, जब दादा ने अपनी दत्तक पुत्री जयश्री को अपना उत्तराधिकारी घोषित कर दिया, इस घोषणा से पुराने स्वाध्यायी, जिनमें वे १९ स्वाध्यायी भी सम्मिलित थे जो सन् १९५७ में पहली बार स्वाध्याय का संदेश लेकर गुजरात में भक्ति फेरी पर गए थे, उद्वेलित हो उठे। स्वाध्याय प्रवाह जैसे अति श्रेष्ठ आध्यात्मिक आंदोलन के भीतर उत्तराधिकार का यह विवाद हमारे जैसे उन सभी लोगों के लिए भारी आघात और निराशा लेकर आया जो इस आंदोलन में भारत के उज्जवल भविष्य का स्वप्न देख रहे थे। पिछले वर्ष ठाणे जाने का अवसर मिला तो तत्त्वज्ञान विद्यापीठ भी गया। वहाँ दादा सशरीर तो अब नहीं थे, किंतु एक चित्र प्रदर्शनी के रूप में महिमामंडित थे, वहाँ दीदी अर्थात् जयश्री के पति 'राव साहब' का वर्चस्व देखकर थोड़ा विचित्र लगा।

अनेक श्रेष्ठ संप्रदायों में आनुवांशिक उत्तराधिकार की शुरुआत हो

चुकी है। यह क्यों होता है? क्या संपत्ति के कारण? क्या श्रद्धालु अनुयायियों द्वारा प्रदत्त दक्षिणा की विशाल राशि के कारण? जहाँ संपत्ति और धन का लोभ है। क्या वहाँ निष्काम सेवा संभव है? हो सकता है यह निरा भ्रम हो। हो सकता है उत्तराधिकार का निर्णय रक्त के कारण नहीं, योग्यता और क्षमता के आधार पर हुआ हो। ऐसे कुछ प्रश्नों के होते भी धार्मिक क्षेत्र ही भारत में सबसे विशाल और प्रभावशाली क्षेत्र है। राजनीति के बाहर लोकशक्ति खड़ा करने का वही सफल साधन बन सकता है। वह यदि अपनी पूरी शक्ति के साथ सेवा के क्षेत्र में उतरता है तो वह सामाजिक परिवर्तन के साथ आत्म-शुद्धि भी कर सकेगा।

(पाञ्चजन्य, २७ अक्तूबर, २००३)

□

भक्ति से समाज का कायाकल्प

दिल्ली गोष्ठियों का शहर है। भारत या दुनिया के किसी भी कोने में कोई समस्या, प्रश्न या विचार उठा नहीं कि दिल्ली में गोष्ठियों की लहर आ जाती है। कुछ इने-गिने सम्मेलन कक्षों या सभागारों में वही जाने-पहचाने बौद्धिक चेहरे एकत्रित होकर घंटों बहस करके सब समस्याओं और प्रश्नों का अंतिम हल दे डालते हैं। इनमें से प्रत्येक बौद्धिक का विश्वास है कि उसके बौद्धिक योगदान के बिना किसी भी समस्या का हल होना संभव ही नहीं है। संसार में कहीं भी जो कुछ घट रहा है, उसकी पूरी जानकारी और अंतिम शब्द उसी के पास हैं, पर, इस शनिवार (१७ फरवरी) को राजेंद्र अकादमी में जिस छोटी सी गोष्ठी में जाने का मुझे अवसर मिला, वह इस मायने में भिन्न थी कि उसमें भाग लेने वाले बौद्धिक चेहरों में दो-एक को छोड़कर अधिकांश ऐसे थे जो सामान्य गोष्ठियों में नहीं दिखाई देते और जिनकी आँखें समाज जीवन में ऐसी भावात्मक प्रवृत्तियों, प्रवाहों और प्रयासों को खोज रही हैं, जिनमें मानव में सत्यं, शिवं सुंदरम् को जगाने की क्षमता है और जो समाज को अँधेरे से उजाले की ओर ले जाने की एकांतिक मौन साधना में लगे हुए हैं। इस गोष्ठी में भाग लेने वाले कई चेहरे ऐसे भी थे, जो अनेक वर्षों से किसी-न-किसी स्वयंसेवी रचनात्मक प्रयास से स्वयं भी जुड़े रहे हैं। वहाँ एकत्र हुए बौद्धिक लोग और स्वयंसेवी कार्यकर्ता ऐसे ही एक रचनात्मक महाप्रयास को देखकर चमत्कृत थे और अपने-अपने अनुभवों व प्रतिक्रियाओं का आदान-प्रदान करके उस चमत्कार के रहस्य को समझना चाहते थे।

महाराष्ट्र के एक श्वेत वस्त्रधारी गृहस्थ संत पांडुरंग शास्त्री आठवले, जो अपने अनुयायियों में 'दादाजी' के नाम से परिचित हैं, की लंबी मौन एकांतिक साधना में से उत्स्फूर्त 'स्वाध्याय' नामक प्रवाह के बाह्य विराट स्वरूप का दर्शन करने का अवसर दिल्ली के जिन पत्रकारों और बौद्धिकों को मिला था, वही इस गोष्ठी में एकत्र हुए थे। उनकी लेखनी के माध्यम से ही इस अद्‌भुत प्रयास का प्रथम परिचय मुझे प्राप्त हुआ था और तभी से इसके बारे में और अधिक जानने की प्रबल जिज्ञासा थी। इस जिज्ञासा की पूर्ति का इससे अच्छा अवसर और क्या हो सकता था।

दिल्ली के विकासोन्मुख समाजों का अध्ययन केंद्र (सेंटर फॉर स्टडी ऑफ डेवलपिंग सोसाइटीज) या सी.एस.डी.एस., नामक प्रतिष्ठित बौद्धिक केंद्र के गोपालकृष्ण की अध्यक्षता में आयोजित इस गोष्ठी में कई महानुभावों ने जो कई वर्षों से 'स्वाध्याय' की समझने की दृष्टि से उसके संपर्क में हैं, अपने-अपने अनुभव और जानकारी के प्रकाश में स्वाध्याय के स्वरूप, उसके अंतरंग एवं उसके प्रेरणास्रोत पर प्रकाश डालने की कोशिश की। सी.एस.डी.एस. के पूर्व निदेशक और श्रेष्ठ विचारक धीरू भाई सेठ ने बताया कि 'स्वाध्याय' का एकमात्र आधार भक्ति है, भक्ति का प्रवाह निरंतर है। भक्ति का अर्थ पलायन नहीं, जीवन में रस लेना है। धर्म जीवन से अलग नहीं है, जीवन की समग्रता का सूत्र है। भक्ति मानव चेतना का उन्नयन करती है, मानवी चेतना को आधिभौतिक से ऊपर उठाकर अध्यात्म में ले जाती है। पांडुरंग आठवले शास्त्री ने इस 'भक्ति' को हीं लोक संग्रह और लोक उन्नयन का आधार बनाया है। स्वाध्याय की कार्यपद्धति का आरंभ बिंदु है 'भक्ति फेरी'। भक्ति फेरी का अर्थ दूसरों पर वैचारिक विजय नहीं, बल्कि हृदय का संवाद है, हृदय से जुड़ना है, क्योंकि समाज सुधारों के अब तक के प्रयत्नों का अनुभव यही है कि केवल ढाँचे का परिवर्तन पर्याप्त नहीं है, व्यक्ति की चेतना में अंतर आना आवश्यक है। व्यक्ति के परिवर्तन से ही समाज में परिवर्तन आता है। प्रत्येक व्यक्ति में पहले से विद्यमान दैवीभाव को जगाने से व्यक्ति में आंतरिक परिवर्तन आता है और इसका मार्ग भक्ति ही हो सकता है। इस भक्ति भाव से अनुप्राणित लगभग १० लाख स्वयंस्फूर्त, अवैतनिक

कार्यकर्ता गुजरात, महाराष्ट्र और गोवा आदि राज्यों में कार्यरत हैं।

धीरू भाई ने बताया कि भक्ति भावना के इस जागरण में से सामाजिक-आर्थिक परिवर्तन के अनेक कार्यक्रम विकसित हुए हैं, व्यक्ति निरपेक्ष अर्थात् अपौरुषेय संपत्ति का विचार निकला। पूरे गाँव द्वारा प्रदत्त भूमि से होने वाली आय का पूरे गाँव में वितरण करने वाली योगेश्वर कृषि का उपक्रम शुरू हुआ। कई ग्रामों के सामूहिक प्रयास से श्री दर्शन नामक कृषि का सूत्रपात हुआ।

सी.एस.डी.एस. के ही रमण श्रीवास्तव ने बताया कि दादाजी ने सन् १९४२ में अपना कार्य शुरू किया। १६ वर्ष तक वे एक छोटे से मंडल को अनुप्राणित करते रहे। सन् १९५८ में पहली भक्ति फेरी में केवल १९ कार्यकर्ता सम्मिलित हुए थे और आज २ लाख से अधिक कृतिशील स्वाध्यायी अपने पैसे से घूमते हैं, काम करते हैं। सन् १९७० के अंत में तरह-तरह के सामाजिक, आर्थिक कार्यक्रम निकले। मछुआरों व कृषकों के बीच काम शुरू हुआ। इस समय ऐसे २०-२२ कार्यक्रम चल रहे हैं। स्वाध्याय की मुख्य प्रेरक शक्ति व माध्यम भक्ति है, भक्त माने जो विभक्त नहीं, समग्र दृष्टि संपन्न है।

जाने-माने साहित्यकार एवं विचारक निर्मल वर्मा ने अपने अनुभव बताते हुए कहा कि उन्होंने चार-पाँच दिन अहमदाबाद और कुछ गाँवों में यात्रा करके स्वाध्याय के कार्यों को देखा। दादाजी से बात की, उनके प्रवचन सुने। वर्माजी ने कहा कि जो कुछ मैंने देखा, वह चमत्कार सा जान पड़ा। आश्चर्य हुआ यह देखकर कि कैसे मानव चेतना का विस्तार हो सकता है, उसे कर्म के स्तर पर कार्यक्रमों के माध्यम से कैसे अभिव्यक्त किया जा सकता है। इतने विराट स्तर पर स्वावलंबन का स्वरूप मैंने देखा। हमारे देश में जो प्रगतिशील आंदोलन चल रहा है, वह केवल अधिकारों या सुविधाओं की बात करता है, किंतु यहाँ मैंने केवल दायित्वबोध पाया। यहाँ जीवन शैली के स्तर पर बड़ा उदात्त परिवर्तन देखा। शुद्ध संस्कृत में गीता-पाठ सुनकर मन गद्गद हो गया। जो ज्योति अभी गुजरात और महाराष्ट्र में जगमगा रही है, क्या वह उत्तर भारत में भी आएगी? यही जिज्ञासा लेकर मैं लौटा।

नारी आंदोलन की अग्रणी नेता एवं 'मानुषी' की संपादक मधु किश्वर ने कहा, "दिसंबर १९९४ में जब मुझे गुजरात में स्वाध्याय को देखने का अवसर मिला तो मैं इतनी अभिभूत हुई कि नोट्स लेना भी भूल गई। स्वाध्याय की उपलब्धि के प्रतीक के रूप में २२-२३ साल के उस युवक का चेहरा अभी भी मेरी आँखों के सामने घूम रहा है, जिसे मैंने स्वाध्याय के मुंबई स्थित मुख्यालय या विद्यापीठ में देखा था। उसके चेहरे पर सब कुछ पा लेने की बुद्ध जैसी सौम्यता मैंने देखी। वह पहले इंटीरियर डेकोरेटर था, दूसरों के मकानों की सजावट में लगा रहता था; किंतु एक दिन उसे अहसास हुआ कि अपने भीतर की सजावट भी तो करनी चाहिए, मेरे अंतस को सुंदरता कहाँ से मिलेगी। दो साल के लिए स्वाध्याय में चला गया, अच्छा बनने की आत्म चेतना उसके भीतर काम कर रही है।"

जनसत्ता के वरिष्ठ सह संपादक अच्युतानंद मिश्र ने कहा कि स्वाध्याय को पहले मैंने पत्रकार की दृष्टि से देखा, पर धीरे-धीरे मैं उसके साथ जुड़ता गया। मैंने वहाँ कथनी और करनी का भेद नहीं देखा। मुझे वहाँ पाखंड और आडंबर नहीं मिला। दादा की यह बात मुझे बहुत अर्थपूर्ण लगी कि यह सामाजिक आंदोलन नहीं है, यह भक्ति आंदोलन ही है। मनुष्य की आत्मिक शक्ति को जगाने पर सब कुछ अपने आप हो जाएगा।

इस गोष्ठी के संयोजक और गांधी शांति प्रतिष्ठान से वर्षों से जुड़े राजीव वोरा ने कहा कि पिछले २५-३० साल से मेरा मन कुछ करने को छटपटा रहा है। मैं तो जुड़ने वाले लोगों में से हूँ। मैं जयप्रकाशजी से जुड़ा, गांधी में डूबा रहा, संगीत से भी जुड़ा, पर बिहार आंदोलन की विफलता ने मुझे सबसे बड़ा धक्का दिया। उसी मन:स्थिति में धीरू भाई और रमण श्रीवास्तव ने मुझे स्वाध्याय से जोड़ा। वेरावल गया। कार्यकर्ताओं से बात की, उनमें गहरी आस्था और खुलापन मिला। अब मुझे लगता है कि सक्रियता में बहुत हानि भी है। विचार को समझने की शक्ति ही खत्म कर दी है। अब मुझे लगता है कि बाहर की चुनौती से ज्यादा बड़ी भीतर की चुनौती है। गांधीजी ने किसी अंग्रेज से कहा था कि तुमने ईश्वर को सिंहासन से हटाया है, मैं उसे सिंहासन पर बैठाने में लगा हूँ। गांधीजी ने यह भी कहा था कि अब हमें

मुक्ति नहीं, भक्ति चाहिए। गांधीजी ने सन् १९२६ में हिन्दू की दिनचर्या बताते हुए त्रिकाल संध्या की बात कही थी, विनोबा ने बिहार आंदोलन के समय जब अहिंसा के सूक्ष्म, सूक्ष्मतर और सूक्ष्मतम भेदों की बात की तो उस समय समझ में नहीं आई थी। स्वाध्याय को देखकर इन बातों का फर्क समझ में आने लगा है। भीतर पड़े हुए प्रेम को भक्ति द्वारा गतिशील कैसे करना; इसका इतना बड़ा और सार्थक प्रयोग इसके पूर्व कहीं देखने को नहीं मिला।

राजीव वोरा ने यह भी बताया कि १४-२० मार्च तक ७० हजार स्वाध्यायी उत्तर भारत में आ रहे हैं। उनमें से ५ हजार दिल्ली शहर में कार्य करेंगे और शेष ६५ हजार स्वाध्यायी हरियाणा के साथ-साथ पश्चिमी उत्तर प्रदेश के चार जिलों-देहरादून, सहारनपुर, मुजफ्फरनगर और मेरठ जिलों के १० हजार ग्रामों में भक्ति फेरी करेंगे। उन्होंने बताया कि स्वाध्यायी किसी के घर में नहीं, मंदिर, धर्मशाला या स्कूल जैसे किसी सार्वजनिक स्थान में ही ठहरते हैं, भक्ति फेरी का अर्थ है दो-दो के समूह में घर-घर जाकर संपर्क करना। वे किसी के घर में न कुछ खाते हैं, न कुछ पीते हैं। अपने खाने-पीने, ठहरने और यात्रा का पूरा व्यय अपने पास से करते हैं। २० मार्च को सभी ७० हजार स्वाध्यायी तीर्थयात्रा करके कुरुक्षेत्र में एकत्र होंगे और वहाँ से वापस चले जाएँगे। उन्होंने बताया कि प्रारंभिक सर्वेक्षण हो चुका है, गाँव और ठहरने के स्थानादि तय हो चुके हैं।

मधु किश्वर ने अपनी प्रस्तुति में प्रश्न उठाया कि स्वाध्याय द्वारा अपनाए गए सब प्रतीक हिन्दू हैं—योगेश्वर कृष्ण और शिव के चित्र उनके प्रत्येक अमृतालय में लगे हुए हैं। इन प्रतीकों के माध्यम से क्या मुस्लिम समाज को जोड़ा जा सकेगा ? उन्होंने यह भी कहा कि स्वाध्याय आंदोलन एक प्रकार से भाजपा के लिए पोषक वातावरण बना रहा है। देवदत्त ने कहा कि किसी को क्या अधिकार है कि वह हमें हुक्म दे कि 'गर्व से कहो, हम हिन्दू हैं'। मधु की टिप्पणी ने तीव्र प्रतिक्रियाएँ आमंत्रित कीं। प्यारे मोहन त्रिपाठी ने कहा कि हमें सेकुलरिज्म का रोग लग गया है। यह कहना कि स्वाध्याय एक छद्म आंदोलन है, जो भाजपा के लिए समर्थन की भूमि तैयार कर रहा है, अर्थहीन है। यदि भारत के सनातन धर्म की परंपरा का पैराडाईम (आयाम) भारत में

नहीं होगा तो क्या इंग्लैंड में होगा। यह सांप्रदायिक है ही नहीं। यह आत्मबोध और आत्मगौरव की भावना का जागरण भारत की दार्शनिक एवं आध्यात्मिक आधारभूमि में से ही संभव है। उन्होंने कहा कि आज भी भारत की जनसंख्या का ८३ प्रतिशत भाग हिन्दू हैं। यदि उनमें सकारात्मक परिवर्तन आता है तो यह अपने में ही बड़ी भारी क्रांति होगी। इसमें दूसरों के प्रति कोई भेदभाव नहीं है, नीचा दिखाने की इच्छा नहीं है।

स्वाध्याय की इस अनुभवभूत भावात्मक प्रस्तुति के साथ-साथ यह भी प्रश्न उठा कि हम लोग इस गोष्ठी में क्यों एकत्र हुए हैं ? क्या ऐसे भक्ति प्रवाह को बौद्धिकता के द्वारा पूरी तरह समझा जा सकता है ? रमण श्रीवास्तव ने बताया कि पिछले ६-७ साल से बौद्धिकों और प्रचार माध्यमों के सामने स्वाध्याय को लाने का प्रयास शुरू हुआ है, पर धीरू भाई ने शुरू में ही बौद्धिकों की सीमा का उल्लेख करते हुए कहा कि हम लोग जुड़ते नहीं, केवल देखते हैं, सलाह देते हैं। वह शायद हमारा स्वधर्म है, इसीलिए हम स्वयं को बौद्धिक कहते हैं, बौद्धिक में प्रत्यक्ष कर्म से न जुड़ने की भावना काम करती है, वह कर्म और अपने बीच कृत्रिम दूरी बनाए रखने के लिए आलोचना का सहारा लेता है। स्वाध्याय, इसे हम आंदोलन कहें या प्रयोग या प्रवाह, एक बहुत बड़ी क्रांति हैं, जिसका शक्ति स्रोत भक्ति में हैं। उसे बौद्धिकों के समर्थन से नहीं, अपनी आंतरिक शक्ति से चलना है। गोपाल कृष्ण ने कहा कि स्वाध्याय को समझने के लिए, हमें पश्चिम से उधार ली शब्दावली और मुहावरों को छोड़ना होगा। स्वाध्याय की भाषा भारत की भाषा है। यह भारत के पुनरुज्जीवन का महाप्रयास है। यह आत्मबोध, आत्म-जागृति और आत्मोत्कर्ष का मार्ग है। भारत का वर्तमान बौद्धिक वर्ग अभी इस कार्य में बहुत सार्थक योगदान देने की स्थिति में नहीं है। वह आत्मकेंद्रित है। वह केवल आलोचना में रस लेता है। वह गतिविधि को केवल सत्ता के संदर्भ में देखता है और जब कोई कार्य गति पकड़ लेता है या विराट रूप प्रगट करता है, तभी उसे मान्यता देता है।

(पाञ्चजन्य, ३ मार्च, १९९६)

□

संस्कृत की कोख में आकार ले रहा एक नया भारत

गत वर्ष स्वाध्याय प्रवाह के प्रेरणास्रोत पांडुरंग शास्त्री आठवले, जो स्वाध्यायियों के बीच प्रिय या पूज्य दादाजी के नाम से लोकप्रिय हैं, की ७५वीं वर्षगाँठ के उपलक्ष्य में सौराष्ट्र में राजकोट के निकट एक कृतज्ञता समारोह का आयोजन किया गया। बिना किसी पोस्टरबाजी, विज्ञापन अथवा लाउडस्पीकर से प्रचार के गुजरात के गाँव-गाँव में बिखरे स्वाध्यायियों का ही यह समागम था। पहली बार दिल्ली के कुछ बुद्धिजीवियों, वरिष्ठ संपादकों एवं संवाददाताओं की एक टीम इस समारोह को देखने के लिए ले जाई गई थी। उनके सामने एक अकल्पित दृश्य था। जिस स्वाध्याय का कभी उन्होंने नाम भी नहीं सुना था, जिसके बारे में कभी अखबारों ने एक शब्द भी नहीं छापा था, उसी स्वाध्याय के एक समारोह में १२ लाख स्वाध्यायियों के समागम का विराट दृश्य उनकी आँखों के सामने विद्यमान था। पंक्तियों में अनुशासनबद्ध बैठे हुए १२-१४ लाख स्वाध्यायी, जिनमें बच्चे भी थे, वृद्ध भी थे, स्त्री भी, पुरुष भी। व्यवस्था के लिए वहाँ एक सिपाही की भी उपस्थिति नहीं थी। समाचार-पत्रों पर छाई हुई राजनीति को ही भारत के सार्वजनिक जीवन का केंद्र-बिंदु मानने वाली दिल्ली की यह टीम चमत्कृत थी कि क्या राजनीति के आँगन में ऐसा देवदुर्लभ दृश्य संभव है? क्या राजनीति के बाहर देश में इतने शक्तिशाली सांस्कृतिक प्रवाह बह रहे हैं, जिनका हमें पता तक नहीं है।

वहाँ से लौटकर उस समारोह के जो प्रत्यक्षदर्शी वर्णन दिल्ली के कुछ दैनिक पत्रों में छपे, उनमें एक उल्लेख यह भी था कि वहाँ उपस्थित १२-१४ लाख स्वाध्यायियों ने जिनमें अधिकांश ग्रामीण अंचलों और शहरी पिछड़ी बस्तियों के निवासी थे, एक साथ समवेत स्वर से संस्कृत श्लोकों का गायन किया। मैं सच कहूँ तो मुझे यह वर्णन सत्य से परे या अतिशयोक्तिपूर्ण लगा। मेरी बुद्धि ने दौड़ लगाई कि कोई व्यक्ति मंच से लाउडस्पीकर पर लीड दे रहा होगा। उपस्थित विशाल समुदाय में से केवल कुछ लोग उस लीड के साथ-साथ श्लोकों का पाठ कर रहे होंगे और अधिकांश स्वाध्यायी केवल मौन रहे होंगे, लाउडस्पीकर और बीच-बीच में कुछ लोगों के श्लोक पाठ ने आभास पैदा किया होगा कि पूरा स्वाध्याय परिवार ही एक साथ समवेत स्वर से उन श्लोकों का पाठ कर रहा है।

स्नेह का अवदान

किंतु इस बार गुजरात यात्रा के दौरान मेरा यह भ्रम टूट गया। ७ अगस्त, १९९६ को अहमदाबाद में जब हमारी टीम को ४ टोलियों में विभाजित करके अहमदाबाद के विभिन्न भागों में स्थित भावलक्षी और देवी पुत्रों की बस्तियों में भेजा गया तो सबका एक जैसा ही अनुभव रहा। सबसे पहले मैं स्पष्ट कर दूँ कि यह 'भावलक्षी' और 'देवीपुत्र' क्या बला है? 'भावलक्षी' नाम दादा ने उन लोगों को दिया है, जिन्हें हम उत्तर भारत में भंगी या वाल्मीकि कहते हैं। दादा का कहना है कि उन्हें आपसे आर्थिक सहायता या आरक्षण की बैसाखी नहीं चाहिए; उन्हें आपका स्नेह, आपकी आत्मीयता चाहिए; वे आपके भाव के भूखे हैं, इसलिए वे भावलक्षी हैं। आप उनके पास अंत:करण का स्नेह और समता का भाव लेकर जाएँगे तो फिर देखिए वे आपके प्रति कैसा भाव प्रकट करते हैं। फिर उनके जीवन में से कैसा दैवी भाव प्रगट होता है।

यही लोग जिन्हें हम आज तक मलिन, गंदे, पिछड़े, असंस्कृत, सर्वभक्षी के रूप में देखते आए हैं, कैसा दिव्य जीवन प्रगट करते हैं, उनके भीतर से आध्यात्मिकता का स्रोत कितने वेग से फूट पड़ता है, किंतु उनके भीतर की इस आध्यात्मिकता को श्रद्धा और भक्ति के माध्यम से ही जगाया

जा सकता है। जब सवर्ण स्वाध्यायी सहज रूप से इन बस्तियों में गए, उनके घरों में जाकर बैठे, कहा—खाने-पीने नहीं केवल आपसे भाव संपर्क करने आए हैं। आप जिस भगवान् की संतान हैं, उसी ने हमें भी पैदा किया है। हम सब एक ही भगवान् की संतान हैं। जो भगवान् हमारे अंदर बैठा है, वही आपके अंदर भी बैठा है, उसी भगवान् ने हमें आपके पास भेजा है। आइए हम सब मिलकर उस भगवान् का स्मरण करें और भगवद् भक्ति के कुछ श्लोकों को अपने साथ-साथ कहने का अनुरोध किया तो शताब्दियों से उपेक्षित, तिरस्कृत, ताड़ित अंत:करण खिल उठे, क्या सचमुच हम साथ-साथ बैठकर भगवान् की स्तुति कर सकते हैं? क्या देववाणी संस्कृत हमारे घरों में प्रवेश कर सकती है? क्या हम भी संस्कृत श्लोकों का उच्चारण करने के अधिकारी हैं?

इस दिव्य संपर्क से भाव-परिवर्तन हुआ, सोया हुआ स्वाभिमान और आत्म-विश्वास जगा। उन्हें विश्वास हुआ कि हम भी समाज के अन्य वर्गों के साथ एक ही पंक्ति में खड़े होकर अपने भाग्य का निर्माण कर सकते हैं। सवर्ण स्वाध्यायियों ने उन्हें बताया कि स्वाध्याय का मार्ग बहुत सरल है। भगवद् भक्ति इसका आधार है, किंतु वह भक्ति केवल पूजा-पाठ, घंटा बजाने वाली नहीं, प्रत्यक्ष कर्म से जुड़ी होनी चाहिए। यह भाव मन में जगना चाहिए कि भगवान कहीं बाहर नहीं, मेरे भीतर ही बैठा है, वह मेरे प्रत्येक कर्म का साक्षी है। मैं शराब पीता हूँ तो भगवान को अच्छा नहीं लगता, मैं बच्चों और पत्नी को पीटता हूँ तो भगवान् को ही पीटता हूँ, इसकी चोट भगवान को ही लगती है, पर भाव को जगाएँ कैसे? यह तो श्रद्धा और भक्ति के बल पर ही संभव है। श्रद्धा और भक्ति के संप्रेषण के लिए पहले शताब्दियों से विद्यमान उपेक्षा और अविश्वास की खाई को पाटना होगा। परस्पर विश्वास और सद्भाव का पुल तैयार करना होगा।

स्वाध्याय प्रवाह ने बदला जीवन

सवर्ण स्वाध्यायियों ने यह पुल तैयार किया। उन्होंने बताया कि स्वाध्याय प्रवाह में आने के पूर्व हमारा अपना जीवन कैसा था, हमारा दृष्टिकोण कैसा था? और, स्वाध्याय का मार्ग बहुत सरल है। प्रतिदिन त्रिकाल संध्या

करना, प्रातः उठकर अपने पुरुषार्थ व अपनी कर्मशक्ति का स्मरण करना।

करायेवसते लक्ष्मी, कर मध्ये सरस्वती,
करमूले तु गोविन्दः प्रभाते कर दर्शनम्।

हम जो बनेंगे, अपने हाथ के पुरुषार्थ से बनेंगे। फिर इस धरती माता का वंदन करना, जिसने हमें जन्म दिया, जिस पर हम जी रहे हैं, जिसमें हमें विलीन होना है।

समुद्रवसने देवि पर्वतस्तन मण्डले,
विष्णुपत्नी नमस्तुभ्यं पादस्पर्शं क्षमस्व मे।

फिर भगवान कृष्ण का स्मरण करना

वसुदेवसुतं देवं कंसचाणूर मर्दनम्।
देवकी परमानंदं कृष्णं वंदे जगद्‌गुरुम्।

इसी प्रकार दोपहर में भोजन के पूर्व गीता के कुछ मंत्रों का पाठ करना, जिसमें केवल अपने लिए भोजन पकाने का निषेध है। भोजन से शक्ति मिलती है, शरीर चलता है, पर भोजन ईशकृपा से मिलता है। भगवद् कृपा से ही अन्न मिला है। और अंतिम श्लोक है—

ॐ सहनाववतु''मा विद्विषावहै।

और अंत में रात्रि को सोने के पूर्व दिनभर के कर्मों को भगवान के चरणों में अर्पित करते हुए भगवान कृष्ण व शिव का वंदन करना और स्मरण करना कि भगवान ही माता है, पिता है, भाई है, सखा है, विद्या तथा धन का दाता है, वही मेरा सबकुछ है। "त्वमेव माता च पिता त्वमेव,................."

त्रिकाल संध्या लाखों स्वाध्यायियों की दिनचर्या का अभिन्न अंग है। त्रिकाल संध्या के माध्यम से संस्कृत उनके जीवन में प्रविष्ट हुई है। प्रति सप्ताह वे एक घंटा आकर वीडियो पर दादा का प्रवचन सुनते व देखते हैं।

७ अगस्त को अहमदाबाद में जिस टोली में मुझे रखा गया, वह अंबावाडी वाली सुखापुरी चाल की भावलक्षी बस्ती में गई। कैसा अद्‌भुत दृश्य था, जब उस बस्ती के नर-नारियों ने संस्कृत के श्लोकों का सामूहिक पारायण करते हुए पुष्पवर्षा से हमारा स्वागत किया। २०० परिवारों की इस बस्ती में ५ वर्ष के अथक प्रयत्नों से केवल २० परिवारों में ही स्वाध्याय का

प्रवेश हो पाया है। उन्हें पुरानी कुंठाओं का विरोध झेलना पड़ा। डॉ. अंबेडकर के नव बौद्ध अनुयायियों ने इस प्रवाह का डटकर विरोध किया। जमना बेन ने बताया कि शुरू में हम स्वाध्यायियों को वे राजनीतिक प्राणी समझते थे, राजनीति की दृष्टि से ही देखते थे, किंतु हमें अपने उद्धार का मार्ग मिल गया है। हमें आरक्षण की वैशाखी नहीं चाहिए, हम अपने पैरों पर खड़े होकर सबके बराबर आ सकते हैं। भाव-परिवर्तन से हमारा चरित्र परिवर्तन हुआ है। हमारे परिवार का वातावरण बदला है।

हमारे रहन-सहन में भारी परिवर्तन आया है। पहले हमारी आय का अधिकांश भाग शराब और जुए पर खर्च होता था, घर में पैसे-पैसे की तंगी रहती थी, मारपीट होती थी, हमारा पारिवारिक जीवन नारकीय बन गया था। शराब और जुए से मुक्त होते ही हमारी आर्थिक स्थिति में भारी परिवर्तन आ गया है। परिवार में स्नेह और माधुर्य का वातावरण उत्पन्न हुआ है। अब हमारी जीवन शैली में स्वच्छता आई है। अब हम अपने बच्चों को अच्छी से अच्छी शिक्षा देकर स्वाभिमान से मस्तक उठाकर चलने योग्य बनाएँगे। इसी वर्ग की एक महिला डॉ. नीता बेन जाधव मेडिकल कॉलेज में फार्माकोलोजी की प्रोफेसर हैं और प्रति सप्ताह इस बस्ती में रहने वाले अपने भाई-बहनों के बीच काम करती हैं। भाव निर्झर में एक गोष्ठी में इस वर्ग के एक सुशिक्षित पिता ने बताया कि मैं नहीं चाहता कि मेरा पुत्र आरक्षण की वैशाखी का इस्तेमाल करे, किंतु यदि स्कूल के फॉर्म में मैं अपनी जाति का उल्लेख कर देता तो वह सहज रूप से आरक्षण की श्रेणी में आ जाता। मेरे सामने धर्म संकट खड़ा हो गया कि मैं क्या उपाय करूँ कि मेरा पुत्र आरक्षण की परिधि से बाहर रह जाए। उन्होंने बताया कि बहुत सोच-विचार कर मैंने फॉर्म में जाति के कॉलम में भर दिया ब्राह्मणी हिन्दू।

परिवर्तन का चमत्कार

कैसा अद्भुत भाव-परिवर्तन है यह। इस वर्ग के बच्चों में यह आत्मविश्वास पैदा होना कि हम अपने पुरुषार्थ से, अपने गुणों के बल पर ब्राह्मण कहलाने के अधिकारी बनेंगे। यदि ब्राह्मणत्व किसी गुण संपदा का प्रतीक है तो उस गुण संपदा को हम अपने जीवन में प्रगट करके दिखाएँगे।

क्या आप कल्पना कर सकते हैं कि संस्कृत और भक्ति का भाव सुप्त आधात्मिक चेतना को जगाकर सामाजिक समरसता की प्रबल धारा बहा सकता है ?

उस भावलक्षी बस्ती से निकलकर हम दोपहर में १२ बजे रामदेव मंदिर के सामने मेंदी कुआँ पर स्थित बाघरी जाति की भगुबाई की चाल में आए। ये बाघरी लोग राजस्थानी मूल के वही बंजारे हैं, जो दिल्ली में सांसी (अपराधी जाति) के नाम से विख्यात हैं, जिनकी अपराध कथाएँ रोज समाचार-पत्रों में छाई रहती हैं। गुजरात में इन्हें 'बाघरी' कहा जाता है। दादा ने उनकी आस्थाओं का अध्ययन कर उन्हें 'देवी पुत्र' नाम दिया है और अब वे स्वयं को 'देवी पुत्र' कहलाने में गर्व अनुभव करते हैं। इस नाम परिवर्तन ने भी उनके भाव-परिवर्तन में भारी योगदान किया है।

यहाँ भी वही दृश्य। चाल के प्रवेश मार्ग पर दोनों ओर बाघरी परिवार हाथों में पुष्प लिए संस्कृत श्लोकों का वाचन करते हुए हमारा स्वागत कर रहे हैं। ऐसा ही स्वागत प्रत्येक टोली को प्राप्त हुआ। हम सब लक्ष्मण भाई के घर में एकत्र होते हैं। सब मिलकर एक भाव गीत प्रस्तुत करते हैं—

मुश्किलें आएँगी, आने दो, सागर में तूफान उठते हैं, उठने दो
हमें भक्ति की मस्ती में जीना है, हमें रोना नहीं, हमें सोना नहीं,
मीरा ने विष पिया; मालूम है, अरे विष भी क्या बड़ी बात है
मीरा श्याम भूली नहीं, हमें प्रयोग पीयूष खिलाना है। आदि-आदि

एक युवक सुरेश भाई खड़ा होता है। स्वाध्याय में आने से पहले मैं बहुत खराब आदमी था, कोई काम नहीं करता था। बस दादागिरी करता था। चाहे जिसकी चीज उठा लेता था, खोमचे वाले का सामान लूटकर खा जाता था। पैसे माँगने पर उनकी पिटाई करता था। माता-पिता का मुझ पर कोई वश नहीं था। सन् १९८७ में स्वाध्यायी हमारी बस्ती में आए। हमने समझा कि ये भी नोट या वोट माँगने आए होंगे, किंतु उन्होंने तो कुछ माँगा ही नहीं, बोले बस तुम्हारा प्यार चाहिए। बड़ा अचंभा हुआ। प्यार और वह भी मुझसे। मैं तो सिर्फ डंडा दे सकता हूँ, शराब दे सकता हूँ, जुआ खिला सकता हूँ। कोई दुनिया में मुझे भी प्यार कर सकता है। मैंने कभी सोचा ही

नहीं था। मैं उनकी ओर झुका और वे मेरे जीवन में घुस गए। पहले मैं देर रात गए घर वापस लौटता था, कहीं न कहीं मार-पीट करके आता था। माता-पिता परेशान थे, पर स्वाध्याय ने मुझे माता-पिता की पूजा करना सिखाया। मैंने पहली बार प्रातः उठकर जब माता-पिता के चरण स्पर्श किए तो वे चौंक पड़े। हमारे सुरेश को क्या हो गया है ? पर धीरे-धीरे उन्हें लगा कि मैं बदल रहा हूँ। अब मैं पहले वाला सुरेश नहीं रहा। उनके आनंद का पारावार नहीं रहा। बाद में हम लोग सुरेश के घर गए। उसके माता-पिता से मिले। घर बहुत साफ-सुथरा करीने से सजा हुआ। माता-पिता सुरेश के चरित्र परिवर्तन से गद्गद थे।

इंदिरा नगर का देवीपुत्र राजू भाई नटवर भाई खड़ा हुआ। पहले मैं रोज पीता था, चारों तरफ लड़ाई करता था। शराब बेचता था, जुए का अड्डा चलाता था। स्त्री-बच्चों को बुरी तरह पीटता था। एक स्वाध्यायी भाई किरीट मेहता हमारी बस्ती में आए। मुझसे बोले—भगवान् को मानते हो ? मैंने कहा कि भगवान्-वगवान् मैं नहीं जानता। माता को मानता हूँ। किरीट मेहता ने मुझ पर बहुत परिश्रम किया। मेरे मित्रों को भी अपने प्रभाव क्षेत्र में खींच लिया। शराब छोड़ी, जुआ बंद किया। २५ साल से बीड़ी पीता था, उसे भी छोड़ दिया। पहले घर का जेवर शराब के लिए बेच आया था। अब मेरे बच्चे त्रिकाल संध्या करते हैं, रोज स्कूल जाते हैं। पहले लोग मुझसे डरते थे, अब आदर करते हैं।

भाव-परिवर्तन से चरित्र परिवर्तन की ऐसी अनेक आत्मकथाएँ सुनीं। हम आश्चर्यचकित थे कि क्या संस्कृत के माध्यम से इतना जबरदस्त भाव परिवर्तन हो सकता है। हमने अपनी आँखों से देखा कि संस्कृत की कोख में एक नया भारत आकार ले रहा है।

(पाञ्चजन्य, २३ अक्तूबर, १९९६)

□

भाव-निर्झर वैकल्पिक शिक्षा प्रणाली की प्रयोगशाला

७ अगस्त को शाम के साढ़े चार बजे हैं और हमारी टोली अहमदाबाद के जोधपुर टेकरा क्षेत्र में सेटेलाइट मार्ग पर स्थित 'भाव निर्झर' नामक संस्थान में प्रवेश कर रही है। ३८ एकड़ भूमि पर पसरे इस संस्थान को भारत के लिए वैकल्पिक शिक्षा प्रणाली की खोज के लिए 'स्वाध्याय' की प्रयोगशाला कहा जाता है।

इस वैकल्पिक शिक्षा प्रणाली के नियामक सूत्र हैं—जीविका और जीवन। छात्र को जीविकार्जन की दृष्टि से सक्षम बनाते हुए श्रेष्ठ जीवन-दृष्टि और संस्कार देना। इनमें भी जीवन निर्माण को वरीयता दी गई है, जीविकार्जन का स्थान गौण है। जीविका की दृष्टि से आग्रह है कि इस शिक्षा पद्धति से निकले युवक अपने ग्रामीण परिवेश में वापस जाकर यथासंभव अपनी पारिवारिक कृषि का विकास करें, परंपरागत उद्योग-धंधों या वाणिज्य में लगें। नौकरी की तलाश में शहरों की ओर न भागें। इस प्रकार यह शिक्षा प्रणाली मुख्यतया ग्रामोन्मुखी एवं कृषि केंद्रित है। यह शिक्षा प्रणाली उपाधि केंद्रित परीक्षा के बंधन से मुक्त है। छात्रों की प्रगति का मूल्यांकन तो है, पर केवल वार्षिक परीक्षा के माध्यम से नहीं। इस शिक्षा प्रणाली से निकले छात्र को कोई उपाधि या प्रमाणपत्र नहीं दिया जाता।

सफलता की कुंजी

बीसवीं शताब्दी में शिक्षा प्रणाली के क्षेत्र में ऐसे किसी प्रयोग को

बहुत साहसिक ही कहा जाएगा। ऐसी शिक्षा प्रणाली में अपने को झोंकने के लिए छात्रों और उनके अभिभावकों में मानसिक तैयारी करना कोई सरल कार्य नहीं है। यह बिना किसी श्रद्धा और विश्वास की भावना के संभव ही नहीं है। गुजरात जैसे राज्य में, जहाँ कृषि का व्यवसायीकरण और मशीनीकरण बहुत अधिक हो चुका है, गाँव समृद्ध हो गए हैं, शहरी जीवन की लगभग सभी आधुनिक सुविधाएँ और मनोरंजन के साधन गांवी में प्रवेश कर गए हैं। ऐसे वातावरण में अभिभावक अपने बच्चों के भविष्य को डिग्रीरहित शिक्षा के दाँव पर लगा दें, यह तभी संभव है, जब उनके मन में प्रयोगकर्ताओं अर्थात् स्वाध्याय और दादा के प्रति अपार श्रद्धा हो। यह श्रद्धा और विश्वास ही वैकल्पिक शिक्षा–प्रणाली की खोज में इस प्रयोग की अब तक की सफलता ही मुख्य पूँजी और कुंजी है।

सन् १९५४ में दादा की जापान यात्रा के समय से यह खोज कार्य आरंभ हुआ और अनेक अनुभवों से गुजरकर आज उसका स्वरूप यह है कि उसमें केवल स्वाध्यायी परिवारों के बच्चों को ही आमंत्रित किया जाता है। चयन करते समय यह ध्यान रखा जाता है कि छात्र के परिवार के पास कम से कम दो एकड़ भूमि हो ताकि विद्याध्ययन के पश्चात् गाँव लौटने पर उसे कृषि का आधार मिल सके और वह विद्याध्ययन काल में प्राप्त कृषि संबंधी ज्ञान व अपने श्रेष्ठ संस्कारों को अपने गाँव में विकीर्ण कर सके। कुछ छात्र व्यापारी परिवारों के और कुछ ग्राणीण शिल्पी परिवारों के भी होते हैं। सामान्यत: उन्हें ७वीं कक्षा के बाद ही इस शैक्षणिक प्रयोग में प्रवेश दिया जाता है। उन्हें कुल सात वर्ष स्वाध्याय के शैक्षणिक प्रयोग में देने होते हैं। पहले तीन वर्ष उनका शिक्षण चार स्थानीय शिक्षा केंद्रों में होता है। इनमें से एक विद्यालय सौराष्ट्र के राजुला नामक स्थान पर है। दूसरा कच्छ क्षेत्र में भुज से लगभग ६० किलोमीटर दूर वंडई नामक स्थान पर है, तीसरा कच्छ में ही नालिया नामक स्थान पर। चौथा शिक्षा केंद्र महाराष्ट्र में नासिक में स्थापित किया गया है। इन विद्यालयों का नामकरण भी बहुत अर्थपूर्ण और उद्‌बोधक है। राजुला के विद्यालय को तत्त्व ज्योति कहते हैं तो नासिक विद्यालय को भाव–सौरभ।

इन स्थानीय विद्यालयों में तीन वर्ष तक शिक्षा प्राप्त करने के बाद पुनः चयन की प्रक्रिया द्वारा चारों विद्यालयों से केवल ३५ छात्रों को चुनकर अगले तीन वर्ष की शिक्षा के लिए अहमदाबाद के भाव-निर्झर में भेजा जाता है। तीन वर्ष तक यहाँ व्यावहारिक और संस्कारयुक्त शिक्षा प्राप्त करके एक वर्ष के विद्याध्ययन के लिए उन्हें तत्त्व ज्ञान विद्यापीठ में भेजा जाता है जहाँ उन्हें दादा का प्रत्यक्ष संपर्क और मार्गदर्शन प्राप्त होता है।

इस रूपरेखा के अनुसार जब हम भाव-निर्झर में पहुँचे, तब वहाँ तीन कक्षाओं के कुल मिलाकर लगभग १०५ छात्रों के आवास, भोजन और प्रशिक्षण की व्यवस्था उपलब्ध थी। कृषि केंद्रित शिक्षा प्रणाली होने के कारण भाव-निर्झर की ३८ एकड़ भूमि में से २८ एकड़ भूमि कृषि के लिए समर्पित है। कृषि के अतिरिक्त वहाँ कुछ शिल्पों का प्रशिक्षण भी दिया जाता है। महेश भाई और भाव-निर्झर के एक वरिष्ठ अध्यापक भास्कर रावल ने भाव-निर्झर का इतिहास बताया। सन् १९७१ में इसकी स्थापना हुई थी। तब से अब तक लगभग ७५० छात्र वहाँ विद्याध्ययन करके बाहर निकल चुके हैं।

यहाँ लगभग १०५ छात्र हैं और छह अध्यापक हैं। कोई भी वेतनभोगी नहीं है, स्वाध्याय से अनुप्राणित और उसके प्रति समर्पण भावना से यहाँ आए हैं। प्रत्येक के पास शिक्षण पाठ्यक्रम के तीन भाग हैं—एक है भाषा और साहित्य का ज्ञान। भाषाओं में मातृभाषा के अतिरिक्त अंग्रेजी, संस्कृत और हिंदी के शिक्षण को महत्त्व दिया जाता है। दूसरा भाग है—कृषि एवं शिल्पों का व्यावहारिक प्रशिक्षण, छात्रों की दिनचर्या का बड़ा भाग इस व्यावहारिक प्रशिक्षण को दिया जाता है और तीसरा भाग है—संस्कृति परिचय अर्थात् स्वाध्याय के माध्यम से प्राचीन ऋषियों की ज्ञानधारा में अवगाहन करना। इस प्रकार एक साथ ही शारीरिक, मानसिक, बौद्धिक एवं आध्यात्मिक विकास की व्यवस्था इस शिक्षा प्रणाली में की गई है। विज्ञान और तकनीकी के क्षेत्र में विश्व में चल रहे नए प्रयोगों और चिंतन का परिचय भी छात्रों को कराया जाता है।

शंका समाधान

लगभग एक मंजिल की ऊँचाई पर स्थित सभामंडप में भाव-निर्झर के शिक्षकों, कुछ छात्रों के अतिरिक्त अहमदाबाद नगर में स्वाध्याय की प्रेरणा से चलने वाली विभिन्न गतिविधियों एवं प्रकल्पों के चलाने वाले प्रमुख कार्यकर्ता भी उपस्थित थे।

सर्वप्रथम कांतिभाई पंड्या ने संस्कृत में धाराप्रवाह भाषण देकर भाव-निर्झर का परिचय दिया, स्वाध्याय क्या है, क्या करना चाहता है, यह बताते हुए आगे कहा कि यहाँ विद्याध्ययन करने वाले छात्रों को प्रातः ५ बजे स्तोत्रपाठ के द्वारा जगने का संकेत दिया जाता है। वे सब भी स्तोत्रपाठ में सहभागी होकर कक्ष के अनुसार भक्ति फेरी पर निकलते हैं। प्रातः-कर्म और स्नानादि से निवृत्त होकर योगेश्वर मंदिर में प्रार्थना के लिए एकत्र होते हैं। वहाँ स्तोत्रपाठ, भाव गीत गायन व वैदिक मंत्रों के साथ सूर्य नमस्कार करते हैं। प्रतिदिन कोई एक विद्यार्थी किसी श्लोक पर ५-१० मिनट बोलता है, जिसकी शिक्षकों के द्वारा समालोचना की जाती है—जलपान आदि से निवृत्त होकर ८ से १० बजे तक खेतों पर चले जाते हैं। दोपहर के भोजन के बाद भाषा और संस्कृति की कक्षाएँ लगती हैं, रात्रि में महापुरुषों का चरित्र कथन आदि होता है। पुस्तकालय की सुविधा उपलब्ध है।

कृषि निदेशक हरिप्रसाद पंड्या का परिचय हुआ। उन्होंने गुजरात कृषि विश्वविद्यालय में शोध निदेशक के पद से सन् १९७७ में अवकाश ग्रहण किया और तभी से भाव-निर्झर में आकर रहने लगे। इस बिंदु पर हमारी टोली में से प्रश्न उठा कि आपके यहाँ कृषि की अवधारणा क्या है? नए प्रकार के बीजों, रासायनिक खाद, ट्रैक्टर, कीटनाशक दवाइयों आदि के प्रयोग के बारे में आपकी क्या धारणा है? खाद्यान्नों के उत्पादन के बजाय नकदी लाने वाले फसलों को उगाने की जो प्रवृत्ति तेजी से बढ़ रही है, उसे रोकने की दिशा में आपका क्या प्रयास है? पशुधन को बढ़ाने और गोबर गैस प्लांटों को प्रोत्साहन देने के बारे में आप क्या प्रयास कर रहे हैं? ऐसे सब प्रश्नों के उत्तर में बाहर से आए महेश भाई और राजीव वोरा जैसे बंधुओं ने तो कुछ सफाई दी किंतु भावनिर्झर में रहनेवाले बंधुओं

की ओर से कुछ स्पष्ट उत्तर नहीं मिला। रास्ते में बातचीत करते समय आभास मिला था कि रासायनिक खाद, कीटनाशक दवाइयों और ट्रैक्टर का प्रयोग अभी चालू है। श्री माँ के ओरोविले के समान जैविक कृषि की दिशा में कोई संकल्पबद्ध प्रयोग यहाँ अभी शुरू नहीं हुआ है। एक छात्र धीरेंद्र भाई ने बताया कि उनके साथ आए ८ छात्रों में से ३ के कृषि कर्म, ३ के वाणिज्य और २ के नौकरी में लगने की संभावना है।

जीवन पद्धति का विकास

भाव-निर्झर की कहानी पूरी होने पर अहमदाबाद में चल रहे विभिन्न प्रकल्पों और गतिविधियों का वृत्त प्रारंभ हुआ। रेखा बेन पारीख बंबई के एक स्वाध्यायी परिवार में जन्मीं, बाल्यकाल से ही स्वाध्याय से जुड़ीं। मुंबई विश्वविद्यालय में शिक्षा प्राप्त की। १० साल पूर्व विवाह करके अहमदाबाद आ गईं, तभी से स्वाध्याय के कार्य में लग गईं। उन पर महिला केंद्रों का दायित्व है। अहमदाबाद नगर में लगभग ७०० महिला केंद्र चलते हैं। प्रत्येक केंद्र पर ३० से ४० तक महिलाएँ आती हैं। सप्ताह में एक बार एकत्रित होती हैं। वहाँ चर्चा होती है। स्वाध्याय क्या है? पूजा क्यों करनी चाहिए? एकादशी को कैसे मनाना चाहिए, दीया क्यों जलाते हैं? हमारे परंपरागत प्रतीकों का अर्थ क्या है? आज के जीवन में भी क्या वे प्रासंगिक है? १०-१२ महिला केंद्रों के बीच एक वीडियो केंद्र की व्यवस्था की गई है, जहाँ सप्ताह में एक बार एकत्र होकर दादा के प्रवचनों का आस्वादन करते हैं। भावगीत और स्तोत्र पाठ सामूहिक रूप से करते हैं।

एक युवा वैज्ञानिक यज्ञेश रणछोड़ भाई पटेल ने खड़े होकर युवकों के बीच चलने वाले कार्य का परिचय दिया। कॉलेज स्तर के छात्रों के बीच दैवी प्रज्ञा ट्रस्ट (डी.पी.टी.) के नाम से काम चलता है और अन्य युवकों के बीच युवा केंद्र के नाम से। डी.पी.टी. केंद्र सन् १९८६ में प्रारंभ हुए। अहमदाबाद नगर में इस समय २१ डी.पी.टी. केंद्र और १०० युवा केंद्र चल रहे हैं। युवा केंद्रों में २५ से ३५ वर्ष के आयु वर्ग के लोग आते हैं और डी.पी.टी. में २५ वर्ष से कम आयु के। शुरू में सीधे स्वाध्याय की बात नहीं करते। आत्मविश्वास व त्वरितबुद्धि को बढ़ाने वाले बौद्धिक खेलों एवं क्विज

आदि के माध्यम से रुचि पैदा करते हैं। तर्कयुक्त चर्चाओं का आयोजन करते हैं? धीरे-धीरे विषयों को समाज और धर्म से जोड़ते हैं। मेरा जीवन भगवान् चलाता है, क्या यह बुद्धि से सिद्ध किया जा सकता है? हमारे उत्सवों का वास्तविक अर्थ क्या है? उन्हें क्यों, कैसे मनाना चाहिए? गीता जयंती पर निबंध प्रतियोगिता आयोजित कर रहे हैं। परिसंवाद का विषय रखा है, 'कृष्ण क्रांतिकारी की भूमिका में' आदि-आदि। हम समझने का प्रयास करते हैं कि आज का युवक धर्म के नाम से दूर क्यों भागता है? हमारे धार्मिक जीवन में क्या कमी या विकृति आ गई है, उसे कैसे दूर किया जाए? अध्यात्म और धर्म के प्रति आकर्षण कैसे पैदा हो? ये सब बातें धीरे-धीरे बताते हैं। फिर उन्हें भाव निर्झर में लाते हैं।

एक कार्यकर्ता ने बाल संस्कार केंद्रों का वृत्त दिया। ८०० केंद्र चल रहे हैं, जिनके संचालन में १,००० कार्यकर्ता लगे हैं। इन केंद्रों में प्रार्थना, बालगीत, कहानियों और भावगीत का कार्यक्रम चलता है। एक केंद्र में कम-से-कम ३० बालक आते हैं। अधिकांश केंद्रों का संचालन महिलाएँ सँभालती हैं। वे बच्चों को अत्यधिक स्नेह देती हैं।

(पाञ्चतन्य, ३० अक्तूबर, १९९६)

□

भाव परिवर्तन से ही आर्थिक विकास संभव

भाव परिवर्तन पहले या आर्थिक विकास पहले ? क्या आर्थिक विकास के कार्यक्रमों को पहले प्रारंभ करके भावों को उदात्त बनाया जा सकता है या भावों को उदात्त कर देने मात्र से आर्थिक विकास का मार्ग अपने आप खुल जाता है ? महाभारत में एक जगह भगवान् वेदव्यास ने कहा है कि मैं दोनों हाथ उठाकर कहता हूँ कि धर्म का पालन करने से अर्थ और काम की भी प्राप्ति होती है, किंतु मेरी बात कोई सुनता ही नहीं।

'अर्थ' और 'काम' के पीछे अंधी दौड़ की यह प्रवृत्ति महाभारत काल तक ही सीमित नहीं रही। सोलहवीं शताब्दी में जबसे यूरोप का व्यापारिक एवं औपनिवेशिक विस्तार शुरू हुआ, तब से तो इस प्रवृत्ति ने एक सुसंगठित जीवन दर्शन का रूप धारण कर लिया। कुछ शताब्दियों तक इस दौड़ का लक्ष्य कुछ परिवारों या राष्ट्रों की आर्थिक समृद्धि मात्र था। यह समृद्धि दूसरे राष्ट्रों एवं जन समूहों के निर्मम शोषण पर आधारित थी। इसी में से गुलाम प्रथा और पुराने समाजों के पाशविक उत्पीड़न का वीभत्स अध्याय लिखा गया। अठारहवीं शताब्दी में औद्योगिक क्रांति के साथ जहाँ एक ओर पूँजीवाद का जन्म हुआ, वहीं सबके आर्थिक विकास व आर्थिक समता जैसी उदात्त अवधारणाओं का उद्‌भव हुआ। इन्हीं विचारधाराओं को हम आज समाजवाद, साम्यवाद या कल्याणकारी राज्य की विचारधाराओं के रूप में जानते हैं।

आर्थिक विकास का खोखला ढाँचा

इन्हीं विचारधाराओं का प्रभाव है कि आज भारतीय संस्कृति के प्रति निष्ठा रखने वाले महाभाग भी आर्थिक विकास के कार्यक्रमों को ही सर्वाधिक महत्त्व देते हैं। वस्तुतः भारत में समूचा गैर सरकारी स्वैच्छिक कार्य का मुख्य जोर आर्थिक विकास के कार्यक्रमों पर ही रहता है। इसके लिए वे कोई कार्यक्षेत्र चुनते हैं, आर्थिक विकास के एक प्रकल्प की रूपरेखा तैयार करते हैं, उस कार्यक्रम को क्रियान्वित करने के लिए एक संस्था का पंजीकरण कराते हैं और फिर उस संस्था के लिए धन प्राप्त करने के लिए सरकारी विभागों और पूँजीपतियों के दरवाजे खटखटाते हैं। ऊपर से तो यह सब प्रयास उस क्षेत्र के आर्थिक विकास के नाम पर होता है, किंतु जनसहभाग के अभाव में वह पूरा प्रयास भूमि अर्जन और भवन निर्माण तक सीमित रह जाता है अर्थात् इससे संस्था तो समृद्ध हो जाती है, किंतु क्षेत्र का आर्थिक विकास नाममात्र को भी नहीं हो पाता। आर्थिक विकास के इस विशाल उपक्रम में से दस भी निष्काम, समर्पित सामाजिक कार्यकर्ता उभरकर ऊपर नहीं आ पाते। वह पूरा प्रयास वेतनभोगी या आर्थिक दृष्टि से उस प्रकल्प पर निर्भर कार्यकर्ताओं पर टिका रहता है और एक दिन कार्यकर्ता निकल जाते हैं केवल भवन और भूमि शेष रह जाती हैं।

इस प्रणाली से आर्थिक विकास में लगी स्वैच्छिक संस्थाओं की संख्या आज हजारों में है। आर्थिक विकास के नाम पर इन संस्थाओं द्वारा विशाल प्रचार साहित्य का निर्माण और करोड़ों-अरबों रुपए की चल-अचल संपत्ति का संग्रह अवश्य हुआ है, किंतु एक स्वावलंबी, स्वाभिमानी, श्रेष्ठ समाज के सर्वांगीण विकास का नमूना रालेगण सिद्धी जैसे एकाध अपवाद को छोड़ दें तो, कहीं भी खड़ा नहीं हो पाया है।

इस कार्य प्रणाली को बंदी बने मानस के लिए यह विश्वास करना कठिन हो जाता है कि आर्थिक विकास के लिए स्वावलंबन के भाव को जगाना पहली आवश्यकता है। स्वावलंबन का भाव जगाने के लिए मनुष्य का भावनात्मक परिवर्तन आवश्यक है और यह भावनात्मक परिवर्तन उसके भीतर के सुप्त दैवीभाव को जगाने से ही आ सकता है। दारिद्र्य और

अभावों से कुचले हुए मनुष्य में दैवी भाव का जागरण बिना किसी श्रद्धा को पैदा किए संभव ही नहीं। यह श्रद्धा पैदा करने का सबसे सशक्त और सफल माध्यम है भक्ति तथा मूर्ति पूजा; यह सत्य पांडुरंग शास्त्री आठवले के स्वाध्याय और गायत्री-परिवार जैसे प्रयासों ने सिद्ध कर दिया है।

एक प्रयोग यह भी

कौन विश्वास करेगा कि एक ऐसा व्यक्ति, जो कभी-भी किसी आधुनिक विद्यालय में पढ़ने नहीं गया, जिसने कोई भी डिग्री प्राप्त नहीं की, जिसका संपूर्ण विद्याध्ययन संस्कृत भाषा के माध्यम से परंपरागत शास्त्रीय विधि से कराया गया, ऐसा व्यक्ति लोक संग्रह और लोक जागरण के इतने विशाल महाप्रयास का स्रोत बन सकता है, वह भी संस्कृत, भक्ति और मूर्ति पूजा को माध्यम बनाकर? किंतु यह चमत्कार हुआ है, निरंतर आगे बढ़ रहा है और लाखों करोड़ों लोग उसमें सहभागी बन रहे हैं?

पहले स्वाध्याय के इतिहास पर दृष्टिपात करें। स्वाध्याय के पांडुरंग शास्त्री आठवले का जन्म एक परंपरावादी संस्कृतनिष्ठ शास्त्री परिवार में हुआ। उनके दादा ने लगभग १२० वर्ष पूर्व एक छोटी सी संस्कृत पाठशाला शुरू की थी। उनके पिता पं. बैजनाथ शास्त्री ने सन् १९२६ में बंबई शहर के माधवबाग क्षेत्र में श्रीमद्‌भगवद्‌गीता पाठशाला की स्थापना की, जिसमें उन्होंने प्रत्येक रविवार की प्रातः १ घंटे की प्रवचन का सिलसिला शुरू किया। यही पाठशाला बनी स्वाध्याय प्रवाह की गंगोत्री।

पहले २० वर्ष तक स्व. पं. बैजनाथ शास्त्री ने साप्ताहिक प्रवचन की परंपरा चलाई, फिर यह दायित्व उनके पुत्र पांडुरंग शास्त्री ने संभाल लिया। पांडुरंग शास्त्री ने संस्कृत के अतिरिक्त मराठी, गुजराती और हिंदी पर समान अधिकार प्राप्त किया। उन्होंने अपने प्रवचनों के माध्यम से ऋषि-मुनियों की ज्ञानधारा को वर्तमान समस्याओं से जोड़ा। भक्ति को केवल कीर्तन-भजन की दीवारों से मुक्त करके सामाजिक कार्य से जोड़ा। उनके प्रवचन इतनी सरल भाषा में और इतने भावोत्तेजक होते थे कि सहस्रों लोग प्रति सप्ताह उनका प्रवचन सुनने के साथ निःस्तब्ध वातावरण में उसे हृदयंगम करते। इन्हीं प्रवचनों से भाव-परिवर्तन की प्रक्रिया प्रारंभ हुई।

सन् १९५४ में जापान यात्रा से लौटने के पश्चात् शास्त्रीजी के मन में संस्कारक्षम शिक्षा का कोई अभिनव केंद्र स्थापित करने का विचार जोर पकड़ने लगा और इसी विचार में से सन् १९५६ में ठाणे में तत्त्वज्ञान विद्यापीठ की स्थापना हुई। तत्त्वज्ञान विद्यापीठ का उद्घाटन बिना किसी औपचारिक समारोह के महान् दार्शनिक सर्वपल्ली राधाकृष्णन, जो उन दिनों भारत के उपराष्ट्रपति पद पर आसीन थे, ने संपन्न किया। इस तत्त्वज्ञान विद्यापीठ में एक वर्ष तक अपने सतत संपर्क के द्वारा शास्त्रीजी ने चुने हुए युवकों की एक छोटी सी टोली तैयार की, जो दादा की भक्ति की अवधारणा को लेकर समाज-कार्य के लिए स्वयं को समर्पित करने को तैयार थी। भक्ति को लेकर समाज से निर्हेतुक भाव-संपर्क की इस प्रक्रिया को दादा ने भक्ति-फेरी का नाम दिया और समाज बाँधवों से संपर्क का लक्ष्य भाव-संपर्क बताया। उन्होंने परंपरा डाली कि भक्ति फेरी के दौरान किसी भी परिवार में भाव संपर्क करते समय स्वाध्यायी उस परिवार में जल के अतिरिक्त कुछ भी खाएगा-पिएगा नहीं। केवल उससे भाव संपर्क करेगा।

सन् १९५७ में १९ युवा स्वाध्यायियों की पहली टोली भक्ति फेरी के लिए बंबई से निकली। वे १९ स्वाध्यायी आज भी उतने ही मनोयोग से स्वाध्याय में लगे हुए हैं। इस टोली में अधिकांश युवक गुजराती थे और इस प्रकार स्वाध्याय का प्रवाह गुजरात की ओर बह चला। गुजरात की भूमि ने योगेश्वर श्रीकृष्ण और उनके गीतोपदेश को पूरे अंत:करण से अपना लिया।

स्वाध्याय से भाव परिवर्तन

स्वाध्याय के अंतर्गत विभिन्न प्रकार के कार्यक्रमों का विकास अनुभव और आवश्यकता के अनुसार क्रमशः हुआ। सन् १९२६ में गीता पाठशाला की स्थापना के साथ प्रथम चरण आरंभ हुआ तो सन् १९५६ में तत्त्वज्ञान विद्यापीठ की स्थापना से द्वितीय। सन् १९५७ में भक्ति फेरी के साथ तीसरा चरण शुरू हुआ। प्रारंभ में स्वाध्याय के संदेश को आत्मसात् करने वाले अधिकांश युवक सवर्ण जातियों के ही थे, किंतु स्वाध्याय के कारण उनका जो भाव परिवर्तन हुआ, उसने उन्हें समाज के उन वर्गों के द्वार पर

अंत:करण का स्नेह उँडेलने की प्रेरणा दी, जिन्हें अब तक दीन-हीन, अस्वच्छ, अस्पृश्य, अशिक्षित, संस्कारहीन एवं अपराधी माना जाता था। उनके साथ भाव संपर्क में इन स्वाध्यायियों ने पाया कि ऊपर से वे भले ही संस्कारहीन दिखाई देते हों, किंतु उनके अंत:करण में भी भक्ति का स्रोत विद्यमान है, परंपरागत प्रतीकों के प्रति उनके मन में भी श्रद्धाभाव जीवित है, उनके मन व्याकुल हैं तो केवल इसलिए कि उन्हें उन प्रतीकों को छाती से लगाने से रोका जा रहा है, उनके लिए देववाणी संस्कृत के द्वार बंद कर दिए गए हैं, उन्हें मंदिरों में देवार्चन करने से वंचित कर दिया गया है, उन्हें सामाजिक जीवन में समता का व्यवहार नहीं मिलता। सवर्ण स्वाध्यायियों ने बिना लंबे-चौड़े प्रवचन दिए, बिना कोई दिखावा किए अपने शांत मौन आचरण से इन उपेक्षित बंधुओं को यह अहसास कराया कि हम और आप एक ही भगवान की संतान हैं, हमारी रगों में एक ही भगवान का बनाया खून बह रहा है, किंतु इस भाव को जगाना और आस्था में परिणत करना इतना सरल काम नहीं है। इसके लिए सामने वाले में उससे भी अधिक गहरा भाव, श्रद्धा और आस्था होनी चाहिए। इस श्रद्धा और आस्था को लेकर दादा ने स्वयं वर्षों तक गाँव-गाँव, खेड़े-खेड़े में प्रवास किया।

नागपुर के प्रसिद्ध संस्कृतज्ञ प्रज्ञा भारती डॉ. श्रीधर भास्कर वर्णेकर ने तरुण भारत में एक लंबे लेख में दादा से अपनी तीन पुरानी भेंटों का विस्तृत वर्णन करते हुए दादा की प्रारंभिक साधना की झाँकी प्रस्तुत की है। उन्होंने लिखा है कि दादा लगातार छह-छह महीने तक गाँवों में प्रवास पर रहते थे। वर्णेकरजी ने लिखा है कि सन् १९७५ तक दादा के प्रति श्रद्धा का क्षेत्र इतना विशाल हो चुका था कि उनके दादाजी द्वारा स्थापित पाठशाला के शताब्दी समारोह में भाग लेने के लिए गुजरात से स्वाध्यायियों का विशाल जनसमूह बंबई में उमड़ पड़ा। वर्णेकरजी ने लिखा कि चर्च गेट से लेकर ओव्हल ग्राउंड तक ठेठ गुजराती और सौराष्ट्री वेशभूषा में इस विशाल जनसागर को देखकर कोई विश्वास ही नहीं कर सकता था कि एक छोटी सी पाठशाला के शताब्दी समारोह पर इतना विशाल जनसमूह बिना किसी प्रचार या औपचारिक निमंत्रण के सहज भाव से उमड़ सकता

है। उन्हें यह जानकर और भी आश्चर्य हुआ कि ये सब लोग अपने खर्चे से बंबई आए थे। उनके खाने-पीने की कोई व्यवस्था स्वाध्याय की ओर से नहीं की गई। उन्होंने अपनी व्यवस्था स्वयं की थी। सामाजिक समरसता की दिशा में आठवले शास्त्री के कार्यक्रमों के विकास का परिचय देते हुए वर्णेकरजी लिखते हैं कि सन् १९७५ में पहली बार दादा ने गुजरात के कोली समाज के सहस्रों लोगों को यज्ञोपवीत और आप्त मंत्रोच्चार की दीक्षा दी। दादा ने वर्णेकरजी को बताया कि व्रतबंध के इस संस्कार के द्वारा मैं विप्रत्त्व की सीमाओं का विस्तार कर रहा हूँ और समाज के सभी वर्णों में विप्रत्त्व या द्विजत्त्व का वितरण कर रहा हूँ।

उन्होंने यह भी बताया कि मैं आँख मूँदकर व्रतबंध संस्कार नहीं करा रहा हूँ। मेरी जिद है कि यह संस्कार होने के पूर्व व्यक्ति को रामरक्षा स्रोत, शिवमहिम्नस्रोत और विष्णुसहस्रनाम का नित्य जाप करना चाहिए। उन्होंने कहा कि यह संस्कार होने के पश्चात् उस समाज में परंपरा से चली आ रही मांस-मदिरा के सेवन की आदत अपने आप समाप्त होने लगती है, शाकाहार और दारूबंदी के लिए हमें अलग से प्रयास करने की आवश्यकता ही नहीं रह जाती। संस्कारों से भावों का उदात्तीकरण होता है और भावों के उदात्तीकरण से जीवन में अपने आप बदलाव आने लगता है। इस बदलाव का परिणाम उस व्यक्ति के पारिवारिक जीवन और आर्थिक स्थिति पर भी होता है। उसमें हीन भावना का स्थान स्वाभिमान और आत्मविश्वास ले लेता है, जिसके आधार पर आर्थिक विकास के सामूहिक कार्यक्रमों का आयोजन बिना धन के सरलता से हो सकता है। इसलिए यदि हम आर्थिक विकास को ही अपना लक्ष्य मानें तो भी उसके लिए आवश्यक है महँगी प्रचार सामग्री के उत्पादन, भवन निर्माण एवं संपत्ति संग्रह से पहले लोक जागरण, लोक संग्रह व लोक संस्कार।

(पाञ्चजन्य, १६ अक्तूबर, १९९६)

□

दो स्वाध्यायी गाँवों में क्या देखा?

स्वामी विवेकानंद कहा करते थे कि प्राचीन लोककथा के अनुसार किसी राक्षस के प्राण तोते में रहते थे, तोते को मार दो तो राक्षस मर जाएगा। उसी प्रकार पश्चिम के प्राण पौंड, शिलिंग, पेंस में अर्थात् 'अर्थ' में हैं और भारत के प्राण 'अध्यात्म' अर्थात् 'धर्म' में हैं। सहस्रों वर्षों के संस्कारों के फलस्वरूप भारत के अचेतन मानस में 'धर्म' के प्रति श्रद्धा भाव पूरी तरह रचा-बसा है, थोड़ा सा ही प्रयास करने पर वह जगाया जा सकता है, ऊपर से तमस में डूबे निष्चेष्ट भारत की इस श्रद्धा के जाग्रत होते ही उसे कर्म में प्रवृत्त किया जा सकता है, उसके कर्म को चाहे जिस दिशा में मोड़ा जा सकता है। स्वामीजी ने एक बार कहा था कि ये जो गंदगी का जीवन जीते, दीन-हीन, निरक्षर, अज्ञानी लोग भारत की छाती पर रेंगते हुए दिखाई देते हैं, इनमें भी अध्यात्म का ऊर्जा भंडार, उन अंग्रेजी पढ़े-लिखे मूर्खों की अपेक्षा कहीं अधिक भरा हुआ है, उनकी श्रद्धा को जगाने भर की देर है कि उन्हीं के माध्यम से भारत पुनः उठ खड़ा होगा। इसीलिए उन्होंने एक बार तथाकथित संभ्रांतों, अपनी जाति और शिक्षा की उच्चता के अहंकार में फूले लोगों को फटकारते हुए कहा था कि कल का भारत गरीबों की, मोचियों की, भंगियों की झोपड़ियों में से ही उठेगा, तुम अपनी उच्चता के अंहकार को लेकर अतीत के अँधेरे में विलीन हो जाओ।

इसी प्रकार योगी अरविंद ने सन् १८९३ में भारत लौटकर २७ वर्ष तक राष्ट्रभक्ति की कठोर कर्म साधना करके भारत को समझा और २

सितंबर, १९२० को पांडिचेरी की अज्ञात साधना-गुफा से चंद्रनगरवासी मोतीलाल राय को एक लंबा पत्र लिखकर अपनी भावी कार्य योजना से अवगत कराया। श्री अरविंद ने लिखा, ''हमारी पहली आवश्यकता है कि हम अपने सामूहिक जीवन को सुदृढ़ आध्यात्मिक आधार पर खड़ा करें, फिर उसकी पुख्ता आर्थिक नींव तैयार करें, इन दोनों का परिणाम ही पूर्ण सामाजिक परिवर्तन के रूप में प्रगट होगा।''

स्वामी विवेकानंद और श्री अरविंद के इस अनुभवपूर्ण संदेश का प्रत्यक्ष क्रियान्वयन स्वाध्याय प्रवाह में दिखाई दे रहा है। पांडुरंग शास्त्री आठवले की सृजनात्मक प्रतिभा का चमत्कार इस बात में है कि एक बार उन्हें इस सत्य का साक्षात्कार हुआ कि सहस्राब्दियों के संस्कारों से अचेतन मानस में विद्यमान श्रद्धाओं को अभी भी जगाया जा सकता है, सामाजिक कर्म का रूप दिया जा सकता है और उन्हें जगाने का माध्यम पश्चिम से आयातित शब्दावली व कार्य प्रणाली कदापि नहीं हो सकती, अपितु भारत की अपनी भाषा और परंपरागत प्रतीकों के माध्यम से ही जगाया जा सकता है तो उन्होंने निष्ठापूर्वक उसी दिशा में प्रयास किया। उन प्रतीकों और भाषा को आज के संदर्भ में नया अर्थ और कृति रूप प्रदान किया। संभवतः आठवलेजी यानी दादा ने इस सत्य को पहचाना कि भारत की ग्रामीण एवं गरीब जनता के साथ गांधीजी के तादात्म्य का रहस्य उनके आध्यात्मिक व्यक्तित्व और भारत की परंपरागत भाषा व प्रतीकों के प्रयोग में ही छिपा हुआ है।

और इसलिए दादा भक्ति, मूर्ति पूजा और संस्कृत को लोक जागरण का सशक्त माध्यम बनाने में सफल हो सके। समाज के सब वर्गों और जातियों में श्रद्धा भाव को जगाकर उन्होंने उन प्रतीकों और शब्दों को नया अर्थ प्रदान किया। एकादशी की पवित्रता का भाव तो प्रत्येक भारतीय के मन में पहले से विद्यमान है, किंतु एकादशी भगवान् की है, वह दिन भगवान् के चरणों में अर्पण करने के लिए है, उस दिन का मेरा श्रम, मेरी आय मेरे अपने लिए नहीं है,भगवान् के लिए है, यह नया अर्थ दादा ने उसे दिया और इसी अर्थांतरण का परिणाम है कि आज लगभग १ लाख

स्वाध्यायी मास में एक दिन समाज रूपी भगवान् के चरणों में अर्पित करते हैं, अनजान घरों में भक्ति फेरी लगाते हैं, अपने श्रद्धा दीप से दूसरे अंत:करणों में श्रद्धा दीप जलाते हैं। मास में एक दिन नि:स्वार्थ भाव से अपना श्रम योगेश्वर कृषि, श्री दर्शन, निर्मल नीर, मत्स्यगंधा, याज्ञवल्क्य वृक्ष मंदिर जैसे आर्थिक उपक्रमों के माध्यम से भगवान् के चरणों में अर्पित करते हैं। इन सामूहिक आर्थिक प्रकल्पों में श्रमदान करने वाले को श्रमिक, स्वयंसेवक या कार्यकर्ता जैसा नाम देने के बजाय 'पुजारी' कहा जाता है। वह अपने श्रम के द्वारा भगवान् की पूजा करता है और इसलिए उसके श्रम से जो कुछ उत्पादन हुआ है, आय हुई है, वह उसकी अपनी नहीं भगवान् की है, समाज की है। गीता द्वारा प्रतिपादित निष्काम कर्म को जीवन में प्रकट करने का इससे श्रेष्ठ उदाहरण और क्या हो सकता है?

भाव-जागरण से लोक संगठन और लोक संगठन से आर्थिक विकास के कई उदाहरण हमने अपनी आँखों से देखे। हम वेरावल से १०-१२ किलोमीटर दूर मिडिया गाँव में बैठे हैं। इस गाँव की कुल जनसंख्या १५,००० है जिसमें १३,००० मछुआरे—दादा ने जिन्हें सागरपुत्र नाम दिया है—रहते हैं। वहाँ के लोग बताते हैं कि हमारे गाँव में स्वाध्याय का प्रवेश सन् १९९० में हुआ। उसके पूर्व यहाँ का जीवन बहुत खराब था। पास में वेरावल से स्वाध्यायी आए। उनके संपर्क से हममें श्रद्धा जगी, धीरे-धीरे हमें विश्वास होने लगा कि हमारे अंदर भगवान् का वास है, हम स्वयं भी भगवान् बन सकते हैं, किंतु उसके लिए हमें काम करना होगा, आलस्य छोड़ना होगा, शराब का धंधा बंद करना होगा। भाव बदला, तो जीवन बदला, परिवार में सुख-शांति आई, हमारी आमदनी बढ़ने लगी। एकादशी की आय हम भगवान् के चरणों में अर्पित करने लगे। इतनी राशि इकट्ठी हो गई कि हमने भगवान् के लिए एक बड़ी नौका मत्स्यगंधा खरीद ली। इस मत्स्यगंधा पर मछली पकड़ने के लिए प्रतिदिन पाँच पुरुष 'पुजारी' जाते हैं। शाम को वे जितनी मछलियाँ मकड़ कर लाते हैं उन्हें पाँच 'पुजारिनें' बाजार में बेचने जाती हैं। उससे जो आय होती है वह अमृतालयम में भगवान् की प्रतिमा के सामने अर्पित कर दी जाती है। वहाँ से वह

मत्स्यगंधा ट्रस्ट में चली जाती है। किसी भाई की जरूरत दिखाई देती है तो उसके बिन माँगे उसके घर मदद पहुँच जाती है।

अब हम दूसरे गाँव में हैं। इसका नाम है शांतिपरा, यहाँ केवल एक ही क्षत्रिय जाति के कृषक परिवार रहते हैं। गाँव में प्रवेश करने पर महिलाएँ और बच्चे सड़क के दोनों ओर खड़े होकर ईशावास्योपनिषद के मंत्रोच्चार के साथ हमारा स्वागत करते हैं। गाँववालों से संवाद में एक नया पक्ष उभरकर आता है। पारिवारिक जीवन में सौहार्द पैदा करने के लिए सास-बहू, ननद-भौजाई, पति-पत्नी और माता-पिता तथा संतान के बीच श्रद्धा और स्नेह का भाव जगाया जाता है। उसके अनेक उदाहरण हमारे सामने बताए गए। दस साल से गाँव में सरपंच के चुनाव की नौबत नहीं आई। एक बार चार-पाँच उम्मीदवार हुए तो भगवान् के सामने उनके नामों की पर्ची रखकर एक पर्ची उठा ली। बस वही सरपंच हो गया।

वर्तमान सरपंच गोविंद भाई बताते हैं कि पहले गाँव चार पार्टियों में बँटा हुआ था। शादी का रिश्ता भी चुनाव को ध्यान में रखकर होता था। प्रत्येक संबंध और व्यवहार में चुनाव की दृष्टि रहती थी। अब रिश्ता तय करते समय गोत्र, संस्कारों को, विचारों को महत्त्व देते हैं। दस साल से चुनाव नहीं हुआ! पूरा गाँव मंदिर में इकट्ठा होकर नाम तय करता है। कोई खड़ा होने को तैयार नहीं होता। इस बार रात के १२:३० बजे तक गाँववाले बैठे रहे और मुझे जबर्दस्ती सरपंच बना दिया। मैंने सोचा कि यदि मेरी बलि देकर ही गाँव की शांति और एकता बनी रह सकती है तो मैंने स्वीकार कर लिया।

गाँव में योगेश्वर कृषि का प्रयोग चलता है। योगेश्वर कृषि यानी भगवान् के खेत पर गाँव के साँझे श्रम अर्थात् पूजा से कृषि उत्पादन। यह आय भगवान के चरणों में भेंट करके इकट्ठी होती जाती है और उसी गाँव के विकास पर खर्च होती है। यहीं हमें ठाणे के तत्त्वज्ञान विद्यापीठ में शिक्षित रजनी भाई जन्कार नामक युवक मिला। उसकी निष्ठा, कर्मठता और लोक संग्रह की क्षमता को देखकर हम विस्मित रह गए। वह स्वयं कृषि और व्यापार के माध्यम से ५०-६० हजार रुपए मासिक आय करता है। वह

अपनी निजी खेती के अतिरिक्त आसपास के ६४ गाँवों में कृषि के विकास के लिए प्रयास करता है। उसने बताया कि स्वाध्याय के प्रवेश के पूर्व युवक खेती छोड़कर नौकरी करने जाते थे। मैं भी जाना चाहता था। यहाँ पानी की बहुत कमी से अकाल पड़ा। दादा ने कुएँ के रिचार्ज की टेकनीक बताई। इधर-उधर बेकार बहने वाला पानी पाइप द्वारा कुएँ में ले जाते हैं। पूरे सौराष्ट्र में लगभग ७ लाख कुएँ होंगे। उनमें से १४ हजार कुओं में पानी एकत्रीकरण होने लगा है। कुआँ रिचार्ज होने से लगभग १५ करोड़ की आमदनी बढ़ी है। मेरे कार्यक्षेत्र के १५ गाँवों में नारियल के बगीचे लगे हैं। दादा ने आत्मनिर्भरता का पाठ पढ़ाया। सरकार पर निर्भर नहीं करना। तूफान आने पर कई भाइयों के बगीचे गिर गए, स्वाध्यायी भाई घर-घर गए। पूछा क्या तकलीफ है? क्या मदद चाहिए? उन्होंने कहा कि हमें कुछ नहीं चाहिए। हमारे अंदर भगवान् बैठा है। उसकी कृपा से हम फिर खड़ा करेंगे। बिजली के खंभे गिर गए थे। अपने आप खड़ा कर लिया। तार लगा दिए। अगले दिन बिजली आ गई। ३० गाँवों में ऐसा हुआ। माधववृंद योजना के अंतर्गत १६ हजार वृक्ष लगाए गए। प्रत्येक पेड़ को दत्तक लिया गया। एक महीने तक नारायण व ईशावास्य उपनिषद् का पाठ करके घर में जो चार-पाँच वृक्ष लगाते हैं, उन्हें माधववृंद कहते हैं। उनकी बाल भगवान् के समान सेवा-सुश्रुषा होती है। सड़क के किनारे या बेकार पड़ी सरकारी जमीन पर जो वृक्ष लगाते हैं, उन्हें वृक्षारोपण कहते हैं।

माधववृंद की कल्पना कैसे विकसित हुई, इसकी कथा स्वयं आठवलेजी ने सन् १९७५ में वर्णेकरजी को बताई कि गुजरात के एक गाँव के लोगों ने मुझसे पूछा कि गाँव में मंदिर बनाने के लिए साधन कहाँ से लाएँ। मैंने कहा कि एक ही मंदिर क्यों बनाते हो? घर-घर में मंदिर बनाओ। वे अचंभित होकर बोले कि घर-घर में मंदिर कैसे बन सकते हैं? मैंने कहा कि भगवान् की पूजा करके प्रत्येक घर में आम का पेड़ लगाओ, रोज उसकी पूजा करो, उसे जल चढ़ाओ, फिर देखो क्या होता है। उन्होंने मेरी बात मान ली। गाँव में चारों ओर आम के पेड़ लहलहाने लगे। दादा ने कहा कि उनके फलों को पहले भगवान् को चढ़ाकर आपस में बाँटकर खाओ। कुछ वर्षों

बाद वे आए कि आम अधिक आते हैं। खाकर भी बचे रहते हैं, उनका क्या करें। मैंने कहा कि उन्हें बेच दो, बिक्री के पैसे को भगवान् के खाते में जमा कर दो। कुछ वर्षों में काफी धन इकठ्ठा हो गया, उसी से अमृतालयम् बना। मैं उसकी मूर्ति प्रतिष्ठा पर उपस्थित रहा। इस तरह हुआ क्रमश: स्वाध्याय के आर्थिक सामाजिक कार्यक्रमों का विकास।

रजनी भाई जन्कार ने बताया कि कुछ समय से हमने गाँव में शौच विसर्जन के लिए साकपिट (गड्ढे) बनाना शुरू किया है। गोबर गैस संयंत्र लगाने का अभियान लिया। घर-घर जाकर लोगों को तैयार किया, बताया कि इससे ईंधन के लिए पेड़ नहीं काटने पड़ेंगे, पशुधन बढ़ेगा। मेरे गाँव में ११० गोबर गैस प्लांट लग गए हैं।

इन सब वर्णनों से अभिभूत होकर वरिष्ठ समाजवादी चिंतक प्रो. विनोद प्रकाश सिंह ने शांतिपरा की जनसभा में स्वीकार किया कि सरकार पर निर्भर रहने की प्रवृत्ति को पैदा करने के लिए हम समाजवादी और साम्यवादी सबसे बड़े अपराधी हैं। यहाँ आकर मैंने देखा कि सरकार कुछ नहीं कर सकती, समाज स्वयं ही सबकुछ कर सकता है।

(पाञ्चजन्य, ६ नवंबर, १९९६)

□

स्वाध्याय-वाङ्मय का नवनीत

कलि युगाब्द ५०९५ (ईस्वी सन् १९९३) की बात है। मैसूर में भारतीय इतिहास कांग्रेस के अधिवेशन से वापस लौटते समय बंगलौर में एक मित्र से 'संस्कृति चिंतन' नामक पुस्तक हाथ लग गई। ट्रेन में दिल्ली तक की लंबी यात्रा में उसे पूरा पढ़ गया। ५०७५ युगाब्द (१९७३ ईस्वी) में प्रकाशित इस पुस्तक में किन्हीं पांडुरंग शास्त्री आठवले के पुराने प्रवचनों को संकलित किया गया था। तब तक शास्त्रीजी के कर्तृत्व और व्यक्तित्व के बारे में मैं कुछ नहीं जानता था, किंतु पुस्तक को पढ़कर मैं आश्चर्यचकित रह गया कि आज भी हमारे बीच इतने श्रेष्ठ, निर्भीक और निष्ठावान विचारक विद्यमान हैं। केवल १७२ पृष्ठों की इस पुस्तक में आधुनिक ज्ञान-विज्ञान के आलोक में भारत की प्राचीन समाज-रचना के सब अंगों का बहुत ही वैज्ञानिक विवेचन प्रस्तुत किया गया है।

पुस्तक हम सभी के मनों में घूम रहे इन प्रश्नों का उत्तर देती है कि हमारी प्राचीन चातुर्वर्ण्य-व्यवस्था क्या भारत को जगद्गुरु के सिंहासन पर पहुँचाने का माध्यम बनी अथवा उसके पतन का कारण बनी? क्या आधुनिक वैज्ञानिक-प्रौद्योगिक क्रांति में से उपजी नई सभ्यता और विचारधाराओं के सामने उस समाज-व्यवस्था की कोई प्रासंगिकता और सार्थकता शेष है? यदि बौद्धिक धरातल पर हम यह मान भी लें तो क्या उसकी आज की जीर्ण-शीर्ण एवं विकृत खँडहरी स्थिति में से उसका पुनरुज्जीवन संभव है? क्या वह पुनरुज्जीवन प्राचीन स्वरूप की ही अनुकृति होगा अथवा युग के अनुरूप नया शरीर धारण करेगा? अर्थात् सैद्धांतिक आत्मा तो वही

होगी, किंतु बाह्य रचना का शरीर नया होगा?

भारतीय संस्कृति की उत्कृष्टता

शास्त्रीजी का कहना है कि विश्व की समकालीन अड़तालीस संस्कृतियों में से भारत की सहस्रों वर्ष पुरानी प्रौढ़त्व प्राप्त एक मात्र यही संस्कृति (और व्यवस्था) सैकड़ों वर्षों के विदेशी शासन और इतने प्रहारों के पश्चात् भी टिकी रही है, क्या यही उसकी उत्कृष्टता और श्रेष्ठता का पर्याप्त प्रमाण नहीं है? क्या हम पाश्चात्यों का अंधानुसरण करते हुए आत्म भर्त्सना में ही लगे रहें? पाश्चात्य विज्ञान एवं ज्ञान यात्रा अभी जहाँ तक पहुँची है, मनुष्य और ब्रह्मांड के बारे में उसने जो भी ज्ञान और अनुभव अब तक अर्जित किया है, क्यों न उसके आधार पर ही अपनी प्राचीन समाज रचना के सैद्धांतिक आधारों को समझने का प्रयास करें और फिर उस समाज रचना में आए दोषों, जड़ता और विकृतियों को दूर करने का संकल्प लें? 'संस्कृति चिंतन' में शास्त्रीजी के विचारों को तीन खंडों में विभाजित किया गया है। पहले खंड में समाज व्यवस्था का विवेचन करते समय 'धर्म का स्वरूप और महत्त्व', 'पाश्चात्य विचारकों के समाज रचना के आदर्श', 'आदर्श चिरस्थायी समाज रचना', 'वर्ण-व्यवस्था की शास्त्रीयता', 'विवाह-संस्था' जैसे विषयों को अलग-अलग अध्याय या प्रकरणों में प्रस्तुत किया गया है। दूसरे खंड में 'प्राचीन राज्य व्यवस्था', 'अर्थशास्त्र की आधुनिक विचारणा', 'अर्थशास्त्र की भारतीय विचारणा' शीर्षक अध्याय हैं तो तीसरे खंड में शिक्षण व्यवस्था का विवेचन हैं।

पांडुरंग शास्त्री के विचारों को प्रस्तुत करने वाला साहित्य विशाल है और वह हिंदी, गुजराती, मराठी, अंग्रेजी आदि अनेक भाषाओं में उपलब्ध है। यह पूरा साहित्य शास्त्रीजी के प्रवचनों पर आधारित है। यहाँ हम इस ज्ञान-गंगा के कुछ कणों का ही परिचय प्रस्तुत कर रहे हैं। स्वाध्याय परिवार में शास्त्रीजी के लिए 'दादाजी' संबोधन प्रचलित है। इसलिए हम भी वही कहेंगे।

विजिगीषु-जीवनवाद

१५० पृष्ठों की इस पुस्तक में दादा की उस प्रवचनमाला का संकलन

है जो उन्होंने तत्त्वज्ञान विद्यापीठ, ठाणे में एक स्नातक अनुस्नातक शिविर में ऐसे युवकों की टोली के सामने दिए थे।

कर्म का संकल्प जगाने की प्रेरणा देने वाले इन प्रवचनों में दादा ने भारतीय इतिहास के बारे में पाश्चात्य विद्वानों, मार्क्सवादी इतिहासकारों एवं स्वाधीन भारत के सरकारी इतिहासकारों द्वारा उत्पन्न की गई भ्रांतियों का निराकरण करते हुए भारतीय संस्कृति के शुद्ध और तेजस्वी स्वरूप को उद्‌घाटित किया है। उन्होंने आर्य जाति और आक्रमण सिद्धांत का खंडन करते हुए 'आर्य' शब्द के गुणवाचक अर्थ को सिद्ध किया है और प्राचीन आर्यों का जीवन कितना श्रेष्ठ था, इस पर प्रकाश डाला है। 'धर्म संस्था', शीर्षक पहले प्रकरण में 'भक्ति क्या है?' 'संस्कृति क्या है?' 'व्यक्ति से समाज क्यों श्रेष्ठ है?' 'धर्म क्या है?' आदि मूलभूत प्रश्नों को उठाकर उनका उत्तर दिया है। 'अध:पतन की बौद्धिक मीमांसा' शीर्षक वाले दो अध्यायों में भारत के अध:पतन के कारणों की मीमांसा की गई है, किंतु साथ ही 'अंशावतारों का प्रयत्न' शीर्षक नाम्ना ७वें प्रकरण में उन्होंने समाज के चैतन्य को बनाए रखने की दिशा में प्राचीन अवतारों, मध्ययुगीन संतों एवं आधुनिक प्रयासों का संक्षिप्त वर्णन किया है और अंतिम अध्याय 'युवा बनो' में उन्होंने 'कर्मभद्रा में कूद जाने का आह्वान देते हुए कहा है, "मध्यकाल में हमसे कितनी ही भूलें हुई हैं। उनको दूर हटाने के लिए कितने ही एतद्‌देशीय प्रयास चल रहे हैं। इस संस्कृति के रक्षण के लिए, संवर्धन के लिए भगवान् के दस-दस अवतार हुए हैं। आज ये अवतार और महापुरुष हमारी ओर विशेषकर नवयुवकों की ओर टकटकी लगाकर देख रहे हैं। उन्हें आशा है कि हम कुछ करेंगे। हम संपूर्ण युग को बदल डालने में समर्थ हैं' ऐसी चेतना यदि हमारी बुद्धि में निर्माण हुई तो हम भी चैतन्यशील, दैवी युवक बन सकेंगे।"

श्रीकृष्ण जीवन दर्शन

३०८ पृष्ठों की इस पुस्तक में दादा के द्वारा सन् १९५३ ईस्वी में दी गई प्रवचनमाला का संकलन है। उन्होंने श्रीकृष्ण को भगवान की बजाय एक क्रांतिकारी और समाज निर्माता के रूप में प्रस्तुत किया है, उनका

जीवन पराक्रम, बुद्धि और निस्पृहता का अद्‌भुत संगम है। बाल्यकाल से अंत तक वे किस प्रकार गीता में घोषित अपने जीवन-लक्ष्य अर्थात् दुष्टों का विनाश और साधुओं का परित्राण करके धर्म की संस्थापना करने के उद्‌देश्य को पूरा करते हैं, यह बहुत ही वैज्ञानिक एवं वस्तुपरक ढंग से इन प्रवचनों में प्रस्तुत किया गया है। श्रीकृष्ण को मानव जीवन के लिए दुर्लभ एक अलौकिक अवतारी पुरुष की बजाय आज के युवकों के लिए अनुकरणीय श्रेष्ठ मानव चरित्र के रूप में बताया गया है। तीन अध्यायों में श्रीकृष्ण की गुण मीमांसा की गई है तो 'आधुनिक अर्जुन के प्रहार' शीर्षक दो अध्यायों में श्रीकृष्ण के चरित्र के बारे में किए जाने वाले आक्षेपों एवं शंकाओं का तर्कयुक्त निराकरण किया गया है।

गीताऽमृतम्

लगभग ८०० पृष्ठों का विशाल ग्रंथ 'गीताऽमृतम्' श्रीकृष्ण की ज्ञान-गंगा में अवगाहन करने का सुअवसर देता है। यह ग्रंथ गीता की श्लोकशः या शब्दशः व्याख्या से अलग हटकर दादा की लंबी तपस्या और ज्ञान-साधना से निकले नवनीत को प्रस्तुत करता है। इस ग्रंथ को गीता पर दादा की ८-८, ९-९ वर्ष लंबी तीन प्रवचनमालाओं में से संकलित किया गया है। यहाँ गीता का केवल तात्त्विक विवेचन नहीं है, बल्कि उसे वर्तमान की कर्म-साधना की प्रेरणा और दिशा का स्रोत बनाया गया है। इस पुस्तक का अध्ययन गीता की शाब्दिक व्याख्या से आगे उसकी अंतरात्मा तक पहुँचने का प्रयास है।

गीता के पंच प्राण

३० पृष्ठों की इस छोटी सी पुस्तक में उपनिषदों का नवनीत कही जाने वाली गीता का भी नवनीत निकाला गया है। लोकमान्य तिलक ने जिस गीता को 'कर्मयोग शास्त्र' के रूप में देखा, वह गीता कर्मयोगी के लिए जो पाँच सूत्र बताती है, उन्हें दादा ने अपने प्रवचनों में गीता के प्राण कहा। इनमें से प्रथम प्राण है—प्रयत्नवाद अर्थात् कर्म साधना, दूसरा है—अहंकार का नाश अर्थात् परमेश्वर के प्रति समर्पण भाव, तीसरा है—

लोकसंग्रह अर्थात् गीता के तीसरे अध्याय के बीसवें श्लोक के 'लोकसंग्रहमेवापि संपश्यन्कर्तुमर्हसि' अंश की व्याख्या। चौथा प्राण है—भक्ति और पाँचवाँ प्राण है—समन्वय अर्थात् आत्मवत् सर्व भूतेषु और सर्वभूतहितेरता: का भाव जाग्रत करना।

ऐसे गुणवान, कर्मरत, दृढ़व्रती युवकों को जिस आदर्श समाज जीवन की रचना के लिए प्रयास करना है, उसकी झाँकी दिखाने के लिए दादा ने महाकवि कालिदास के प्रसिद्ध महाकाव्य रघुवंश के प्रथम सर्ग के प्रथम चार श्लोकों को माध्यम बनाया है 'भारतीयों का सांस्कृतिक आदर्श जीवन' नामक ४६ पृष्ठों की छोटी पुस्तक में रघुवंशी राजाओं के माध्यम से दादा ने उन सब गुणों की व्याख्या की है, जिनके बल पर ही कोई युवक समाज का नेता कहलाने का अधिकारी बन सकता है, जिन गुणों के आधार पर ही श्रेष्ठ आध्यात्मिक समाज की रचना संभव है।

उनकी कल्पना का 'युवक' कैसा होगा, यह स्पष्ट करते हैं वे 'युवक' नामक एक २५ पृष्ठों की छोटी सी पुस्तिका में। तैत्तिरीयोपनिषद की भृगुवल्ली के दूसरे अध्याय के आठवें श्लोक को आधार बनाकर वे बताते हैं कि युवक को सरल वृत्ति का, अध्ययन-मननशील, आशावान (आशिष्ठ), दृढ़ संकल्प वाला (दढ़िष्ठ) एवं आत्मा, बुद्धि, मन और शरीर से बलिष्ठ होना चाहिए। उसके यौवन में उत्कटता, तेजस्विता, तपस्विता और तत्परता जैसे गुणों की ऊष्मा होनी चाहिए।

'मूर्ति पूजा' नामक ४७ पृष्ठों की छोटी सी पुस्तक में दादा बताते हैं कि मूर्ति पूजा का मार्ग अंधविश्वास और अर्थहीन कर्मकांड के रूप में नहीं देखा जाना चाहिए, यह मन के परिष्कार का, चित्त शक्ति को जगाने का, आध्यात्मिक उन्नयन का अचूक साधन है। लंबी कालावधि में मूर्ति पूजा में जो जड़ता पैदा हुई है, उसे दूर करके मूर्ति पूजा के शुद्ध रूप को स्थापित करना आवश्यक है। इस पुस्तिका में दादा ने मूर्ति पूजा के शास्त्रीय अर्थात् वैज्ञानिक स्वरूप का विवेचन किया है।

दादा समाज की लंबी समय से चली आ रही श्रद्धाओं पर प्रहार करने की बजाय उन्हें नया अर्थ देने, उनका उन्नयन करने पर विश्वास

करते हैं। भक्ति, पूजा, तीर्थयात्रा, पुजारी, व्रत-उपवास आदि भारतीय मानस में स्थापित शब्दों को उन्होंने क्या अर्थ देने का प्रयास किया है? संस्कृति पूजन नामक २४४ पृष्ठों के ग्रंथ में उन्होंने हिन्दू समाज में प्रचलित पर्वों, त्योहारों, उत्सवों और पवित्र दिनों के पीछे विद्यमान सांस्कृतिक, सामाजिक एवं आध्यात्मिक दृष्टि को उजागर करने का प्रयास किया है। भैया-दूज, प्रबोधिनी-एकादशी, मकर-संक्रांति, वसंत पंचमी, शरद पूर्णिमा, दीपोत्सव आदि पर्वों, रामनवमी, कृष्णजन्माष्टमी, शंकराचार्य जयंती आदि जयंतियों, श्राद्ध, नवरात्रि, महाशिवरात्रि, गुड़ीपड़वा, गणेश चतुर्थी आदि उत्सवों की पवित्रता का दर्शन कराया है।

इसी प्रकार 'श्राद्ध' नामक २७६ पृष्ठों के ग्रंथ में और 'दशावतार' नामक २६३ पृष्ठों के ग्रंथ में दादा ने रत्नगर्भा भारतभूमि की कोख से जन्मे सभी अवतारी पुरुषों और तेजस्वी व्यक्तित्वों के चरित्र दर्शन का अवगाहन कराने का प्रयास किया है।

दादा ने अपनी प्रवचनमालाओं के द्वारा श्रीमद्भागवत, ईशोपनिषद्, श्वेताश्वतर उपनिषद्, श्रीसूक्त, पांडुरंगाष्टकम्, आद्य शंकराचार्य के 'देव्यापराधक्षमास्त्रोत' एवं 'वेदसारशिवस्तवः' आदि आर्ष ग्रंथों की भी बहुत ही सरल और सरस भाषा में व्याख्या की है। 'बिल्व पत्र स्थितप्रज्ञ पूजन' में गीता के अध्याय २ के ५४ से ७२ तक के श्लोकों की व्याख्या करके स्थितप्रज्ञ के लक्षणों को स्पष्ट किया है तो तुलसीदल नामक ग्रंथ में वे 'भक्ति' के शुद्ध रूप का निरूपण करते हैं। उनकी दृष्टि में 'जो विभक्त नहीं है, वही भक्त है। दादा की कल्पना का भक्त कंगाल, नीरस, रोनी सूरत वाला तत्त्वदीप कर्म पराङ्मुख नहीं है, बल्कि हँसता-खेलता, सदा प्रसन्न रहने वाला कर्मयोगी है।'

यहाँ से 'तत्त्वदीप' नामक एक मासिक पत्रिका भी प्रकाशित होती है, जिसका २९वाँ वर्ष चल रहा है और २० रुपए वार्षिक शुल्क है। इस पत्रिका में आजकल श्वेताश्वतर उपनिषद् एवं भगवद्गीता पर दादा के प्रवचनों के अतिरिक्त स्वाध्याय-परिवार के प्रयोगों एवं कार्यक्रमों का विवरण भी रहता है।

दादा ज्ञाननिष्ठ भक्ति और कर्म का आग्रह करते हैं। तैत्तिरीय उपनिषद् का वाक्य 'स्वाध्यायान्मा प्रमदः' उनका घोष है। 'भारतीय संस्कृति के प्रत्येक उपासक और राष्ट्र-निर्माण के लिए समर्पित प्रत्येक कार्यकर्ता के लिए यह संपूर्ण साहित्य प्रेरणादायक एवं दिशाबोधक पाथेय सिद्ध होगा,' इसमें हमें संदेह नहीं है।

(पाञ्चजन्य, ९ फरवरी, १९९७)

□

भारत की आत्मा है 'स्वाध्याय'

दिल्ली वापस लौटे दो दिन बीत गए, पर अभी भी मन–मस्तिष्क पर वही सब छाया हुआ है, जो उन छह दिनों में गुजरात–महाराष्ट्र में देखा। उस मंडली में कोई भी यह विश्वास नहीं कर पा रहा था कि जो कुछ वे देख रहे थे, वह सत्य या संभव हो सकता है। प्रत्येक के पास लंबा अनुभव था, किसी न किसी क्षेत्र की विशेषज्ञता थी, वैचारिक प्रतिबद्धताएँ थीं और थी आलोचक की पैनी तार्किक दृष्टि। इन सबके कारण वे प्रत्येक दृश्य को, प्रत्येक प्रयोग को, प्रत्येक स्वाध्यायी को तर्क की कसौटी पर नापने का प्रयास कर रहे थे, परीक्षक की अविश्वासी दृष्टि से परख रहे थे, पर जैसे–जैसे वे आगे बढ़ते गए, अविश्वास विश्वास में बदलता गया, असंभव संभव दिखाई देने लगा और सभी ने अनुभव किया कि उन्होंने जो कुछ देखा है, वह चमत्कार से कम नहीं है।

इस मंडली में यदि प्रसिद्ध इस्लामी विद्वान मौलाना वहीदुद्दीन थे तो बौद्ध धर्म के प्रकांड पंडित, परमपावन दलाई लामा के दाहिने हाथ और तिब्बत की निर्वासित सरकार के अध्यक्ष आचार्य सामदोंग रिनपोछे भी थे, यदि लगभग पचास वर्षों से सुदूर नागालैंड में भारतीयत्व की पताका फहराने वाले, इंदिरा गांधी एवं जमनालाल बजाज जैसे श्रेष्ठ पुरस्कारों से अलंकृत प्रसिद्ध गांधीवादी समाजसेवी नटवर भाई ठक्कर थे तो केरल में 'मातृ निकेतन' नामक प्रतिष्ठित स्वयंसेवी संस्था के प्रेरणा पुरुष विश्वनाथन भी थे और थे पिछले ५० वर्षों से देशभर में बिखरी ग्राम विकास संस्थाओं की सहायता एवं मार्गदर्शन में लगे हुए श्री जे.बी. सिंह। इस मंडली में थे

जे.एन.यू. के प्रोफेसर एवं मार्क्सवादी चिंतक पुरुषोत्तम अग्रवाल और साथ में दिल्ली विश्वविद्यालय में अर्थशास्त्र के प्राध्यापक एवं वरिष्ठ समाजवादी चिंतक विनोद प्रसाद सिंह। पर्यावरणविद् अनुपम मिश्र, सुधीरेंद्र शर्मा और राजेंद्र सिंह थे तो समाजशास्त्र के गंभीर अध्येता डॉ. सुरेश शर्मा (सेंटर फॉर स्टडी ऑफ डेवलपिंग सोसाइटी), मकरंद परांजपे (आई.आई.टी. दिल्ली में अंग्रेजी के प्रोफेसर), अहमदाबाद के अखंडानंद एवं निरीक्षक नामक दो गंभीर बौद्धिक पत्रिकाओं के संपादक प्रकाश भाई शाह, अमर उजाला के प्रबाल मैत्र, नवभारत टाइम्स के गोविंद सिंह, एसोसिएटेड प्रेस के कृष्णन् जैसे पत्रकार भी थे।

पोलैंड में जन्मी, किंतु भारत को मन-प्राण से अपनाने वाली महिला; जिन्होंने भारतीय नाम अनिता सोनी धारण किया और हिंदी में धारा प्रवाह भाषण करती हैं, पिछड़ी बस्तियों में २५-३० वर्ष लंबे अनुभव को लेकर इस मंडली में सम्मिलित थीं तो दो युवा अमरीकी दंपती भी जो भारतीय समाज का अध्ययन कर रहे हैं, वहाँ थे, और इन सबके साथ थे गांधीवादी विचारक और कार्यकर्ता राजीव वोरा, जिनके मधुर संबंधों एवं अथक प्रयासों ने ही इस मंडली को बटोरा था और 'प्रयोग-दर्शन' की इस यात्रा को संभव बनाया था।

प्रयोग-दर्शन

स्वाभाविक ही, ७ अगस्त को यह यात्रा प्रारंभ करते समय सभी के मन उत्सुकता, जिज्ञासा और प्रश्नों से भरे हुए थे, किंतु छह दिन लंबे अनुभव के अंत में यह यात्रा प्रयोग-दर्शन से आगे बढ़कर तीर्थयात्रा में बदल गई। इस यात्रा में गुजरात के अहमदाबाद, वेरावल, धोराजी और राजकोट जैसे बड़े नगरों में जाने का अवसर मिला तो काजली, शांतिपस जैसे कई छोटे-छोटे गाँवों का अध्ययन करने का अवसर भी मिला। इस यात्रा के दौरान मध्यम वर्गीय संपन्न परिवारों में स्वाध्याय के प्रभाव को देखा तो वाल्मीकियों, हरिजनों की पिछड़ी बस्तियों, अपराधी करार दी गई बाकरी जनजाति के मुहल्लों, मछुआरों की बस्ती में भी प्रवेश करने, उनके घरों में जाकर बैठने और वार्त्तालाप करने का अवसर भी मिला। एक ग्राम

तक सीमित योगेश्वर कृषि के बारे में जाना तो २० गाँवों के सामूहिक प्रयत्नों से चल रहे श्री दर्शन नामक कृषि प्रयोग को देखा, इसी प्रकार अनेक गाँवों के सामूहिक श्रमदान में से पल्लवित हुए ५० एकड़ के विशाल याज्ञवल्क्य वृक्ष मंदिर के दर्शन किए तो बिना किसी सरकारी और बाहरी सहायता के ग्रामवासियों के सामूहिक श्रम से निर्मित बाँधों और तालाबों को देखा, जहाँ वर्षा का जल एकत्र करके जलाभाव से त्रस्त सौराष्ट्र के प्राण हरे हो रहे हैं। अहमदाबाद में भाव निर्झर और ठाणे में तत्त्वज्ञान विद्यापीठ नामक दो अभिनव शिक्षा केंद्र देखे, जहाँ आज की परीक्षा-केंद्रित डिग्री प्रधान शिक्षा प्रणाली से अलग हटकर जीवन केंद्रित कृषि एवं ग्राममुखी शिक्षा का प्रयोग चल रहा है।

पर, इसमें नया क्या है ? राष्ट्रीय पुनर्रचना और समाज कल्याण में लगी असंख्य स्वैच्छिक संस्थाएँ और सरकारी विभाग यही सब तो कर रहे हैं, वे सब भी तो पिछड़ों को ऊपर उठाने, ग्रामों का विकास करने, वृक्षारोपण, कृषि विकास, बाँध निर्माण जैसे कार्यक्रमों की योजना बनाने में लगे हुए हैं। स्वाध्याय का क्या वैशिष्ट्य है, जो उसे भारत के सार्वजनिक जीवन में प्रचलित अन्य कार्य प्रणालियों से अलग कर देता है ? मोटे तौर पर कहना हो तो इस समय हमारे सार्वजनिक जीवन में निम्नलिखित कार्य प्रणालियाँ प्रचलित हैं—

(अ) सत्ताभिमुखी प्रतिस्पर्धी राजनीति आज हमारे सार्वजनिक जीवन का केंद्र बन गई है। इस कार्य प्रणाली के दायरे में काम करने वाले लोग सत्ता को ही राष्ट्र और समाज के निर्माण का मुख्य साधन मानते हैं तथा इसलिए सत्ता पर अधिकार जमाना उनका पहला लक्ष्य बन जाता है। सत्ता प्राप्ति के लिए चुनाव जीतना आवश्यक होता है, चुनाव जीतने के लिए थोक वोटों का जुगाड़ बैठाना पड़ता है। इस कार्य प्रणाली में कार्यकर्ता और दल की सफलता की एकमात्र कसौटी येन-केन-प्रकारेण चुनाव जीतना होता है। इसलिए यहाँ धीरे-धीरे वोट की राजनीति साधन न रहकर साध्य बन जाती है। चरित्र, आदर्श, वैचारिक निष्ठाएँ गौण हो जाती हैं, किसी भी तरह चुनाव जीतना ही मुख्य कार्य बन जाता है। राजनीति में व्यक्ति की अपनी

सत्ताकांक्षा उसकी मुख्य प्रेरक शक्ति बन जाती है, दल, राष्ट्र, विचारधारा आदि सब बातें उसकी व्यक्तिगत सत्ताकांक्षा का आवरण मात्र रह जाती हैं। अपनी व्यक्तिगत महत्त्वाकांक्षा की पूर्ति के लिए वह धन शक्ति, दंड शक्ति; यहाँ तक कि यौनाकर्षण का भी सहारा लेता है, ऊँचे शब्दाडंबर की आड़ में समाज को जाति, भाषा, क्षेत्र, मजहब के नाम पर विभाजित करता है। अपने भ्रष्टाचार की दुर्गंध से पूरे सामाजिक जीवन को दूषित कर डालता है। सत्ता और स्वयं को राष्ट्र निर्माण के एकमात्र साधन के रूप में प्रस्तुत करके पूरे समाज को निष्क्रिय बनाकर केवल वोटर की पंक्ति में धकेल देता है। यही कारण है कि राजनीति आज समाज को ऊपर उठाने के बजाय नीचे गिराने, जोड़ने के बजाय तोड़ने और राष्ट्र-निर्माण में सक्रिय सहयोगी बनने के बजाय निष्क्रिय स्वार्थी बनाने का कार्य कर रही है। यदि यह कहा जाए कि स्वाधीनता प्राप्ति से अब तक भारत के बहुमुखी घोर पतन का मुख्य श्रेय प्रतिस्पर्धी सत्ता-राजनीति को जाता है तो कोई अत्युक्ति न होगी।

(आ) सार्वजनिक जीवन में दूसरी महत्त्वपूर्ण धारा है—स्वयंसेवी प्रयास। इस कार्यपद्धति में कोई संवेदनशील, सेवाभावी अंत:करण किसी एक क्षेत्र या समस्या को लेकर कर्म क्षेत्र में उतरता है, एक स्वयंसेवी संस्था का पंजीकरण कराता है, सरकारी विभागों, उद्योगपतियों या विदेशी कोषों से आर्थिक सहायता एकत्र करता है, कुछ वेतनभोगी या मानधन पाने वाले कार्यकर्ताओं का संच जुटाता है। इस प्रकार धन-जन से लैस होकर वह उद्धारक की भूमिका अपनाकर कर्म क्षेत्र में उतरता है। जिन व्यक्तियों के बीच वह कार्य करता है, पदे-पदे वह उनकी हीनता, तुच्छता और अभावमय स्थिति का बोध कराता है और उनके उद्धार के लिए किए गए अपने प्रयत्नों का बढ़-चढ़कर बखान करता है, प्रचार करता है ताकि उस प्रचार के बल पर उसे और अधिक वित्तीय सहायता प्राप्त हो सके। इस प्रकार स्थानीय निवासी उसे दुधारू गाय के रूप में देखते हैं, वे स्वयं याचक बन जाते हैं और उसे दाता के रूप में देखने लगते हैं। वे स्वयं कुछ न करके हर कार्य के लिए उस पर निर्भर रहने लगते हैं। स्वाभाविक ही, इस प्रक्रिया के अंत में स्वयंसेवी कार्यकर्ता की पूरी दृष्टि और शक्ति बाहर

से साधनों को जुटाने पर केंद्रित हो जाती है। वह अपने कर्म क्षेत्र में निहित आत्मशक्ति को जगाने के प्रति उदासीन हो जाता है।

(इ) एक तीसरी कार्य प्रणाली भी है, जिसे संगठन-प्रधान कार्य प्रणाली कह सकते हैं और जिसका सर्वोत्तम प्रतिनिधि अनेक शाखा-प्रशाखाओं से युक्त राष्ट्रीय स्वयंसेवक संघ के रूप में देखा जा सकता है। यह कर्म-साधना राष्ट्रवाद और देशभक्ति को ही संगठन का मुख्य अधिष्ठान मानती है। अपने समस्त कार्यक्रमों के द्वारा व्यक्ति की लुप्त राष्ट्रभक्ति और आदर्शवाद को जगाने का प्रयास करती है। इसकी चरम परिणति समाज देवता के चरणों में अपने जीवन को समर्पित करने अर्थात् अविवाहित रूप में पारिवारिक दायित्वों से अलग हटकर पूर्णकालिक सामाजिक कार्यकर्ता बनने में देखती है। इस व्यवस्था को वह समाज की वर्तमान आपातस्थिति की मजबूरी के रूप में देखने से आगे बढ़कर व्यक्ति विकास की उच्च सीढ़ी के रूप में देखने लगती है। यह रचना सिद्धांत के धरातल पर स्वयं को समाज की स्वतः सिद्ध संगठनात्मक स्थिति के रूप में देखती है। 'पुरानी नींव नया निर्माण' का मंत्र जाप करने वाली यह कर्म साधना स्वयं को राष्ट्रीय अखंडता, एकता, सामाजिक समरसता, आर्थिक-सामाजिक पुनर्रचना अर्थात् राष्ट्र के सर्वांगीण विकास का माध्यम बनने की दिशा में बढ़ने के लिए प्रयत्नशील रहती है। वह सैद्धांतिक धरातल पर सत्ता और राजनीति को समाज जीवन के अल्प अंग के रूप में देखती है और व्यक्ति निर्माण के सांस्कृतिक कार्य को ही सर्वोपरि महत्त्व देती है।

भक्ति का प्रवाह

इनसे भिन्न 'स्वाध्याय' की अवधारणा बहुत ही विलक्षण है। स्वाध्याय स्वयं को न तो संगठन मानता है, न आंदोलन। उसका न कोई संविधान है, न नियम और आचार-संहिता। स्वाध्याय के महाप्रयास में एक भी अविवाहित पूर्णकालिक कार्यकर्ता या वेतनभोगी कर्मचारी नहीं है। इसके प्रणेता श्री पांडुरंग शास्त्री आठवले, जो 'दादाजी' के नाम से विख्यात हैं, से लेकर आगे तक पूरा स्वाध्याय संसार गृहस्थियों के बल पर चल रहा है, बल्कि वह आस्था के रूप में गृहस्थाश्रम को ही समाज रचना व धारणा का मुख्य आधार मानता

है। वह स्वयं को मात्र एक प्रवाह कहता है। समाज के अंतर्मन में से निर्झरित हुआ भक्ति का प्रवाह। भक्ति के लिए कोई आराध्य चाहिए। स्वाध्याय ने योगेश्वर श्रीकृष्ण को अपना मुख्य आराध्य चुना है। स्वाध्याय निर्गुणोपासना को अस्वीकार न करते हुए भी मूर्ति पूजा को भक्ति का आवश्यक साधन मानता है, किंतु मंदिरों की आज की दुर्दशा और भक्ति के कर्मकांडी स्वरूप से उसे वितृष्णा है। इसलिए उसने भक्ति का मुख्य माध्यम बनाया है त्रिकाल संध्या को। प्रत्येक स्वाध्यायी प्रातः दोपहर और रात्रि में तीन बार कुछ मंत्रों का उच्चारण करके भगवान् का कृतज्ञ भाव से स्मरण करता है। 'अमृतालयम्' के नाम से नए मंदिरों की स्थापना हुई है, जहाँ योगेश्वर श्रीकृष्ण के अतिरिक्त भगवान् शिव और लक्ष्मी की गोद में गणपति की प्रतिमाएँ स्थापित हैं, किंतु वहाँ न कोई वेतनभोगी पुजारी है, न दानपात्र, न घंटा-घड़ियाल। बस है रात्रि को पूरे गाँव के स्त्री-पुरुषों द्वारा सामूहिक स्त्रोत पाठ और भाव गीतों का गायन। इस अमृतालयम् की कल्पना का विचार अधिक विस्तार से यहाँ देना संभव नहीं है।

स्वाध्याय ने गीता के संदेश को अपना मुख्य जीवन दर्शन माना है। वैदिक ज्ञान परंपरा के आधार पर एक महान् भारत की पुनर्रचना उनका स्वप्न है। ऋषियों की ज्ञान संपदा को स्वाध्याय के द्वारा जन-जन के अंतःकरण में उतारना उनका मुख्य साधन है। संस्कृत भाषा, भक्ति, मूर्तिपूजा और गीता उनके लोकसंग्रह व लोक संस्कार के उपकरण हैं। उनकी कार्यपद्धति इस देश की मिट्टी में से उपजी है, उन्होंने अपने सब कार्यक्रमों, प्रयोगों और भावों के लिए जो नामाभिधान अपनाए हैं वे भारतीय जीवन दर्शन को अभिव्यक्त करते हैं।

यह तो मात्र भूमिका है। अभी तो मैं उन छह दिनों के अनुभवों को आत्मसात करने का, उसके मर्म को छूने का प्रयास कर रहा हूँ। स्वाध्याय को उसकी समग्रता में समझने के लिए ज्यादा गहरा उतरने की आवश्यकता है।

(पाञ्चजन्य, २५ अगस्त, १९९६)

□

संस्कृति प्रवाह की धमनियाँ हैं मेले

भारत एक राष्ट्र के रूप में जीवित रहेगा या नहीं? आज के राजनीतिक परिदृश्य को देखकर तो आशंका होती है कि शायद नहीं रह पाएगा। स्वतंत्रता आंदोलन के दौरान जो अखिल भारतीय राष्ट्रीय चेतना उभरकर आई थी, वह स्वतंत्रता के बाद दल और वोट की राजनीति के भँवर में फँसकर जाति, क्षेत्र और पंथ की संकीर्ण चेतनाओं में बिखर गई है। आज सबसे बड़ा प्रश्न यह है कि राष्ट्रीय चेतना का पुनर्जागरण कैसे हो? वह राजनीति के माध्यम से तो कदापि संभव नहीं लगता, क्योंकि राजनीति विचारधारा और आदर्शवाद की पटरी से उतरकर व्यक्तिगत महत्त्वाकांक्षाओं के गड्ढे में गिर पड़ी है। व्यक्तिगत महत्त्वाकांक्षा से प्रेरित राजनीतिज्ञ समाज को जाति, क्षेत्र और संकुचित समूह चेतनाओं के आधार पर छोटे-छोटे दलों में विभाजित करते जा रहे हैं। राजनीति स्वयं में विभाजनकारी बन गई है। अत: वह समाज को राष्ट्रीयता की डोर से बाँधने का सामर्थ्य पूरी तरह खो चुकी है।

भारत के दक्षिणी छोर पर कन्याकुमारी तट पर समुद्र के भीतर शिला पर निर्मित 'स्वामी विवेकानंद शिला स्मारक' के मार्ग में आनेवाली राजनीतिक बाधाओं से जूझते समय श्री एकनाथ रानडे अपने अनुभव से इस निष्कर्ष पर पहुँचे कि राजनीति हमें तोड़ती है, जबकि संस्कृति हमें जोड़ती है। यह भारतीय इतिहास का अमिट सत्य है। विविधताओं को स्वीकार करनेवाले इस देश को एकता के सूत्र में संस्कृति ने बाँधा है, राजनीति ने नहीं। सांस्कृतिक एकता का प्रस्फुटन ही राजनीतिक एकता में हुआ है। स्वाधीनता आंदोलन के दौरान उभरी राजनीतिक एकता की आधारशिला भी उन्नीसवीं शताब्दी

के सांस्कृतिक पुनर्जागरण आंदोलन में विद्यमान थी। बंकिम, दयानंद, विवेकानंद, राजनारायण बोस ने जो सांस्कृतिक भावभूमि तैयार की, वही बंग-भंग विरोधी स्वदेशी आंदोलन के रूप में अंकुरित हुई। उसी ने लाल-बाल-पाल त्रिमूर्ति के द्वारा अखिल भारतीय स्वरुप धारण किया और उसी अधिष्ठान पर खड़े होकर गांधीजी सन् १९२० में अखिल भारतीय सत्याग्रह का आह्वान कर सके। गांधीजी के आह्वान को देश ने सुना, क्योंकि जनवरी १९१५ में भारत लौटने के बाद गांधीजी ने सर्वप्रथम शांतिनिकेतन जाकर गुरु रवींद्रनाथ ठाकुर का समर्थन प्राप्त किया और शीघ्र ही ५ अप्रैल, १९१५ को हरिद्वार में आयोजित कुंभ मेले में जाकर सांस्कृतिक भारत का आशीर्वाद प्राप्त किया।

बहुधा यह प्रश्न उठाया जाता है कि गांधी में ऐसा क्या था कि उनके भारत आते ही हिंदू समाज ने उन्हें हाथों-हाथ सिर-माथे बैठा लिया। गांधीजी अपनी आत्मकथा में लिखते हैं, ''कुंभ के अवसर पर गोखले के भारत सेवक समाज ने एक बड़ी टुकड़ी भेजी थी। उसका प्रबंध श्री हृदयनाथ कुंजरू के जिम्मे था, स्व. डॉ. देव भी उसमें थे। उनका यह प्रस्ताव था कि इस काम में मदद करने के लिए मैं अपनी टुकड़ी भी ले आऊँ। शांति निकेतन वाली टुकड़ी को लेकर मगनलाल गांधी मुझसे पहले हरिद्वार पहुँच गए थे। रंगून से लौटकर मैं भी उनसे जा मिला।''

गांधीजी लिखते हैं, ''हमने शांति निकेतन में ही देख लिया था कि भंगी का काम करना हिन्दुस्थान में हमारा खास धंधा ही बन जाएगा। पाखानों के लिए डॉ. देव ने गड्ढे खुदवाए थे…इन गड्ढों में जमा होने वाले पाखाने को समय-समय पर ढकने और दूसरी तरफ से उन्हें साफ करने का काम फीनिक्स की टुकड़ी के जिम्मे कर देने की मेरी प्रार्थना को डॉ. देव ने खुशी-खुशी स्वीकार कर लिया।'' इस प्रकार कुंभ के मेले में पूरे भारत से एकत्र हुए १७ लाख से अधिक यात्रियों के मन को गांधीजी की फीनिक्स आश्रम के मंडली ने नि:स्वार्थ भंगी कर्म को अपनाकर जीत लिया।

इससे भी अधिक महत्त्वपूर्ण बात गांधीजी ने यह लिखी है, ''इस सेवा की माँग तो मैंने की थी, लेकिन इसे करने का बोझ मगनलाल गांधी

ने उठाया। मेरा धंधा अधिकतर डेरे के अंदर बैठकर लोगों को दर्शन देने का और आनेवाले अनेक यात्रियों के साथ धर्म की या ऐसी ही दूसरी चर्चाएँ करने का बन गया। मैं दर्शन देते-देते अकुला उठा। मुझे उससे एक मिनट भी फुर्सत न मिलती थी। नहाने जाते समय भी दर्शनाभिलाषी मुझे अकेला न छोड़ते थे। फलाहार के समय तो एकांत होता ही कैसे? अपने तंबू के किसी भी हिस्से में मैं एक क्षण के लिए भी अकेला नहीं बैठ पाया।'' दर्शकों की इस भूख का कारण बताते हुए गांधीजी विनम्रतापूर्वक लिखते हैं, ''दक्षिण अफ्रीका में जो थोड़ी-बहुत सेवा मुझसे बन पड़ी थी, उसका कितना गहरा प्रभाव सारे भारत खंड पर पड़ा है, इसका अनुभव मैंने हरिद्वार में किया।'' लेकिन दक्षिण अफ्रीका में गांधीजी की सेवा के किस पक्ष ने भारत के धर्मप्राण मन को उनके दर्शनों के लिए लालायित कर दिया था, यह इससे स्पष्ट नहीं होता। गांधीजी आगे लिखते हैं, ''जब मैं ऋषिकेश गया तो वहाँ अनेक संन्यासी मुझसे मिलने आए थे। उनमें से एक को मेरे जीवन में बड़ी दिलचस्पी पैदा हुई। फीनिक्स मंडल मेरे साथ था। उन सबको देखकर उन्होंने अनेक प्रश्न पूछे। हमारे बीच धर्म की चर्चा हुई। उन्होंने देखा कि मुझमें धर्म की तीव्र भावना है। मैं गंगा स्नान करके आया था, इसलिए शरीर खुला था, मेरे सिर पर शिखा और जनेऊ न देखकर उन्हें दु:ख हुआ।''

वस्तुत: गांधीजी ने दक्षिण अफ्रीका में ब्रह्मचर्य, अपरिग्रह और व्रत उपवास का जो कठोर जीवन अपनाया था, उसके कारण उन्हें वहीं महात्मा कहा जाने लगा था और उनकी वही धर्मनिष्ठ छवि भारत पहुँच चुकी थी, जिसके कारण कुंभ के मेले में उनके दर्शनार्थियों की भीड़ लग जाती थी। यहाँ हमारी चर्चा का मुख्य विषय गांधीजी का व्यक्तिगत जीवन न होकर भारत के हिन्दू-मन में उनकी स्वीकार्यता के पीछे कुंभ मेले में उनके आने और सेवा कार्य को अपनाने के योगदान को प्रस्तुत करना है। गांधीजी ने कुंभ के मेले में कोई राजनीतिक या बौद्धिक प्रवचन नहीं किया, केवल निष्काम सेवा का उदाहरण प्रस्तुत किया, हिन्दू धर्म में अपनी गहरी श्रद्धा का प्रमाण दिया और उसे पूरे भारत ने स्वीकार कर लिया। आज हम जिस दु:स्थिति में पहुँच गए हैं, उससे बाहर निकलने का रास्ता मेलों से होकर ही

जाता है। आज भी देश भर में सैकड़ों मेले नियमित रूप से लग रहे हैं। प्रत्येक मेले में लाखों की संख्या में श्रद्धालु एकत्र होते हैं। वहाँ कोई जाति-पाँति का, ऊँच-नीच का, गरीब-अमीर का, पढ़े-बेपढ़े का भेद नहीं रहता। प्रत्येक व्यक्ति या परिवार अपनी निजी श्रद्धा के कारण बिना किसी निमंत्रण के उस मेले में, जिससे उसका परिवार परंपरा से जुड़ा हुआ है, अपने आप पहुँच जाता है। इस युग में, जब राजनीतिज्ञों को तो अपने दो घंटे का भाषण सुनाने के लिए लाखों रुपए प्रचार पर, वाहनों पर और भीड़ जुटाने वाले कार्यकर्ताओं पर खर्च करने पड़ते हैं, यहाँ तक कि कथावाचकों, प्रवचनकारों और मठ-आश्रमों को भी अपने कार्यक्रमों को पोस्टरों एवं विज्ञापनों के द्वारा प्रचारित करना पड़ता है, इन मेलों में विशाल भीड़ को बुलाने के लिए किसी संगठन को कोई प्रचार या प्रयास नहीं करना पड़ता। सब लोग अपने आप समय पर वहाँ खिंचे चले आते हैं। उनकी प्रेरणा शुद्ध सांस्कृतिक एवं पारमार्थिक होती है। वे कोई स्वार्थ लेकर वहाँ नहीं आते। उनके ठहरने की व्यवस्था के लिए किसी को चिंता नहीं करनी पड़ती। अपने-अपने साधनों के अनुरूप वे अपनी व्यवस्था स्वत: कर लेते हैं। कष्ट और अभाव को सहजता से झेलकर आनंद से वहाँ रहते हैं और आंतरिक संतोष व शक्ति लेकर वहाँ से लौटते हैं।

आजकल राजनीति के कारण वातावरण बहुत विषाक्त हो गया है। मुस्लिम वोट-बैंक को रिझाने की स्पर्धा के कारण प्रत्येक राजनीतिक दल को भारतीय संस्कृति और हिन्दू धारा से दूरी दिखाना आवश्यक हो गया है। इसका परिणाम मीडिया पर भी पड़ा है। मीडिया को साधु-संतों को लांछित करने में जितना आनंद आता है, उतना उनके उदात्त पक्ष को सामने लाने में नहीं आता। कांची कामकोटि पीठ के शंकराचार्य स्वामी जयेंद्र सरस्वतीजी, आसाराम बापू, कृपालु महाराज, नित्यानंद आदि कितने ही प्रतिष्ठित संत मीडिया के अपप्रचार का शिकार बन चुके हैं और बनाए जा रहे हैं। कुंभ के वर्तमान मेले में भी मीडिया जितनी रुचि शंकराचार्य विवाद में ले रहा है, उतनी कुंभ के भावात्मक पक्ष में नहीं ले रहा। अत: मीडिया अपने वर्तमान चरित्र के रहते सांस्कृतिक पुनर्जागरण और राष्ट्रीय एकता का वाहक बनने

की स्थिति में नहीं रह गया है। वैसे भी मीडिया से अधिक व्यापक पहुँच इन मेलों की है। इन मेलों में समाज का जो वर्ग आता है, उसका अधिकांश भाग मीडिया की पहुँच के बाहर है। हम इन मेलों को लोकसंग्रह और लोक जागरण का वैकल्पिक माध्यम कह सकते हैं।

मेलों का देशव्यापी जाल ही इस समय सांस्कृतिक पुनर्जागरण का मुख्य माध्यम बन सकता है। ये मेले स्वतंत्र होते हुए भी सबका प्रेरणास्रोत एक ही सांस्कृतिक प्रवाह में विद्यमान है। भारत की विशालता और विविधता के कारण प्रत्येक मेले का चरित्र क्षेत्रीय होना स्वाभाविक है। इसलिए मेले के वैशिष्ट्य की जानकारी प्राप्त करना आवश्यक है। प्रत्येक मेले का अपना माहात्म्य और इतिहास है। यह इतिहास किसी ऐतिहासिक महापुरुष या शौर्य प्रसंग से जुड़ा हो सकता है। रामायण, महाभारत या किसी पौराणिक पात्र या प्रसंग पर केंद्रित हो सकता है। उदाहरणार्थ, चित्रकूट में प्रत्येक मास की अमावस्या पर २-३ लाख श्रद्धालु एकत्र होते हैं। दीपावली के पर्व पर तो यह संख्या ३०-४० लाख को पार कर जाती है। मासिक मेला केवल एक दिन होता है तो दीपावली मेला तीन दिन चलता है। अधिकांश श्रद्धालु अपना आटा-दाल साथ लाते हैं। खुले मैदान में चादर बिछाकर सो जाते हैं। उन्हें किसी के आतिथ्य की चाह नहीं है। श्रद्धा उन्हें लाती है, श्रद्धा ही उनसे कामदगिरि की परिक्रमा करवाती है और कुछ श्रद्धालु तो पूरी परिक्रमा जमीन पर दंडवत् मुद्रा में ही पूरी करते हैं। उनकी श्रद्धा है कि भगवान् राम जब लंका को जीतकर, सीता माई को छुड़ाकर अयोध्या लौट रहे थे, तब पहले वे चित्रकूट रुके, यहाँ उन्होंने मंदाकिनी नदी में जलते दीप तैराए। उनकी परंपरा को बनाए रखना हमारा धर्म है। यह कथा ही उनकी श्रद्धा का मूल है। यही श्रद्धा समस्त बुंदेलखंड के जन समाज को जोड़ती है। अब कामदगिरि के मेले में यदि कोई सांस्कृतिक संदेश देना हो तो उसे बुंदेलखंडी भाषा में देना होगा, वहाँ प्रचलित लोक मुहावरों में पिरोना होगा।

यहाँ केवल एक मेले का उदाहरण दिया। प्रत्येक मेले की अपनी दंतकथा है, अपना धार्मिक कर्मकांड या चरित्र है, अपनी भाषा और नारे हैं। उन्हें जाने बिना उस मेले में एकत्र होने वाले विशाल भक्त समूह से आप

भावात्मक तारतम्य स्थापित नहीं कर सकते। देश भर में ऐसे मेलों की संख्या सैकड़ों-हजारों में होगी। शैव, वैष्णव, जैन, बौद्ध, सिख आदि प्रत्येक संप्रदाय से जुड़े मेले होंगे। अतः जो राष्ट्रभक्त राजनीति द्वारा उत्पन्न सामाजिक विघटन और संस्कृति निंदा से दुःखी हैं और सांस्कृतिक पुनर्जागरण की आवश्यकता अनुभव करते हैं, उन्हें देश भर में बिखरे इन मेलों का क्षेत्रशः अध्ययन करना होगा। उनके बारे में सभी आवश्यक जानकारियों को एकत्र करना होगा। इस दृष्टि से मुझे जयपुर से प्रकाशित होने वाले पाक्षिक पत्र 'पाथेय कण' का १६ नवंबर, २००८ का विशेषांक मार्गदर्शक लगा। ८६ पृष्ठों का यह विशेषांक राजस्थान के मेलों पर केंद्रित है। इस विशेषांक में राजस्थान के विभिन्न क्षेत्रों में लगने वाले ४१ मेलों के बारे में जानकारी एकत्र की गई है और संपादकीय में कहा गया है कि स्थानाभाव के कारण सभी मेलों का समावेश इस अंक में नहीं हो पाया है। इस विशेषांक में वर्णित मेलों का वर्गीकरण क्षेत्रशः किया गया है। उनका वर्गीकरण संप्रदाय, वनवासी, मीणा, गुर्जर आदि जातियों के श्रद्धा केंद्रों, तिथि महात्म्य आदि के आधार पर करना उपयोगी होगा। प्रत्येक प्रांत के मेलों के बारे में जानकारी का एकत्रीकरण बहुत आवश्यक है।

किसी भी मेले में आते समय व्यक्ति की मुख्य प्रेरणा धार्मिक श्रद्धा होती है, किंतु प्रत्येक मेले में धार्मिक विधि-विधान के अतिरिक्त मनोरंजन और खरीददारी का अवसर भी होता है। इसलिए वहाँ कोई भी सांस्कृतिक संदेश उस मेले की क्षेत्रीय बोली, इष्ट देवी-देवता या ऐतिहासिक पृष्ठभूमि में ही पहुँचाया जा सकता है। प्रत्येक मेले के अपने लोकगीत होते हैं, वहाँ एक समान घोष वाक्य भी होता है, जिसे सभी यात्री दोहराते हैं। अखिल भारतीय सांस्कृतिक पुनर्जागरण के किसी भी अभियान को किसी भी मेले में एकत्र श्रद्धालुओं की भीड़ तक पहुँचाने के लिए लोक शिक्षण के नए माध्यमों, जैसे वीडियो शो, नृत्य नाटिकाएँ, लोकगीतों आदि के माध्यम से अधिक ग्राह्य बनाना संभव है।

स्वामी विवेकानंद ने अपने गुरु भाई राखाल, जो ब्रह्मानंद के नाम से रामकृष्ण मिशन के पहले अधिष्ठता बने थे, को सन् १८९४ में एक पत्र में

लिखा था, ''मुझे अधिक भय ठाकुर घर (मंदिर) का है। ठाकुर घर बात बुरी नहीं, परंतु उसी को यथासर्वस्व समझकर पुराने ढर्रे के अनुसार काम करते रहने की वृत्ति से मैं डरता हूँ। ···तुम्हें एक नई युक्ति बताऊँ। कुछ कैमरे, थोड़े से नक्शे, ग्लोब, कुछ रासायनिक पदार्थ इकट्ठे करो···गरीबों को ज्योतिष, भूगोल आदि के चित्र दिखलाओ···किस देश में क्या होता है, क्या हो रहा है, यह दुनिया क्या है, आदि बातें बताओ, जिनसे उनकी आँखें खुलें। वहाँ जितने गरीब अनपढ़ रहते हों, सुबह-शाम उनके घर जाकर उनकी आँखें खोल दो। पोथी-पत्रों का काम नहीं, जबानी शिक्षा दो। ···या सिर्फ घंटी हिलाना ही आता है ? ···गप्पें लड़ाने और घंटी हिलाने का जमाना गया, समझे।'' (पत्रावली, भाग-१, पृ. २२१)

स्वामीजी यह पत्र उन्नीसवीं शती के अंतिम वर्षों में लिख रहे हैं, उस समय के अत्याधुनिक साधनों को अपनाने का आग्रह कर रहे हैं। तब से अब तक मनोरंजन और लोक संचार के साधन बहुत आगे बढ़ चुके हैं। सांस्कृतिक पुनर्जागरण के लिए लोक शिक्षण और लोक संस्कार के माध्यम के रूप में इन नए साधनों का उपयोग उन विधाओं के विशेषज्ञ ही करा सकते हैं। ऐसी विशेषज्ञता को विकसित करना, ढूँढ़-ढूँढ़कर एकत्र करना आज की महत्ती आवश्यकता है। क्षेत्रीय बोलियों में उनका रूपांतर अगली आवश्यकता है। क्षेत्रानुकूल नारों, प्रतीकों, मुहावरों और लोकगीतों का सृजन तीसरी आवश्यकता है। प्रत्येक क्षेत्रीय बोली में प्रवचन करने वाले संतों, कथावाचकों की पहचान चौथी आवश्यकता है। प्रत्येक मेले में आने वाले कुछ साधु-संत भी निश्चित हैं, जो वहाँ की क्षेत्रीय भाषा में अपनी बात कहते हैं। मेलों पर्वों के माध्यम से सांस्कृतिक पुनर्जागरण के इस महाप्रयास की सूत्र योजना व्यवस्था करनेवाले क्षेत्रीय शोध केंद्र और उन्हें दिशा देने वाले एक केंद्रीय शोध केंद्र का निर्माण जल्दी-से-जल्दी आवश्यक है। हमारा समाज जिस तेजी से चारित्रिक पतन और विघटन के गर्त में जा रहा है, उसे रोकने का प्रयास भी उतनी ही तेजी से होना आवश्यक है।

(पाञ्चजन्य, २१ मार्च, २०१०)

□

मेले : सांस्कृतिक एकता के तीर्थ

उन्नीसवीं शताब्दी के एक भारतीय मुस्लिम शायर की पीड़ा थी कि इस्लाम का काफिला अरबस्तान से निकलकर जहाँ भी गया, उसने विजय पाई, उस प्रदेश पर अपना एकछत्र वर्चस्व स्थापित किया, वहाँ की प्राचीन सभ्यता-संस्कृति और भाषा का नामोनिशान मिटा दिया, किंतु वही काफिला भारत में आकर गंगा के दहाने में डूब गया। विश्व के इतिहास में जिजीविषा का यह एक अद्‍भुत उदाहरण है। भारत की इस जिजीविषा का रहस्य कहाँ है ? इसी प्रश्न का उत्तर खोजने के लिए हमने कुछ वर्ष पूर्व एक शोध-प्रकल्प पर कार्य प्रारंभ किया। उस प्रकल्प का विषय था, 'सातवीं शताब्दी से अठारहवीं शताब्दी तक विदेशी आक्रमणों एवं शासन का भारतीय प्रतिरोध'। शोध-अध्ययन के दौरान हमने पाया कि राजनैतिक, सामाजिक और धार्मिक तीनों दृष्टियों से विकेंद्रित भारतीय समाज विदेशी आक्रमणकारियों एवं शासकों का कुछ दूर तक तो सशस्त्र प्रतिरोध करता रहा, किंतु बाद में उसने 'विरोध या संघर्षरहित प्रतिरोध' का मार्ग पकड़ लिया। प्रतिरोध के इस प्रकार में उसने सत्ता की ओर से आँखें मूँदकर अपनी सांस्कृतिक आस्थाओं के साथ स्वतंत्र, समानांतर समाज जीवन विकसित करने का संकल्प लिया। उसने अपनी सांस्कृतिक परंपराओं को कुल धर्म के माध्यम से जीवित रखा। पर्वों, तीर्थयात्राओं और मेलों के द्वारा अपनी सांस्कृतिक एकता एवं आस्था को प्रतिबिंबित किया।

देशभर में स्थानीय मेलों और पर्वों की सूची बहुत लंबी है। इन मेलों में जातिभेद, छुआछूत, ऊँच-नीच, ज्ञानी-मूर्ख, अमीर-गरीब—सब

भेद ढह जाते हैं। रह जाती है केवल एक आराध्य के प्रति सबके मन में समान श्रद्धा। यह श्रद्धा ही सबको एकता के सूत्र में बाँधती है। सांस्कृतिक अस्मिता का बोध कराती है। हमने देखा है चित्रकूट में कामदगिरि की परिक्रमा के लिए प्रत्येक अमावस्या को आसपास के श्रद्धालुओं का अपार समूह, जो दीपावली पर लाखों की संख्या पार कर जाता है, अमड़ पड़ती है। हम सुनते हैं राजस्थान में रामदेव बाबा के मेले का वर्णन। देश के प्रत्येक जनपद में ऐसे छोटे-बड़े मेलों की संख्या हजारों में है। निश्चित तिथियों पर करोड़ों देशवासी इन मेलों में सम्मिलित होकर अपनी सांस्कृतिक चेतना को जीवित जाग्रत रखते हैं। वस्तुतः ये मेले ही आज भी भारत के सांस्कृतिक प्रवाह को अखंड बनाए हुए हैं।

कुंभकोणम् मेला

कुछ मेले स्थानीय हैं तो कुछ मेले अखिल भारतीय। अखिल भारतीय मेलों की शृंखला में कुंभ मेलों का स्थान सर्वोपरि है। परंपरा के अनुसार कुंभ मेलों का आयोजन चार स्थानों पर होता है—एक, हरिद्वार में—जहाँ गंगा हिमालय की उपत्यकाओं से बाहर निकलकर मैदान में प्रवेश करती है। दूसरा, प्रयाग में—जहाँ गंगा, यमुना और सरस्वती की त्रिवेणी बनती है। तीसरा, मालवा में—क्षिप्रा नदी के तट पर उज्जयिनी नगरी में और चौथा, महाराष्ट्र में—गोदावरी नदी के तट पर नासिक तीर्थ में। यदि इन चार स्थानों को ही मानें तो दक्षिण भारत बाहर छूट जाता है, किंतु दक्षिण में कावेरी के तट पर चिदंबरम् के पास कुंभकोणम् नामक जो विशाल मेला अभी पिछले महीने समाप्त हुआ है, वह कुंभ परंपरा का ही स्मरण दिलाता है।

प्रत्येक स्थान पर कुंभ मेले का आयोजन ग्रह-नक्षत्र और राशियों के विशेष योग पर आश्रित है और यह योग बारह वर्ष के अंतराल के बाद ही उपस्थित होता है अर्थात् प्रत्येक स्थान पर कुंभ का अवसर बारह वर्ष बाद ही आएगा। यदि ऐसा हो तो इन चारों स्थानों पर कुंभ का मेला तीन-तीन वर्ष के अंतराल से लगना चाहिए, किंतु नासिक और उज्जैन के कुंभ मेलों के बीच यह अंतराल केवल एक वर्ष आगे-पीछे रहता है। नासिक में

कुंभ का मेला अभी कुछ महीने पहले ही संपन्न हुआ है। यदि इन चारों में से प्रत्येक स्थान पर कुंभ के मेले का आयोजन ग्रहों की स्थिति और नक्षत्र-राशि योग पर निर्भर है और यह योग प्रत्येक स्थान पर बारह वर्ष बाद आता है तो कावेरी नदी के तट पर कुंभकोणम् मेले का योग भी बारह वर्ष बाद ही पैदा होता है। वैसे तो वहाँ प्रतिवर्ष मखम् मेला लगता है, लेकिन बारह वर्ष में महामखम उत्सव होता है, जिसे दक्षिण भारत का कुंभ मेला कहते हैं। ठीक उसी प्रकार जैसे प्रयाग में प्रतिवर्ष माघ मेला होता है, किंतु कुंभ मेला बारह वर्ष बाद ही होता है।

पौराणिक परंपरा ने इन चारों स्थानों पर कुंभ मेले के आयोजन को समुद्र मंथन में से निकले अमृत-कुंभ की जिस कथा में पिरोया है, वही कथा कुंभकोणम् मेले पर भी लागू होती है। पौराणिक कथा के अनुसार अमृत-कुंभ को छीनने के लिए बारह दिन लंबे देवासुर संग्राम के दौरान अमृत-कुंभ से अमृत की कुछ बूँदें इन चारों स्थानों पर छलक कर गिर पड़ीं, इसलिए यहाँ नदियों का जल अमृतमय हो गया। ऐसी ही कथा कुंभकोणम् के बारे में भी प्रचलित है। कथा यह है कि ब्रह्माजी ने एक कुंभ अमृत से भरकर रखा था। उस कुंभ की टोंटी (नासिका या घोण) के छिद्र में से अमृत टपककर बह गया और वह पाँच कोस तक की भूमि अमृत के स्पर्श से पवित्र हो गई। इसलिए उस स्थान का नाम कुंभ घोण (कोण) पड़ गया। कुंभकोणम् तीर्थ स्वयं को भारत की तीर्थ परंपरा का अंग मानता है। कुंभकोणम् के महात्म्य का वर्णन करने वाले 'शताध्यायी' ग्रंथ में वाराणसी और प्रयाग की पापनाशिनी शक्ति को कुंभकोणम् से आगे बताया गया है।

एकसूत्र की कल्पना

उज्जयिनी के सिंहस्थ पर्व के प्रसंग में दक्षिण भारत के कुंभ उत्सव की इतने विस्तार से चर्चा करना आवश्यक लगा, क्योंकि कुंभकोणम् को जोड़ लेने से कुंभ मेले की परंपरा पूरे भारतीय भूगोल को अपने में समेट लेती है। कुंभ मेले के इतिहास के शोधार्थियों का कहना है कि प्राचीन संस्कृत वाङ्मय के अध्ययन से ऐसा नहीं प्रतीत होता कि इन चारों स्थानों

पर कुंभ मेलों का सूत्रपात किसी एक केंद्रीय निर्णय के अंतर्गत, किसी एक समय पर, एक साथ किया गया होगा। कुंभ की परंपरा का क्रमश: विकास हुआ लगता है। ऐसा प्रतीत होता है कि ये चारों स्थान अपने-अपने कारणों से पवित्र तीर्थस्थल माने जाते थे। गोदावरी, क्षिप्रा, गंगा और संगम के पवित्र तट पर किन्हीं पुण्य राशियोग पर स्नान के निमित्त मेले की परंपरा पहले से चली आ रही थी, जिसे आगे चलकर एक पौराणिक कथा के माध्यम से एक शृंखला में पिरो दिया गया, किंतु जिसने भी किया, जब भी किया, उसके पीछे भारत की सांस्कृतिक चेतना और एकता को जाग्रत व सुदृढ़ करने की दृष्टि अवश्य विद्यमान थी। प्रचलित धारणा के अनुसार चार स्थानों पर कुंभ परंपरा प्रारंभ करने का श्रेय भी आदि शंकराचार्य को ही दिया जाता है। यह सहज लगता है, क्योंकि आदि शंकराचार्य ने भारत के चार कोनों पर चार धामों की स्थापना की, जिसके कारण चार धाम की तीर्थयात्रा का प्रचलन हुआ। कहा जाता है कि उन्होंने ही भारत की संत-शक्ति को गिरी, पुरी, भारती, तीर्थ, वन, अरण्य, पर्वत, आश्रम, सागर तथा सरस्वती नामक दस श्रेणियों में गठित किया और भारतीय समाज के प्रत्येक वर्ग में धर्म-चेतना जगाने का दायित्व उन्हें सौंपा। यदि आदि शंकराचार्य को चार स्थानों पर कुंभ-परंपरा आरंभ करने का श्रेय दिया जाए तो यह प्रश्न उठना स्वाभाविक है कि उन्होंने सुदूर दक्षिण में कुंभकोणम् को इस सूची में सम्मिलित करके पूरे भारतीय भूगोल को समाहित क्यों नहीं कर लिया?

सुप्रसिद्ध इतिहासकार सर जदुनाथ सरकार गहरे शोध के पश्चात् इस निष्कर्ष पर पहुँचे कि कुंभ परंपरा का कोई प्रमाण बारहवीं शताब्दी से पहले नहीं मिलता। कुंभ मेले का सबसे बड़ा वैशिष्ट्य है वहाँ विभिन्न साधु संप्रदायों के अखाड़ों की उपस्थिति। शैव, वैष्णव और उदासीन संप्रदायों के साधु अनेक अखाड़ों और मठों में संगठित हैं। प्रत्येक अखाड़े के अपने प्रतीक चिह्न और ध्वज-पताका होती है। कुंभ के मेले में प्रत्येक अखाड़ा अपने ध्वज और प्रतीकों के साथ उपस्थित होता है, वहाँ उनकी अपनी छावनी होती है, जिसके बीचो-बीच बहुत ऊँचे स्तंभ पर उनका ध्वज

फहराता है। इन अखाड़ों के साधु शस्त्रधारी होते हैं। उनकी रचना एकदम सैनिक पद्धति पर होती है। उनमें शस्त्र और शास्त्र का अद्‌भुत संगम होता है। ये साधु सांसारिक जीवन से विरक्त और अविवाहित होते हैं। उनकी दिनचर्या बहुत कठोर होती है। शस्त्रधारी होते हुए भी वे संन्यासमार्गी तपस्वी होते हैं। यदि हम इन अखाड़ों में प्रचलित शब्दावली की ओर ध्यान दें तो वह मुस्लिम काल की सैनिक शब्दावली है। कुंभ के मेले में मुख्य आकर्षण इन अखाड़ों का स्नान ही होता है। उसे शाही स्नान कहते हैं। प्रत्येक अखाड़े के प्रमुख महंत रथ पर सवार होते हैं। उनके दाएँ-बाएँ और आगे निर्वस्त्र खड्‌गधारी घुड़सवार चलते हैं, तुरही नगाड़े का भेरी नाद होता है।

प्रश्न उठता है कि इन संसार त्यागी विरक्त साधुओं को शस्त्र धारण करने और सैनिक संगठन पद्धति अपनाने की आवश्यकता कब और क्यों पड़ी होगी? बाबर के पूर्वज तैमूर की आत्मकथा के अनुसार तैमूर ने सन् १३९४ में हरिद्वार के कुंभ में कई सहस्र तीर्थयात्रियों की अकारण ही निर्मम हत्या कर दी थी, जिससे विदित होता है कि उन दिनों हिन्दुओं की तीर्थयात्रा भी सुरक्षित नहीं बची थी। स्पष्ट है, निहत्थे हिन्दू समाज की रक्षा के लिए साधु-संतों को मोक्ष-साधना के साथ-साथ शस्त्र धारण भी करना पड़ा होगा। मुस्लिम शासकों के अत्याचारों के विरुद्ध सशस्त्र संघर्ष करने और हिन्दू समाज को अपनी धार्मिक आस्थाओं का निर्विघ्न पालन करने हेतु संरक्षण देने का बीड़ा साधु समाज ने उठाया होगा। शस्त्र धारण करने की दिशा में पहले शैव नागा साधु आगे बढ़े। कुंभ मेलों की सुरक्षा का दायित्व वे ही सँभालते थे। बहुत बाद में रामानंदी संप्रदाय के वैष्णव वैरागियों ने भी शस्त्र धारण करने का निर्णय लिया। यह निर्णय सन् १७१३ में जयपुर के समीप गाल्ता नामक स्थान पर महंत रामानंद के मठ में लिया गया। जयपुर नरेश सवाई जयसिंह का नाम भी इस घटना के साथ जोड़ा जाता है। इसमें संदेह नहीं कि सवाई जयसिंह ने बहुत कुशलता के साथ एक ओर मुगल बादशाहों का विश्वास प्रात करके हिन्दू तीर्थस्थानों पर जयसिंहपुरा नामक केंद्र स्थापित किए और उनमें रामानंदी संप्रदाय के

निर्मोही अखाड़ों को प्रवेश दिया। अयोध्या में निर्मोही अखाड़े की भूमिका इसी प्रकार प्रारंभ हुई। दूसरी ओर जयसिंह ने सभी हिन्दू शक्तियों, जैसे मराठे, बुंदेले और बंदा बैरागी से संबंध स्थापित कर उन्हें यथाशक्ति सहायता देने का प्रयास किया। पेशवा बाजीराव प्रथम की मालवा पर विजय और अधिकार दिलाने में सवाई जयसिंह की निर्णायक भूमिका थी।

सांस्कृतिक प्रवाह का प्रतीक

इस पृष्ठभूमि में देखें तो कुंभ मेला भारत के सांस्कृतिक प्रवाह के महान् वाहक के रूप में उभरकर आता है। इस मेले में ज्योतिर्विज्ञान, अध्यात्म, इतिहास और जनजीवन का अपूर्व संगम दिखाई देता है। इसे संसार का विशालतम मानव संगम कहा गया है। भारत की संपूर्ण विविधता और उसे एकता के सूत्र में पिरोने वाली श्रद्धा उस मेले में प्रतिबिंबित होती है। अनेक मुस्लिम लेखकों और यूरोपीय दर्शकों ने समय-समय पर कुंभ मेले का आँखों देखा रोमांचकारी वर्णन लिखा है। वे यह देखकर चमत्कृत हुए कि उस युग में जब रेलगाड़ी नहीं थी, विमान नहीं थे, टेलीफोन नहीं था, प्रचार के आधुनिक साधन नहीं थे, तब कौन सी श्रद्धा है, जो लाखों-लाखों लोगों को दूर-दूर के स्थानों से अनेक कष्ट उठाकर कुंभ मेले में खींच लाती थी। उन्होंने देखा कि मेले में अध्यात्म है, व्यापार है और मनोरंजन भी है। जगह-जगह प्रवचन, यज्ञ, भजन और कीर्तन चल रहे हैं। तीर्थयात्री सब जगह से ज्ञान लाभ और अध्यात्म चिंतन प्राप्त कर सकता है। साधुओं के अखाड़ों का जुलूस कितना आह्लादकारी होता है। अफगानिस्तान, कश्मीर से लेकर बंगाल तक की दुर्लभ वस्तुएँ वहाँ बिक्री के लिए उपलब्ध रहती हैं, पर यह सब कुंभ में आने की मुख्य प्रेरणा नहीं है। मुख्य प्रेरणा है एक पवित्र दिवस पर एक पवित्र नदी में स्नान करना और साधु-संतों का सान्निध्य पाने की ललक।

पर अब स्थिति बदल रही है। टेलीविजन और समाचार-पत्रों द्वारा प्रत्येक मेले का काफी पहले से प्रचार किया जाता है। मेले में पहुँचने के लिए त्वरित साधन उपलब्ध हैं, वहाँ ठहरने के लिए काफी सुविधाएँ मिल जाती हैं। अब सरकारें मेले के प्रबंध में काफी रुचि ले रही हैं। करोड़ों

रुपया उनकी व्यवस्था पर खर्च करती हैं। स्वास्थ्य, सुरक्षा आदि की ओर पूरा ध्यान दिया जाता है। पहले तो कुंभ मेले की पूरी व्यवस्था संत समाज और वहाँ का स्थानीय पंडा समाज करता था। मेले में सुविधारहित जीवन की मानसिक तैयारी लेकर ही श्रद्धालु वहाँ जाते थे, किंतु अब तो सभ्यता का पूरा परिवेश ही बदल रहा है। सभ्यता के इस बाह्य रूप परिवर्तन के पीछे भी श्रद्धा की एक अनवरत धारा बह रही है, जिसका उद्‌गम उसी पुरातन अजस्र सांस्कृतिक स्रोत में विद्यमान है। कुंभ मेले भारत की इतिहास यात्रा की अखंडता के साक्षी हैं। वे अपने में संस्कृति, इतिहास, मानव-श्रद्धा और सभ्यता के परिवर्तनों को समेटे हुए हैं।

सिंहस्थ का महत्त्व

इसीलिए इस स्वेच्छाचारी, भोग प्रधान युग में भी प्रत्येक कुंभ मेला लाखों-करोड़ों श्रद्धालुओं को अपनी ओर खींचता है। भारत में रंग-बिरंगे जनजीवन, सभ्यता के अनेक चरणों, सैलानियों और श्रद्धालुओं के सहअस्तित्व का दर्पण प्रस्तुत करता है। इससे कोई फर्क नहीं पड़ता कि हम ५ अप्रैल से उज्जयिनी में प्रारंभ होने वाले विशाल मेले को सिंहस्थ कहें या कुंभ? यह शोधार्थियों के लिए माथापच्ची का विषय हो सकता है कि इस मेले को सिंहस्थ नाम क्यों मिला? क्या इसलिए कि इस अवसर पर बृहस्पति सिंह राशि में प्रवेश करता है और सूर्य मेष राशि में? पर उसे कुंभों की सूची में कब सम्मिलित किया गया? इन प्रश्नों का अंतिम उत्तर न मिले तो भी ऐतिहासिक नगरी उज्जयिनी में पवित्र क्षिप्रा नदी के तट पर लगने वाले एक मास लंबे सिंहस्थ मेले का महत्त्व और पुण्य तो कम नहीं हो जाता।

सिंहस्थ मेले में आकर उज्जयिनी और उज्जयिनी के माध्यम से भारत का कम-से-कम पाँच हजार वर्षों का इतिहास आँखों के सामने खड़ा हो जाता है। सांदीपनि गुरु के आश्रम में विद्याध्ययन करते कृष्ण और बलराम और उनका सहपाठी निर्धन ब्राह्मण सुदामा, भगवान् बुद्ध का समकालीन चंड प्रद्योत और बुद्ध का शिष्यत्व ग्रहण करनेवाला महाशाल त्रैविद्य ब्राह्मण महाकात्यायन, मौर्य सम्राट बिंदुसार का प्रतिनिधित्व करता

कुमार अशोक, अपनी बहन साध्वी सरस्वती के अपहरण से क्षुब्ध जैन विद्वान कालकाचार्य के निमंत्रण पर शकों का आक्रमण और विक्रमादित्य द्वारा शकों की पराजय, संवत् प्रवर्तन, नवरत्नों का योगदान, गुप्त सम्राट चंद्रगुप्त विक्रमादित्य का उज्जयिनी आगमन, मुस्लिम आक्रांताओं द्वारा उज्जयिनी का चीरहरण, मंदिरों का ध्वंस, परमार शासकों से लेकर मराठा वीरों तक स्वतंत्रता संघर्ष की लंबी गाथा, मराठों का उज्जयिनी पर अधिकार, मंदिरों का पुनर्निर्माण, लंबे ब्रिटिश शासन में भी उज्जयिनी के स्वतंत्र अस्तित्व और स्वाधीनता मिलने पर राष्ट्रीय एकता के महायज्ञ में उज्जयिनी के स्वतंत्र अस्तित्व की आहुति। यह लंबा इतिहास, जिसके किसी पन्ने पर ज्ञान की साधना है तो किसी पन्ने पर शौर्य और त्याग की गाथा। उज्जयिनी की इस समूची इतिहास यात्रा की साक्षी है क्षिप्रा नदी और उसके तट पर आयोजित सिंहस्थ मेला। सिंहस्थ का बुलावा इतिहास का बुलावा है, संस्कृति का आह्वान है।

(२१ अप्रैल, २००५)

□

कुंभ मेले में श्रद्धा का ज्वार

प्रयाग नगर से मेरा संबंध ५० वर्ष से भी अधिक पुराना है, किंतु इसे भाग्य नहीं तो क्या कहें कि महाकुंभ दर्शन की इच्छा इसी बार मेरे मन में प्रबल हुई। क्या इसका कारण यह हो सकता है कि इस वर्ष देश-विदेश के प्रचार माध्यमों में कुंभ मेले का बहुत अधिक प्रचार हुआ या यह कि वहाँ संतों की धर्म संसद् में श्रीराम जन्मभूमि मंदिर के निर्माण की तिथि का निर्णय होना था? कुछ भी हो, मैं प्रयाग के लिए निकल ही पड़ा। ट्रेन में मेरे पास की सीट पर एक विदेशी महिला एक युवक के साथ वार्त्तालाप में रत थी। उनकी भाषा मेरे लिए अपरिचित थी। मैं पूछ बैठा कि आप किस भाषा में बात कर रहे हैं। महिला ने अंग्रेजी में बताया कि हम हिब्रू भाषा में बात कर रहे हैं। मैं इजरायल में रहती हूँ। स्कूल में शिक्षिका हूँ। यह मेरा पुत्र है। नौकरी करता है। अब पिता बनने वाला है। बात इजरायल में चल रहे यहूदी-मुस्लिम संघर्ष पर आ गई। उसने बताया कि ५३ वर्ष से यह संघर्ष चल रहा है और हम चैन की साँस नहीं ले पाए। इस संघर्ष का कोई अंत नजर नहीं आता। दोनों विचारधाराएँ समान रूप से अपनी-अपनी उपासना पद्धति और सैद्धांतिकता के प्रति आग्रही हैं। इस्लाम स्वयं को पूर्ण और अंतिम मानता है, अत्यधिक असहिष्णु है। उसमें परिवर्तन की कोई संभावनाएँ नहीं दिखाई देतीं, पता नहीं अस्तित्व रक्षा का हमारा यह संघर्ष कब तक चलता रहेगा। यकायक उसका पुत्र पूछ बैठा-आप लोग भी तो इस समस्या से जूझ रहे हैं। क्या आप समझते हैं कि कश्मीर समस्या कभी हल होगी? क्या आप मुसलमानों को कश्मीर से बाहर निकाल सकेंगे?

उपासना पद्धति की एकरूपता

मैंने कहा कि हमारी स्थिति बड़ी विचित्र है। हमने उपासना-पद्धति की एकरूपता पर कभी आग्रह नहीं रखा, उपासना की विविधता को शिरोधार्य किया, हमारे यहाँ कोई एक मजहबी केंद्र या चर्च नहीं रहा। ऐसा वैविध्यपूर्ण समाज पिछले १,३०० वर्ष से इस्लाम की एकरूपतावादी विचारधारा से जूझ रहा है। उसने न केवल अपने मूल चरित्र को बचाए रखा है अपितु इस्लामी विचारधारा के भय से भागे हुए यहूदियों, सीरियाई ईसाइयों और जरथुस्त्री पारसियों को भी यहाँ शरण दी और उन्हें अपने मूल विश्वासों एवं जीवन शैली के साथ जीने का अवसर प्रदान किया है। उपासना पद्धति के रूप में हमने इस्लाम का भी स्वागत किया। इसलिए मुसलमानों को भारत से या उसके अंग कश्मीर से बाहर निकालने का विचार तो हमारे मन में कभी उठा ही नहीं, आज भी नहीं है। हमारा विश्वास है कि भारत की उदार परंपरा, विविधता में एकता का उसका दर्शन इस्लाम को भी आत्मालोचन और परिवर्तन की प्रेरणा देने में समर्थ होगा। अब तक तो इसके कोई लक्षण प्रकट नहीं हुए, पता नहीं आगे भी होंगे कि नहीं।

याएल नामक उस यहूदी महिला की अंग्रेजी अभिव्यक्ति भी सशक्त थी। उसने कहा, "इस्लाम भारत और इजरायल के लिए समान रूप से समस्या है, किंतु भारत की उदारता और सहिष्णुता ने मुझे अत्यधिक प्रभावित किया। मैं छह बार भारत यात्रा पर आ चुकी हूँ। छह वर्ष पहले हरिद्वार में कुंभ में आई थी। अब महाकुंभ का आकर्षण मुझे खींच लाया और मैं अपने पुत्र को भी इस अवसर पर भारत का दिव्य रूप दिखाने ले आई। मैं नहीं कह सकती कि भारत में ऐसा क्या है, जो मुझे खींचता है।" उसने मुझसे कुंभ का इतिहास पूछा। मैंने कहा कि कुंभ कब प्रारंभ हुआ, किसने प्रारंभ किया, क्यों प्रारंभ हुआ? इसका अंतिम उत्तर विद्वान अभी तक नहीं खोज पाए हैं। उसने कहा कि क्या यह आश्चर्य की बात नहीं कि लाखों-करोड़ों लोग पूरे भारत से बिना किसी निमंत्रण के, बिना किसी संगठन के, बिना किसी व्यवस्था के अंतःप्रेरणा से खिंचकर चले आते हैं।

मैं जानना चाहती हूँ कि इस स्वयंस्फूर्त अंत:प्रेरणा का स्रोत कहाँ है ? रात के ११ बज गए थे। मैंने सोने की तैयारी की। याएल ने कहा कि वह अभी पुस्तक पढ़ेगी। पुस्तक हिब्रू भाषा में थी और उसके चित्रों को देखकर लगा कि वह भारत के धार्मिक और आध्यात्मिक जीवन पर थी। याएल ने बताया कि यह किसी अंग्रेजी पुस्तक का हिब्रू अनुवाद है। मैं सो गया, पर वह इजरायली माँ भारत दर्शन में निमग्न हो गई।

विराट जनसंगम

इस वार्त्तालाप ने कुंभ के इतिहास और उसकी महिमा के बारे में मेरे मन में जिज्ञासा को बहुत प्रबल कर दिया। कुंभ सही अर्थों में विशाल भारत की 'विविधता में एकता' का संगम है। भारत के प्रत्येक कोने से, अलग-अलग खान-पान वाले, अलग-अलग बोलियाँ बोलने वाले, अलग-अलग देवताओं, उपासना पद्धतियों को मानने वाले, अलग-अलग गुरुओं, धर्माचार्यों, संप्रदायों, आश्रमों और अखाड़ों से संबद्ध या असंबद्ध लाखों-करोड़ों लोगों को कौन सी श्रद्धा-प्रेरणा यहाँ खींच लाती है ? अब तो वहाँ पहुँचने के सुविधापूर्ण तीव्र साधन उपलब्ध हैं—ट्रेन, कार, हवाई जहाज। इस बार तो कुंभ में दूरभाष, अंतरताना और सचल दूरभाष की सुविधा भी उपलब्ध थी, पर उस युग में जब यह सबकुछ नहीं था—केवल अपने पैर, बैलगाड़ी या रथ के अलावा कोई सहारा नहीं था। अब तो सरकार मेले के प्रबंध पर करोड़ों रुपए खर्च करती है, पूरा शासन तंत्र उसमें जुट जाता है, चिकित्सा व्यवस्था उपलब्ध है, पर उस युग में जब राज्य उसमें हस्तक्षेप नहीं कर सकता था, राजा भी केवल अपने कल्याण की कामना से अन्य तीर्थयात्रियों के समान वहाँ भाग ले सकता था, तब कौन किसकी व्यवस्था करता था, कौन किसका सहारा पाने की उम्मीद लेकर यहाँ आता था। बी.बी.सी. के पूर्व संवाददाता मार्क टुली का यह कथन कितना सार्थक है कि विश्व के सबसे विशाल जन-संगम के रूप में कुंभ एक चमत्कार ही है, भारत की अदृश्य आध्यात्मिक शक्ति का दृश्य प्रतीक है।

प्रयाग के लिए रवाना होने के पूर्व ही सोच लिया था कि इस बार कल्पवासी रूप में अपने मौसेरे भाई सोमेश्वर और उसकी पत्नी से भेंट

अवश्य करूँगा। सोमेश्वर ईस्टर्न रेलवे के मुख्य अभियंता पद से सेवानिवृत्त हुए। लंबा समय कलकत्ता और मलेशिया में बिताया। किसी आश्रम या गुरु से वह कब जुड़ा, इसका मुझे स्मरण नहीं। सेवानिवृत्ति के बाद उसने प्रयाग में रहने का मन बनाया किंतु प्रयाग आने के बाद उसके मन में प्रतिवर्ष संगम के तट पर माघ मेले में पूरे समय कल्पवास का कठिन जीवन बिताने की प्रेरणा कहाँ से उत्पन्न हुई, यह मेरे लिए भारी कौतूहल का विषय था। जिस जीवन शैली का वह अभ्यस्त रहा है, उसमें संगम तट पर पूरे मास भर कल्पवास का संकल्प लेना तपश्चर्या से कम नहीं है। कल्पवासी को केवल एक समय भोजन करना होता है, नित्य प्रति गंगा या संगम स्नान करना आवश्यक है। कोई-कोई कल्पवासी दो बार स्नान करते हैं। कुटिया में रहना होता है। अपना भोजन स्वयं बनाना होता है। अब तो भोजन बनाने के लिए गैस की सुविधा उपलब्ध है। सरकार ने मेले में ही गैस वितरण की व्यवस्था कर दी है, पर पहले तो यह कुछ नहीं था। लकड़ी का चूल्हा फूँकना पड़ता था, जिस युग में बिजली नहीं थी, तेल का दीया ही एकमात्र साधन था। अब तो कल्पवासी शिविरों में पानी के नल लग जाते हैं, शौचालय बने होते हैं, पर पहले ये सब सुविधाएँ कहाँ थीं ? तब कल्पवास का अर्थ था एक मास के लिए जीवन से संन्यास और स्वेच्छा से प्रकृति की गोद में अध्यात्म साधना। आज वहाँ भले ही सुविधाएँ बढ़ गई हों, किंतु आज के व्यस्तता भरे जीवन में एक मास के लिए घर की सुविधाओं को त्यागकर संसार की गहमा-गहमी से संबंध-विच्छेद करने के लिए भी अधिक कड़े संकल्प और आत्मबल की आवश्यकता है। वहाँ जाने पर पता चला कि ऐसे कल्पवासी परिवार थोड़े नहीं, एक लाख से भी अधिक हैं। कुंभ का यह सबसे स्थायी और उदात्त अंग है। कल्पवासी की दिनचर्या में आत्मशुद्धि के लिए संगम स्नान एवं व्यक्तिगत पूजा-पाठ व अनुष्ठान का मुख्य स्थान रहता है। कुंभ मेले में कल्पवास का मुख्य आकर्षण यह रहता है कि वहाँ पूरे भारत की संतशक्ति एकत्र होती है। वे एकांतवासी तपस्वी, जिनके दर्शन दुर्लभ होते हैं, कुंभ स्नान के लिए आते हैं। उनके दर्शनों का लाभ किसी युग में दुर्लभ बात थी। बाद में

जब अखाड़ा संस्था का उदय हुआ, तब विभिन्न अखाड़े अपने पूरे दल-बल के साथ वहाँ आने लगे। विभिन्न धर्माचार्य अपनी शिष्य मंडली के साथ वहाँ आते हैं। उनके अपने-अपने पंडाल होते हैं। उनमें सत्संग, कीर्तन, प्रवचन व उपासना चलती रहती है। कल्पवासी को यह लाभ होता है कि वह दोपहर बाद किसी भी पंडाल में जाकर प्रवचन सुन सकता है, विभिन्न उपासना पंथों में अवगाहन कर सकता है। सभी धर्माचार्यों के प्रति नमन करता है। इस प्रकार विविधता में एकता के दर्शन का प्रत्यक्ष साक्षात्कार करता है। सहिष्णुता और सर्वपंथ समादर भाव के संस्कार अर्जित करता है। उपासनात्मक विविधता के नीचे एकरस आध्यात्मिक प्रवाह में स्नान करता है।

मेले के आज के स्वरूप को देखकर पुराने युग की कुछ कल्पना की जा सकती है। आधुनिक सभ्यता के प्रभाव से मठ, आश्रम, अखाड़े और संप्रदाय भी अछूते नहीं रहे हैं। प्रदर्शन और विज्ञापन का लोभ उनमें भी जगा है। तीर्थयात्रियों और श्रद्धालुओं को अपनी ओर खींचने की स्पर्द्धा शुरू हुई है। इसलिए प्रत्येक ने अपने-अपने पंडाल के बाह्य स्वरूप को विशाल, भव्य और आकर्षक बनाने का प्रयास किया है। कांग्रेस समर्थक शंकराचार्य स्वामी स्वरूपानंद का पंडाल पूरा एक नगर ही है। उसकी ऊँचाई और भव्यता देखने लायक है। पुरी के गोवर्धन पीठ का पंडाल उसकी तुलना में बहुत छोटा लगा। प्रभुपाद भक्ति वेदांत के हरेकृष्ण आंदोलन के पंडाल में प्रवेश करने पर मृदंग के साथ भक्ति-संकीर्तन का दृश्य भावविभोर करता है, रामकृष्ण मिशन के पंडाल में सादगी और गंभीरता का वातावरण है। एक सिंधी संत टेऊबाबा के पंडाल में सिंधी भाषा में कीर्तन चल रहा है। ऐसे पंडालों की संख्या हजारों में है। उन्हें देखकर दिल्ली शहर के विवाह पंडालों की याद आ गई। उसी तरह रंग-बिरंगे, सजे-धजे। रात्रि में भारी भीड़ बिजली की रोशनी से जगमगाते इन पंडालों की सजावट और जगमगाहट देखने के लिए उमड़ पड़ती है। यह आधुनिकता का प्रताप है, जो सभ्यता की यात्रा के साथ-साथ कुंभ मेले के बाह्य रूप में परिवर्तन का परिचायक है। स्पर्द्धा की राजनीति की काली छाया अब

आध्यात्मिक क्षेत्र पर पड़ रही है, इसका कुछ संकेत बदरीकाश्रम मठ के शंकराचार्य पद के लिए स्वामी स्वरूपानंद और स्वामी वासुदेवानंद के बीच मुकदमेबाजी और पुलिस हस्तक्षेप के रूप में दृष्टिगोचर हुआ। यह भारी चिंता का विषय है।

धर्मसंसद

इस बार कुंभ मेले में प्रचार माध्यमों का विशेष आकर्षण था विश्व हिन्दू परिषद् के पंडाल में धर्मसंसद का आयोजन। धर्मसंसद के मंच पर एकत्र धर्माचार्यों और संतों की विशाल उपस्थिति में असम से लेकर गुजरात और केरल तक भारत के प्रत्येक कोने का प्रतिनिधित्व था। उनमें नेपाल और बँगलादेश के संत भी सम्मिलित हुए थे। इस धर्मसंसद ने पर्यावरण, स्वदेशी, गोरक्षा, नैतिक मूल्यों की रक्षा, गंगा की पवित्रता और सफाई, नारी सम्मान की रक्षा, वनवासी समाज के कल्याण की योजनाओं जैसे अनेक विषयों पर प्रस्ताव पारित करके राष्ट्र के सर्वांगीण विकास के प्रति अपनी चिंता प्रकट की। आध्यात्मिकता को केवल तत्त्वचर्चा और पूजा-पाठ तक सीमित न रखकर राष्ट्र जीवन के प्रत्येक क्षेत्र में प्रतिबिंबित करने के लिए संत-शक्ति का एकत्र होना और सक्रियता का संकल्प लेना राष्ट्रीय पुनर्निर्माण की दिशा में एक महत्त्वपूर्ण कदम है। यह देखकर वहाँ उपस्थित पत्रकारों की फौज आश्चर्यचकित थी। वे सोचकर आए थे कि धर्मसंसद में केवल अयोध्या में मंदिर निर्माण पर चर्चा होगी, इस विषय को लेकर मतभेद उभरेंगे, सिर फुटौवल की नौबत आएगी, किंतु उन्हें घोर आश्चर्य हुआ यह देखकर कि अयोध्या का विषय राष्ट्र निर्माण के अनेक विषयों में से केवल एक विषय था। संत समाज में इस प्रश्न पर कोई मतभेद प्रकट नहीं हुआ। धर्मसंसद ने इस प्रश्न पर धार्मिक उन्माद जगाने के बजाय धैर्य और परिपक्वता का परिचय दिया। उनकी दृष्टि में मंदिर निर्माण का मुख्य हेतु राष्ट्रीय एकता और सहिष्णुता के भाव को दृढ़ करना है।

इस वर्ष कुंभ मेले में विदेशी तीर्थयात्रियों की भारी संख्या दिखाई दी। भारतीय तीर्थ यात्रा संस्थान द्वारा आयोजित विचार गोष्ठी में जाने का अवसर मिला। वहाँ उपस्थित विद्वानों में बहुसंख्या विदेशी विद्वानों की

थी। एक रूसी महिला ने रूस में तीर्थयात्रा का विवरण प्रस्तुत किया तो एक चीनी महिला ने चीन में तीर्थ कल्पना पर निबंध प्रस्तुत किया। सत्र की समाप्ति के बाद सभी विदेशी विद्वानों को जमीन पर पालथी मारकर भारतीय पद्धति से भजन करते देख मन गद्‌गद हो गया। इसके बाद सब नंगे पैरों रेत पर संगम तक पैदल तीर्थ यात्रा पर निकले। यह सब उनकी श्रद्धा की अभिव्यक्ति थी। मेरे एक मित्र का सुपुत्र दिल्ली से प्रयाग आया। उसने कहा कि उसी गाड़ी से सौ जापानियों का दल कुंभ स्नान के लिए आया। एक जापानी महिला ने ४ दिन की निर्जल भू-समाधि का चमत्कार दिखाया, जो बहुचर्चित हुआ। इस बार अमरीकी टेलीविजन कंपनी सी.एन.एन. और ब्रिटिश कंपनी बी.बी.सी. ने कुंभ के दृश्यों का निरंतर प्रसारण किया।

आस्था का जनसमुद्र

२४ जनवरी को अमावस्या महास्नान के लिए २१ जनवरी से ही श्रद्धालुओं का अखंड प्रवाह प्रारंभ हो गया था। सर पर गठरियाँ रखे ग्रामीण माँ-बहनों और पुरुषों की भीड़ मेले की ओर जा रही है। सड़कों पर आगे बढ़ना कठिन था। श्रद्धा का ऐसा अद्‌भुत दृश्य मैंने पहले कभी नहीं देखा था। प्रयागवासी मित्रों का अनुमान था कि इस बार महास्नान की भीड़ ३ करोड़ से कम नहीं होगी। संगम की ओर बढ़ता भीड़ का रेला अभेद्य होगा। कोई गरदन घुमाकर इधर-उधर या पीछे नहीं देख पाएगा। केवल आगे बढ़ते जाना ही संभव होगा। ऐसे में कोई एक भी फिसलकर गिर गया तो भारी अपघात हो सकता है। सभी लोग ईश्वर से प्रार्थना कर रहे थे कि यह स्नान बिना किसी दुर्घटना के निर्विघ्न गुजर जाए। किसी ने सन् १९५३ की दुर्घटना का वर्णन किया। एक ने बताया कि किस प्रकार उनकी माताजी उनके पिताजी से बिछुड़ गई थीं। इन पुरानी स्मृतियों को सुनकर दिल दहल जाता था, भय दबा रहा था, किंतु आश्चर्य होता है कि ऐसी दुर्घटनाओं के बावजूद श्रद्धा का प्रवाह अखंड है, अजस्र है और अब यह श्रद्धा पूरे विश्व में संक्रमित हो रही है। पूरे विश्व का ध्यान उस आध्यात्मिक संगम की ओर आकर्षित हुआ है। कल रात टेलीविजन पर

अमावस्या महास्नान के दृश्यों को देखकर मेरा मन श्रद्धा से अभिभूत हो गया। चारों ओर श्रद्धालुओं के नरमुंड एक-दूसरे से पूरी तरह सटे हुए, किंतु विधाता ने कोई अपघात नहीं होने दिया। आज के समाचार पत्रों में कल के स्नान के चित्र देखकर और वर्णन पढ़कर विश्वास हुआ कि महाकुंभ का यह मेला भारत के नवोन्मेष का संदेश लेकर आया है। छोटी-मोटी विकृतियों और स्खलन के बावजूद भारत की आध्यात्मिक चेतना और श्रद्धा पूरे वेग से प्रकट होने की तैयारी कर रही है। टाइम्स ऑफ इंडिया जैसे अंग्रेजी पत्र ने श्रद्धा के इस विस्फोट से अभिभूत होकर पहले पृष्ठ पर संस्कृत श्लोक का आठ कॉलम शीर्षक देकर संगम स्नान का स्तुतिगान किया। संघ विरोधी 'जनसत्ता' ने शीर्षक दिया 'आस्था के जनसमुद्र ने संगम में डुबकी लगाई।'

जन-मन की श्रद्धा के इस जागरण ने ही कांग्रेस अध्यक्ष सोनिया गांधी को कुंभ की दौड़ लगाने की प्रेरणा दी। भले ही इसके पीछे राजनीतिक प्रेरणा रही हो, किंतु इससे तो इतना ही स्पष्ट है कि हिन्दू श्रद्धा का दोहन करने के लिए राजनीतिक स्पर्द्धा आरंभ हो सकती है। यह स्पर्द्धा भी स्वागतयोग्य है, क्योंकि इसका अंतिम परिणाम हिन्दू चेतना और एकता को सुदृढ़ करने में ही होगा। इसलिए जय कुंभ, जय गंगामैया, जय संगम तीर्थ।

(पाञ्चजन्य, ४ फरवरी, २००१)

□

पाँचवाँ धाम बना विवेकानंद शिला स्मारक

भारत के धुर दक्षिणी छोर पर कन्याकुमारी के सामने, तीन सागरों के संगम स्थल पर समुद्र के भीतर स्थित एक विशाल शिलाखंड पर नवनिर्मित स्वामी विवेकानंद शिला स्मारक हमारी राष्ट्रीय एकता का एक नवीन तीर्थ बन गया है। इस तीर्थ के निर्माण के पूर्व आदि शंकराचार्य द्वारा स्थापित चार धामों (बदरीनाथ, जगन्नाथपुरी, रामेश्वरम् एवं द्वारिका) की यात्रा के बाद भी भारत भूमि का बड़ा भू-भाग इस परिक्रमा से बाहर रह जाता था। स्वामी विवेकानंद के जन्म शताब्दी वर्ष (सन् १९६३) में इस शिला स्मारक के निर्माण का संकल्प लेकर एकनाथ रानडे ने शंकराचार्यजी के चार धामों में यह पाँचवाँ धाम जोड़कर न केवल राष्ट्रीय एकता के भौगोलिक अधिष्ठान को पूर्णता प्रदान की अपितु स्थापत्य कला का समूचे विश्व को आकर्षित करनेवाला एक अद्‍भुत चमत्कार प्रगट कर दिखाया।

समुद्र तट से ५० फीट ऊँचाई पर निर्मित यह भव्य और विशाल प्रस्तर कृति विश्व के पर्यटन मानचित्र पर एक महत्त्वपूर्ण आकर्षण केंद्र बनकर उभर आई है। उसकी भव्यता और विशालता का अनुमान इससे ही लग सकता है कि उसे बनाने के लिए लगभग ७३ हजार विशाल प्रस्तर खंडों को समुद्र तट पर स्थित कार्यशाला में कलाकृतियों से सज्जित करके समुद्री मार्ग से शिला पर पहुँचाया गया। इनमें कितने ही प्रस्तर खंडों का भार १३ टन तक था। स्मारक के विशाल फर्श के लिए प्रयुक्त प्रस्तर खंडों

के आँकड़े इसके अतिरिक्त हैं। इस स्मारक के निर्माण में लगभग ६५० कारीगरों ने २,०८१ दिनों तक रात-दिन श्रमदान किया। कुल मिलाकर ७८ लाख मानव घंटे इस तीर्थ की प्रस्तर काया को आकार देने में लगे। २ सितंबर, १९७० को भारत के तत्कालीन राष्ट्रपति डॉ. वी.वी. गिरि ने तमिलनाडु के तत्कालीन मुख्यमंत्री श्री करुणनिधि की अध्यक्षता में आयोजित एक विराट समारोह में भारत के उस नवीन तीर्थ को विश्व की धरोहर बना दिया। स्वामी विवेकानंद के जन्म शताब्दी वर्ष में जन्मा वह राष्ट्रीय संकल्प केवल सात साल में ही साकार रूप धारण कर गया, अनेक दिशाओं से विरोध की कई मंजिलों को पार करके, साधनों के अभाव से जूझते हुए स्मारक निर्माण का वह अभियान स्वयं में राष्ट्र जागरण का महान् यज्ञ बन गया। उस यज्ञ ने भारत की बाह्य विविधता और विघटनात्मक राजनीति के अंतस्तल में प्रवाहमान राष्ट्रीय चेतना और राष्ट्रीय एकात्मता की अजस्र धारा का विश्व को साक्षात्कार कराया और उस साक्षात्कार का निमित्त बना स्वामी विवेकानंद का ३९ वर्ष का अल्प जीवन और भारतीय चेतना को युगों-युगों तक झंकृत करनेवाली उनकी ओजस्वी वाणी।

नरेंद्र से विवेकानंद

१२ जनवरी, १८६३ को जन्मे नरेंद्र को नियति सन् १८८० में रामकृष्ण परमहंस के आध्यात्मिक प्रभामंडल में खींच ले गई और सन् १८८६ में रामकृष्ण परमहंस के शरीरांत के साथ ही २३ वर्षीय नरेंद्र ने अपने कंधों पर अपने गुरु भाइयों की छोटी सी टुकड़ी का नेतृत्व करने और अपने गुरु के आध्यात्मिक संदेश को युगानुकूल भाषा में विश्व भर में गुंजित करने तथा धर्म को नवीन व व्यावहारिक व्याख्या करके भारत के मूर्छित प्राणों में नवजीवन का संचार करने का गुरुतर भार पाया। चार वर्षों में अपने गुरुभाइयों को संन्यास पथ पर अडिग करके सन् १८९० में नरेंद्र अकेले ही परिव्राजक वेष धारण कर भारतमाता के अंतरंग का साक्षात्कार करने के लिए निकल पड़े। इस भ्रमण में भारत भूमि पर व्याप्त दारिद्रय, छुआछूत, ऊँच-नीच, अंधविश्वास, कूपमंडूक, अर्थहीन पूजा-उपासना, घोर स्वार्थ, क्षुद्र ईर्ष्या और द्वेष से कुंठित-मूर्छित कर्म चेतना को अपनी आँखों से देखकर नरेंद्र का

अंत:करण तड़प उठा और मातृभूमि के पुनरुद्धार का उपाय खोजने लगा। इस यात्रा के अंत में वे कन्याकुमारी पहुँचे, वहाँ देवी का दर्शन करने के पश्चात् कोई अदृश्य शक्ति उन्हें समुद्र तैरकर शिला पर ले गई और वहाँ देवी के पदचिह्नों का दर्शन करते ही वे ध्यान की स्थिति में पहुँच गए। ध्यान मुद्रा में आसेतु हिमाचल भारतमाता का चित्र उनकी आँखों में उभरा और मन में भारत तथा भारत के माध्यम से पूरी मानव जाति का उद्धार करने की एक योजना उभरी। इसी योजना का पहला चरण था अमरीका में आयोजित विश्व धर्म सम्मेलन में भाग लेने का निश्चय। इस धर्म सम्मेलन ने ही नरेंद्र को एक अज्ञात संन्यासी से विश्व प्रसिद्ध स्वामी विवेकानंद में रूपांतरित कर दिया। उनकी वाणी को वह शक्ति प्रदान की, जिससे वह अनेक पीढ़ियों को अनुप्राणित व स्पंदित करनेवाली अक्षय प्रेरणास्रोत बन गई। स्वामी विवेकानंद के जन्म शताब्दी वर्ष (सन् १९६३) में इस शिला पर स्वामीजी के स्मारक निर्माण का संकल्प कुंडलिनी जागरण का माध्यम बन गया। इस स्मारक में देवी के श्रीचरणों पर दृष्टि गड़ाए, 'चरैवेति की सिंह मुद्रा' में खड़ी स्वामीजी की विशाल प्रतिमा भारतीय अध्यात्म, धर्म और जीवन दृष्टि का उद्घोष कर रही है।

प्रारंभिक चरण और विरोध

भारतीय समाज उत्सवधर्मी है। आचरण के धरातल पर निष्क्रिय रहते हुए भी शाब्दिक प्रदर्शन के धरातल पर महापुरुषों की जयंतियाँ मनाने का उसे भारी शौक है। सन् १९६२ में ही स्वामीजी की जन्मशताब्दी (१९६३) को वर्ष भर मनाने का तुमुलनाद प्रारंभ हो गया। तभी तमिलनाडु में राष्ट्रीय स्वयंसेवक संघ के प्रांत प्रचारक दत्ताजी डिडोलकर की प्रेरणा से तमिलनाडु के मन में इस शिला का नाम 'विवेकानंद शिला' घोषित करने व वहाँ स्वामीजी की प्रतिमा स्थापित करने का विचार पैदा हुआ। कन्याकुमारी के प्रतिष्ठित नागरिकों की एक स्थानीय समिति भी गठित हो गई। रामकृष्ण मिशन के एक प्रभावशाली संन्यासी स्वामी चिद्भवानंद, जो तमिलनाडु में रामकृष्ण तपोवनम्' नामक एक स्वतंत्र आश्रम के प्रतिष्ठाता थे, इस माँग के पीछे खड़े हो गए, किंतु तमिलनाडु के हिन्दुओं की यह

योजना प्रकाश में आते ही कैथोलिक चर्च उसके विरोध में खड़ा हो गया। उसके लंबे प्रयासों के फलस्वरूप कन्याकुमारी क्षेत्र की जनसंख्या का बड़ा भाग ईसाई मत स्वीकार कर चुका था। इस बहुसंख्या के बल पर चर्च ने उस शिला को विवेकानंद शिला की बजाय 'सेंट जेवियर शिला' जैसा नाम दे दिया। चर्च ने मिथक गढ़ा कि सोलहवीं शताब्दी में सेंट जेवियर इस शिला पर आए थे। शिला पर अपना अधिकार सिद्ध करने के लिए चर्च ने वहाँ चर्च के प्रतीक चिह्न 'क्रॉस' की एक प्रस्तर प्रतिमा भी स्थापित कर दी। चर्च के प्रभाव के कारण कन्याकुमारी के मतांतरित ईसाई नाविकों ने हिन्दू कार्यकर्ताओं को समुद्र तट से शिला तक ले जाने से मना कर दिया। इस बहिष्कार का सामना करने के लिए बालन और लक्ष्मणन जैसे अनेक वीर नाविक स्वयंसेवक कन्याकुमारी पहुँच गए। इस तनावपूर्ण वातावरण में एक रात वह 'क्रॉस' समुद्र में विलीन हो गया। पूरे जिले में संघर्ष की तनाव भरी स्थिति पैदा हो गई और तमिलनाडु की तत्कालीन कांग्रेस सरकार ने २ अक्तूबर, १९६२ को कन्याकुमारी में धारा १४४ घोषित करके सार्वजनिक आंदोलन के दरवाजे बंद कर दिए। उन दिनों तमिलनाडु के कांग्रेसी मुख्यमंत्री भक्तवत्सलम् धार्मिक प्रवृत्ति के व्यक्ति थे। वे कांची कामकोटि पीठ्म के परमाचार्य श्री चंद्रशेखरेंद्र सरस्वतीजी के प्रति अगाध श्रद्धा रखते थे, किंतु ईसाई वोट-बैंक के लालच में, संकुचित दलीय स्वार्थ के लिए वे चर्च को नाराज नहीं करना चाहते थे। इस स्थिति का सामना करने के लिए दत्ताजी डिडोलकर की प्रेरणा से नवंबर १९६२ में कन्याकुमारी जिला समिति का विस्तार करके केरल के शीर्ष नायर नेता श्री मन्मथ पद्मनाथन की अध्यक्षता में अखिल भारतीय विवेकानंद शिला स्मारक समिति का गठन किया गया। इस समिति ने घोषणा कर दी कि १२ जनवरी, १९६३ से आरंभ होने वाले स्वामी विवेकानंद जन्म शताब्दी वर्ष की १२ जनवरी, १९६४ को पूर्णाहुति होने तक वे शिला पर उनकी प्रतिमा की स्थापना कर देंगे। यह पूरी योजना छह लाख रुपयों की थी। उन्होंने सरकार से माँग की कि वह उसे 'विवेकानंद शिला' घोषित करे। इस आशय की एक प्रस्तर पट्टिका शिला पर स्थापित करने की अनुमति

भी माँगी। मुख्यमंत्री भक्त वत्सलम् ने इस आंदोलन को भ्रमित करने के लिए विवेकानंद शिला नामकरण तो स्वीकार कर लिया और उस शिला पर स्वामीजी के आगमन व समाधि के सत्य की घोषणा करनेवाली एक पट्टिका स्थापित करने की अनुमति भी दे दी, किंतु शिला पर कोई स्मारक निर्माण न होने देने के अपने निर्णय पर वे डटे रहे। उनके इस निर्णय के सामने झुककर स्वामी चिदभवानंदजी ने शिला के सामने मुख्य तट पर केवल १५×१५ फीट आकार का एक स्मारक, जिसमें स्वामीजी ध्यान मुद्रा में बैठे हुए हैं और लोहे के सीखचों से घिरे हुए हैं, निर्माण करना स्वीकार कर लिया और वह अभी भी वहाँ विद्यमान है।

इधर अ.भा. विवेकानंद शिला स्मारक समिति ने मुख्यमंत्री के आश्वासन पर १७ जनवरी, १९६३ को शिला पर एक प्रस्तर पट्टी स्थापित कर दी, किंतु १६ मई, १९६३ को इस पट्टिका को रात के अँधेरे में तोड़कर समुद्र में फेंक दिया गया। स्थिति फिर तनावपूर्ण हो गई। चर्च और तमिलनाडु की सरकार के संयुक्त विरोध का स्थानीय साधनों से सामना कर पाना शिला स्मारक समिति को बहुत कठिन लगा। मुख्यमंत्री भक्तवत्सलम् का कहना था कि केंद्र सरकार भी शिला पर किसी स्मारक के निर्माण के पक्ष में नहीं है। तमिलनाडु सरकार उसकी सहमति के बिना कुछ नहीं कर सकती। इस स्थिति में दत्ताजी डिडोलकर और स्मारक समिति को लगा कि अब इस गतिरोध को अखिल भारतीय प्रयत्नों से ही तोड़ा जा सकता है, किंतु इस अखिल भारतीय प्रयास का नेतृत्व कौन करे, उसके साधन कौन जुटा सकेगा? सबकी दृष्टि राष्ट्रीय स्वयंसेवक संघ और स्वामी विवेकानंद के प्रति अगाध श्रद्धा रखनेवाले उसके सरसंघचालक श्रीगुरुजी पर गई, पर नियति इसके लिए पहले से ही आधारभूमि तैयार कर रही थी।

रामकृष्ण मिशन और एकनाथजी

मार्च १९६२ में संघ के एक शीर्ष कार्यकर्ता श्री एकनाथ रानाडे को सरकार्यवाह पद से मुक्त करके अखिल भारतीय बौद्धिक प्रमुख का दायित्व दिया गया, साथ ही स्वामी विवेकानंद के जन्म शताब्दी वर्ष में संघ के योगदान के रूप में उनके विचारों का एक संकलन तैयार करने का काम

भी उन्हें सौंपा गया। यह कार्य एकनाथजी को बहुत भाया। वे विद्यालय जीवन में विवेकानंद साहित्य का पारायण कर चुके थे। उस साहित्य ने उनके मानस को गढ़ा था। अत: श्री गुरुजी की ओर से यह निर्देश आते ही उन्होंने उसे सहर्ष शिरोधार्य कर लिया और कलकत्ता जाकर वे विवेकानंद वाङ्मय में डूब गए। चार-पाँच माह श्री रामकृष्ण मिशन के बेलूर मठ में रहकर वे उनके संपूर्ण वाङ्मय का तीन-चार बार पारायण कर गए। इस मंथन में से जो नवनीत उन्होंने बाहर निकाला, वह अंग्रेजी में 'राइजिंग काल टू हिन्दू नेशन' और हिंदी में 'उत्तिष्ठत् जाग्रत' शीर्षक से प्रकाशित किया गया। मुझे उस मूल कृति का हिंदी अनुवाद तैयार करने का सौभाग्य मिला था।

१६ मई, १९६३ को शिला पर स्थित प्रस्तर पट्टिका के ध्वंस से आहत शिला स्मारक समिति के अनेक प्रमुख सदस्य दत्ताजी डिडोलकर के साथ नागपुर में श्री गुरुजी से मिले। श्री गुरुजी की आँखें इस समस्या को सुलझाने में समर्थ पात्र को खोजने लगीं और यह संयोग नहीं, नियति की योजना ही थी कि उसने उसी समय किसी निमित्त से एकनाथजी को नागपुर पहुँचा दिया। एकनाथजी उसी दोपहर नागपुर से बाहर जाने वाले थे कि श्री गुरुजी ने शिला स्मारक समिति की समस्या उन्हें बताई और पूछा कि क्या वे यह दायित्व लेना चाहेंगे? एकनाथजी तो विवेकानंद में आकंठ डूबे हुए ही थे। उन्होंने हाँ कर दी और सर्वप्रथम बेलूर मठ आकर रामकृष्ण मिशन के तत्कालीन अध्यक्ष स्वामी माधवानंदजी का आशीर्वाद माँगा। स्वामी माधवानंद से उनका स्नेह संबंध बहुत पुराना था। १७ जनवरी, १९६३ को विवेकानंद के विचार संकलन की पहली प्रति भी उन्होंने स्वामी माधवानंद को ही भेंट की थी। अत: अब भी, जुलाई १९६३ में यह नया दायित्व मिलने पर एकनाथजी सबसे पहले स्वामी माधवानंदजी का आशीर्वाद लेने पहुँचे। स्वामी माधवानंदजी ने कहा, "यह पुण्य कार्य है, तुम हाथ में लो। मेरा क्या, स्वयं ठाकुर रामकृष्ण परमहंस एवं स्वामीजी का आशीर्वाद तुम्हारे साथ रहेगा।" एकनाथजी का यह कदम बहुत ही दूरदर्शितापूर्ण था। रामकृष्ण मिशन का आशीर्वाद लिये बिना यदि वे शिला स्मारक

निर्माण के कार्य में कूद पड़ते और यदि किसी पत्रकार के पूछने पर मिशन इस बारे में अनभिज्ञता प्रगट कर देता तो अभियान की प्रामाणिकता पर प्रश्नचिह्न लग जाता।

राजनीतिक अड़चनें

रामकृष्ण मिशन का आशीर्वाद प्राप्त कर एकनाथजी मद्रास पहुँचे। उन्होंने इस विवाद से संबंधित सब फाइलों का सूक्ष्म अध्ययन किया। उनमें उन्हें भक्त वत्सलम् के विरोध के मुख्य सूत्र मिल गए। भक्तवत्सलम् का मुख्य तर्क था कि केंद्रीय सरकार के संस्कृति मंत्री श्री हुमायूँ कबीर शिला पर स्मारक निर्माण के विरुद्ध हैं, क्योंकि उनकी दृष्टि से इस स्मारक के निर्माण से उस क्षेत्र का नैसर्गिक सौंदर्य नष्ट हो जाएगा। कबीर के इस तर्क को प्रधानमंत्री पं. नेहरू ने शिला पर स्मारक निर्माण के विरोध का मुख्य आधार बना लिया था। एकनाथजी ने अनुभव किया कि स्मारक निर्माण के लिए तमिलनाडु सरकार की अनुमति पाने से पहले केंद्र सरकार की सहमति प्राप्त करना आवश्यक है और इसके लिए हुमायूँ कबीर की ओर से हो रहे विरोध को पहले निर्मूल करना होगा। समस्या के गहरे अध्ययन से एकनाथजी इस निष्कर्ष पर पहुँचे कि स्वामी विवेकानंद शिला स्मारक समिति में कोई औपचारिक पद ग्रहण किए बिना तमिलनाडु और केंद्र सरकार की ओर से आ रहे विरोध को समाप्त नहीं किया जा सकता। इसलिए उन्होंने समिति की पूर्व रचना को छेड़े बिना १३ अगस्त, १९६३ को अ.भा. विवेकानंद शिला स्मारक समिति के प्रथम संगठन मंत्री का पद अंगीकार किया।

कन्याकुमारी में शिला के नैसर्गिक परिवेश का अध्ययन करके उन्होंने केंद्रीय संस्कृति मंत्री हुमायूँ कबीर से भेंट का समय माँगा। कबीर ने उन्हें भेंट का समय नहीं दिया, इसलिए एकनाथजी पुनः कलकत्ता गए, स्वामी माधवानंदजी एवं अन्य लोगों से परामर्श किया। उनकी सहायता से वे कलकत्ता के सभी प्रमुख संपादकों से मिले। सभी का मत था कि स्मारक निर्माण में मुख्य बाधा हुमायूँ कबीर है। कन्याकुमारी में स्वामीजी का स्मारक बनाने के लिए पूरा बंगाल लालायित था। बंगाल ही हुमायूँ

कबीर का अपना राजनीतिक क्षेत्र था। इसलिए सर्वप्रथम हुमायूँ कबीर के विरोध को समाप्त करना आवश्यक था। व्यक्तिगत भेंटों के द्वारा अनुकूल मन तैयार करके एकनाथजी ने कलकत्ता में एक पत्रकार वार्त्ता बुलाकर हुमायूँ कबीर की विरोध की भूमिका को सार्वजनिक कर दिया। अगले दिन सभी समाचार-पत्रों में समाचारों, लेखों और संपादकीय टिप्पणियों में कबीर का व्यापक विरोध आरंभ हो गया। प्रचार की इस आँधी से कबीर हतप्रभ रह गए। उन्होंने एकनाथजी को दिल्ली आकर भेंट करने का न्योता दिया। एकनाथजी उनसे मिले। लंबी वार्त्ता करके उन्हें शिला स्मारक के विरोध से परावृत्त करने में सफल हुए। इस भेंट की विशेषता यह रही कि भेंट के बाद एकनाथजी ने कबीर के साथ हुए अपने मौखिक वार्त्तालाप को अक्षरश: लिपिबद्ध करके उन्हें तुरंत भेज किया। एकनाथजी की असामान्य स्मरण शक्ति को देखकर हुमायूँ कबीर चमत्कृत रह गए।

राष्ट्रीय प्रयास

हुमायूँ कबीर की बाधा हटाने के पश्चात् एकनाथजी प्रधानमंत्री पं. जवाहरलाल नेहरू की अनुकूलता पाने के उपाय खोजने लगे। नेहरूजी की सहमति के बिना तमिलनाडु के मुख्यमंत्री भक्तवत्सलम् की अनुमति प्राप्त होना असंभव था। नेहरूजी की दृष्टि में चर्च विरोध के कारण यह समस्या सांप्रदायिक बन चुकी थी। स्वामी विवेकानंद के प्रति व्यक्तिगत श्रद्धाभाव रखते हुए भी नेहरूजी का हिन्दुत्व विरोध जगजाहिर था। वे स्मारक निर्माण के लिए सहमति देकर अपने ऊपर सांप्रदायिकता का ठप्पा नहीं लगने देना चाहते थे। कुछ ही दिनों बाद उनकी भक्तवत्सलम् से भेंट होने वाली थी। उनका एक शब्द भी भक्तवत्सलम् को अनुकूल बनाने के लिए पर्याप्त था, किंतु नेहरूजी तक पहुँचा कैसे जाए? एकनाथजी की दृष्टि नेहरूजी के विश्वस्त लाल बहादुर शास्त्री की ओर गई। वे उनसे मिले।

शास्त्रीजी स्मारक निर्माण के पक्ष में थे। उन्होंने एकनाथजी को पूर्ण सहयोग का आश्वासन दिया, किंतु कहा कि मेरा कद छोटा है, इसलिए मैं अपने ढंग और अपनी गति से सहयोग दूँगा। कुछ दिन प्रतीक्षा करके एकनाथजी ने शास्त्रीजी से पूछा कि यदि कुछ संसद् सदस्यों के हस्ताक्षरों

से युक्त प्रतिवेदन नेहरूजी को प्रस्तुत किया जाए तो क्या आपका काम सरल होगा? शास्त्रीजी ने कहा कि यदि यह कर पाओ तो बहुत अच्छा होगा। बस, एकनाथजी ने संसद् के सत्र के समय दिल्ली में डेरा डाल दिया और विभिन्न दलों के सांसदों से अलग-अलग भेंट आरंभ कर दी। तब एकनाथजी ने पाया कि सभी विचारधाराओं और दलों के सांसद स्वामीजी के प्रति अगाध श्रद्धा रखते हैं। उन्होंने भी युवावस्था में स्वामीजी के विचारों और जीवन से देशभक्ति की प्रेरणा प्राप्त की थी। इस अनुकूलता का परिणाम हुआ कि २४, २५, २६ दिसंबर, १९६३ के केवल तीन दिनों में शिला स्मारक के निर्माण के पक्ष में एकनाथजी ३२३ सांसदों के हस्ताक्षर प्राप्त करने में सफल हो गए। समाजवादी सांसदों के हस्ताक्षर लेने में डॉ. राम मनोहर लोहिया ने सहायता की, तो कम्युनिस्ट सांसदों के हस्ताक्षर लेने में रेणु चक्रवर्ती ने पहल की। उस ज्ञापन पर सभी दलों, सभी राज्यों, यहाँ तक कि मुस्लिम और ईसाई सांसदों के भी हस्ताक्षर थे। एकनाथजी इन हस्ताक्षरों को लेकर जब शास्त्रीजी से मिले तो वे चकित रह गए। उन्हें विश्वास ही नहीं हुआ कि एकनाथजी जैसा गैरराजनीतिक, अप्रसिद्ध व्यक्ति इतने कम समय में इतने अधिक सांसदों के हस्ताक्षर बटोर सकता है। उनके मुख से निकल गया, "क्या ये हस्ताक्षर सच्चे हैं?" एकनाथजी का उत्तर था आप किसी भी सांसद को फोन करके सत्य की जाँच कर लीजिए। शास्त्रीजी ने भाव विभोर होकर कहा, "अब तुम निश्चिंत बैठो। आगे का काम मैं करूँगा।" शास्त्रीजी का संकेत आने पर एकनाथजी ने संसद् के वरिष्ठतम सदस्य श्री बापू अणे के द्वारा वह हस्ताक्षरित ज्ञापन नेहरूजी को औपचारिक तौर पर भेंट कर दिया। इस ज्ञापन का नेहरूजी पर भारी प्रभाव पड़ा और उन्होंने अगली भेंट में भक्तवत्सलम् को अपनी सहमति सूचित कर दी।

इस हस्ताक्षर संग्रह अभियान ने एकनाथजी का यह विश्वास दृढ़ कर दिया कि दलीय राजनीति ही हमारे समाज को विखंडित कर रही है और स्वामी विवेकानंद जैसे सांस्कृतिक व्यक्तित्व ही इस विखंडन को पाटने में समर्थ हैं। उन्होंने निष्कर्ष निकाला कि राजनीति हमें तोड़ती है तो संस्कृति जोड़ती है।

एकनाथजी : कल्पना और यथार्थ

३२३ सांसदों के हस्ताक्षर एवं पं. नेहरू के कथन से प्रभावित भक्त वत्सलम् ने ५ फरवरी, १९६४ को कुछ संवाददाताओं को बता दिया कि राज्य सरकार विवेकानंद शिला पर स्वामी विवेकानंद की प्रतिमा की स्थापना के लिए तैयार है, किंतु यह प्रतिमा छोटे आकार की और एक सुरक्षित बाड़े में बंद होनी चाहिए। भक्त वत्सलम् का यह निर्णय अगले दिन ६ फरवरी के समाचार-पत्रों में छप गया, परंतु एकनाथजी भक्तवत्सलम् के हठी स्वभाव को पहचान चुके थे। अतः उन्होंने पूरी विनम्रता के साथ १३ फरवरी को भक्तवत्सलम् से प्रत्यक्ष भेंट करके शिला पर प्रतिमा स्थापना के लिए उनके प्रति कृतज्ञता प्रगट की और उनकी धर्मनिष्ठा व स्वामीजी के प्रति भक्ति की प्रशंसा की। शिला स्मारक के लिए केंद्र सरकार की सहमति और तमिलनाडु सरकार की अनुमति पाकर एकनाथजी ने स्मारक निर्माण के मार्ग में विरोध की पहली मंजिल को पार कर लिया, किंतु स्मारक के स्वरूप और आकार के बारे में भक्तवत्सलम् और एकनाथजी के कल्पना चित्रों में आकाश-पाताल का अंतर था। भक्तवत्सलम् १५×१५ फीट आकार के स्मारक के निर्माण पर अड़े हुए थे, जबकि एकनाथजी की कल्पना में एक भव्य और विशाल स्मारक का चित्र घूम रहा था। तमिलनाडु सरकार की अनुमति के बिना उस चित्र को साकार नहीं किया जा सकता था। अतः एकनाथजी ने भक्तवत्सलम् के साथ बहुत ही धैर्य और नीतिमत्ता के साथ व्यवहार किया। उनके साथ अपनी मतभिन्नता को उन्होंने एक बार भी खुले शब्दों में व्यक्त नहीं किया।

स्वामी विवेकानंदजी के प्रति भक्ति और उनके स्मारक निर्माण के बिंदुओं पर दोनों की एकमतता को ही हमेशा सामने रखा। इसी के साथ एकनाथजी स्मारक के अपने कल्पना चित्र के लिए भक्तवत्सलम् की सहमति पाने की दिशा में प्रयत्नशील हो गए। उन्होंने भक्तवत्सलम् के सामने प्रस्ताव रखा कि क्यों न देश के मूर्धन्य स्थापत्यकारों के द्वारा स्मारक की रूपरेखा तैयार कराई जाए और उस पर देश के पाँच-छह शीर्ष पुरुषों के मत आमंत्रित किए जाएँ। भक्तवत्सलम् ने पूछा कौन होंगे वे ५-६ शीर्ष

पुरुष। एकनाथजी ने नाम गिनाए—प्रधानमंत्री जवाहरलाल नेहरू, गृहमंत्री लाल बहादुर शास्त्री, राष्ट्रपति डॉ. एस. राधाकृष्णन, नए संस्कृति मंत्री मुहम्मद करीम छागला, रामकृष्ण मिशन के अध्यक्ष स्वामी माधवानंद और अंत में उन्होंने कांची कामकोटि पीठम् के परमाचार्य चंद्रशेखरेंद्र सरस्वती का नाम लिया। परमाचार्य के प्रति भक्तवत्सलम् की अगाध श्रद्धा थी, इस तथ्य को एकनाथजी जानते थे। उनका नाम लेते ही भक्तवत्सलम् उछल पड़े। बोले कि ठीक है, तुम स्मारक का स्थापत्य मानचित्र बनवाकर उस पर परमाचार्य का मत मुझे बताओ। एकनाथजी तुरंत परमाचार्य से मिले। सुखद संयोग था कि परमाचार्य ने स्मारक के निर्माण में गहरी रुचि दिखाई और एकनाथजी द्वारा चयनित परंपरागत शैली के उत्कृष्ट वास्तुकार श्री एस.के. अचारी को अपने साथ बैठाकर स्मारक की रूपरेखा पर विस्तार से चर्चा की व आवश्यक दिशा-निर्देश दिए। उनके दिशा-निर्देशों से सज्जित होकर एकनाथजी भक्तवत्सलम् से मिले। वत्सलम् परमाचार्य द्वारा स्वीकृत स्थापत्य चित्र को देखने के लिए आतुर थे। एकनाथजी ने उन्हें वह चित्र दिखाया, पर उसके आकारों का उल्लेख न करने की सावधानी बरती। भक्तवत्सलम् ने तुरंत परमाचार्य द्वारा स्वीकृत मानचित्र पर काम करने का आदेश दे दिया। तब एकनाथ जी ने झिझकते हुए कहा कि एक कठिनाई है कि परमाचार्य द्वारा स्वीकृत स्मारक का आकार थोड़ा बड़ा होगा। भक्तवत्सलम् ने कहा कि कोई चिंता की बात नहीं है। तुम स्मारक निर्माण का कार्य आरंभ करो, आकार की समस्या को बाद में देखेंगे। बेचारे भक्तवत्सलम् उस समय शायद यह नहीं समझ पाए कि वह थोड़ा सा बड़ा आकार १५×१५ फीट से बढ़कर स्वामीजी की प्रतिमा वाले सभा मंडपम् में ही १३०×५६ फीट तक पहुँच जाएगा।

स्मारक निर्माण में तमिलनाडु सरकार से आने वाले अवरोधों की पराजय की आखिरी मंजिल एकनाथजी पार कर चुके थे। स्मारक के आकार का लगातार विस्तार होता जा रहा था। सभा मंडपम् के साथ देवी के चरणों पर श्रीपाद मंडपम् और शिला पर एक गहरे गड्ढे में ओम की प्रतिमा के साथ एक ध्यान मंडपम् बनाने जैसी कल्पनाएँ एकनाथजी के

मन में उभरने लगी थीं। इन कल्पनाओं के लिए वे किश्तों में तमिलनाडु सरकार की औपचारिक अनुमति प्राप्त करते आ रहे थे। इस प्रकार ११ अगस्त, १९६३ को विवेकानंद शिला स्मारक समिति के संगठन मंत्री का पद सभालने से सितंबर १९६४ तक पूरा एक वर्ष स्मारक निर्माण के लिए सरकारी अनुमति प्राप्त करने में चला गया, किंतु स्मारक के वर्तमान चित्र को साकार करने के लिए तमिलनाडु सरकार की अनुमति प्राप्त करने का कार्य अनेक किश्तों में स्मारक निर्माण के अंतिम चरण तक चलता रहा। पूरा चित्र एक साथ प्रस्तुत करके तमिलनाडु सरकार के डगमगाने की स्थिति कभी पैदा नहीं होने दी गई। यहाँ भावुक उत्साह से अधिक एकनाथजी की प्रगल्भ नीतिमत्ता और कुशल रणनीति का योगदान रहा।

कुशल संगठन व योजक

अनुमति तो मिल गई, स्मारक निर्माण का रास्ता भी खुल गया, पर अब एकनाथजी के सामने स्मारक के कल्पना चित्र को साकार रूप देने की चुनौती खड़ी थी। इस चुनौती ने एकनाथजी की प्रतिभा, कल्पनाशक्ति, योजना कुशलता, साधन संग्राहकता, एक प्रस्तर स्मारक के निर्माण कार्य को राष्ट्र जागरण और राष्ट्रीय एकता के देशव्यापी आंदोलन को खड़ा करने की अपूर्व क्षमता के रूप में प्रगट किया। एकनाथजी अकेले नहीं थे। स्वामी विवेकानंद के जीवन लक्ष्य और आदर्शों के प्रति समर्पित राष्ट्रीय स्वयसेवक संघ का पूरे देश में फैला हुआ विशाल संगठन इस कार्य में उनके पीछे खड़ा था। स्वामी विवेकानंदजी के प्रति देश के अचेतन मानस में गहरी श्रद्धा एवं भावना व्याप्त थी। अनेक दलों में बिखरा हुआ नेतृत्व उन्हें अपना प्रेरणा पुरुष मानता था, लेकिन इस पूरी पूँजी को जोड़कर एक दिशा में प्रवाहित करने के लिए अपूर्व कल्पनाशक्ति, योजकता एवं संगठन कौशल की आवश्यकता थी, जो नियति ने एकनाथजी में प्रगट की। वे एक साथ अनेक प्रश्नों का उत्तर खोजने में जुट गए। शिला स्मारक का अंतिम चित्र क्या होगा? श्रीपाद मंडपम्, ध्यान मंडपम् और प्रतिमा की स्थापना के साथ मुख्य सभा मंडपम् का स्वरूप क्या होगा? कहाँ किस रंग का; कौन सा पत्थर प्रयोग किया जाएगा, वे पत्थर कहाँ से प्राप्त होंगे, कैसे

लाए जाएँगे, किस आकार का कौन सा पत्थर कहाँ लगेगा? उन पर कौन सी कलाकृतियाँ उत्कीर्ण होंगी? इन विशाल प्रस्तर खंडों को समुद्र के बीच शिला तक कैसे पहुँचाया जाएगा? निर्माण के समय पानी की आवश्यकता कैसे पूरी होगी? स्मारक दर्शन के लिए आनेवाले यात्रियों की व्यवस्था कहाँ-कहाँ से कैसे होगी? शिला तक आने जाने और सामग्री को ढोने के लिए नौका व्यवस्था कैसे होगी? पत्थरों की गढ़ाई व कलात्मक सज्जा के लिए मुख्य तट पर कार्यशाला कहाँ बनेगी? यात्रियों एवं कारीगरों के ठहरने की क्या व्यवस्था होगी? स्मारक निर्माण का समयबद्ध कार्यक्रम क्या होगा? उसे कैसे निभाया जाएगा? उसके लिए उपयुक्त विशेषज्ञ और कारीगर कहाँ से जुटाए जाएँगे? स्वामीजी की वहाँ स्थापित होनेवाली प्रतिमा की क्या मुद्रा हो? क्या वे ध्यान मुद्रा में हों या सर्वाधिक प्रचलित पगड़ीधारी वक्ता की मुद्रा में दिखाए जाएँ? एकनाथजी ने उनकी परिव्राजक रूप में कर्म पथ का आह्वान करने वाली मुद्रा की कल्पना की। फिर प्रश्न उठा कि उस प्रतिमा की ऊँचाई कितनी हो? एकनाथजी उन्हें भगवान् के रूप में नहीं, कर्म पथ पर बढ़ने का आह्वान करते हुए एक धर्मयोद्धा के रूप में प्रस्तुत करना चाहते थे, जिसकी अपनी दृष्टि देवी के चरणों पर केंद्रित हो, आदि-आदि अनेक कल्पना चित्र उनकी आँखों में उभरने लगे। पत्थरों की खोज, इंजीनियरों, कारीगरों एवं विशेषज्ञों की खोज परंपरागत वास्तुकला में निष्णात स्थापत्यकारों की खोज, स्वामीजी का चित्र एवं बाद में उस चित्र के आधार पर कांस्य प्रतिमा बनाने वाले श्रेष्ठतम चित्रकार एवं मूर्तिकार की खोज, और सबसे बड़ा प्रश्न था इस समयबद्ध विशाल यज्ञ को पूरा करने के लिए आर्थिक संसाधनों की खोज और इस खोज कार्य को राष्ट्र जागरण और राष्ट्रीय एकता की प्रक्रिया में परिणत करना। एकनाथजी इन सब दिशाओं में एक साथ सक्रिय हो गए। उन्होंने मुख्य तट पर एक कार्यशाला स्थापित की, विवेकानंदपुरम् नामक विशाल परिसर के लिए भूमि जुटाने का प्रयास शुरू किया।

सबके साथ, सबका साथ

२ सितंबर, १९७० को शिला स्मारक के विधिवत् उद्घाटन के एक

मास बाद ८ अक्तूबर, १९७० को दिल्ली में उनसे भेंट होने पर जब मैंने पूछा, 'एकनाथजी, इतना बड़ा चमत्कार कर दिखाने के बाद अब आप कैसा अनुभव कर रहे हैं?' तो उनका उत्तर था, ''यह चमत्कार मैंने नहीं, भारत की उस जाग्रत् चेतना ने कर दिखाया, जो ऊपर से मूर्छित सी प्रतीत होती है, किंतु जो अंदर ही अंदर बड़ी सशक्त और जीवंत है। आज जब मैं विगत सात वर्षों के तूफानी जीवन पर दृष्टिपात करता हूँ तो मुझे स्वयं आश्चर्य होता है कि किस महाशक्ति ने मुझे अपना हस्तक बनाकर मेरे हाथों यह महाकार्य संपन्न करा लिया? मुझे तो संघ कार्य के अलावा किसी अन्य पद्धति से सार्वजनिक कार्य करने का अनुभव नहीं था। स्थापत्य कला, वास्तुकला, प्रचार कला आदि से मेरा दूर का भी संबंध नहीं था, किंतु इन सात वर्षों में कोई अदृश्य शक्ति मुझे घुमाती रही और मैं घूमता रहा।'' (पाञ्चजन्य, २६ अक्तूबर, १९७०)

उन सात वर्षों में एकनाथजी की कर्म साधना के एक-एक बिंदु पर एक लंबा स्वतंत्र अध्याय लिखा जा सकता है, किंतु यहाँ हम केवल एकाध बिंदु को ही संक्षेप में प्रस्तुत करेंगे। स्मारक निर्माण के आर्थिक पक्ष को ही लें। शिला स्मारक का आर्थिक बजट कन्याकुमारी जिला समिति के ४० हजार रुपयों से फैलते-फैलते एक करोड़ पैंतीस लाख रुपयों पर जाकर रुका। यह विशाल धन राशि जुटाना सरल कार्य नहीं था। सन् १९६५ के भारत-पाकिस्तान युद्ध एवं रुपए के अवमूल्यन के कारण देश गंभीर आर्थिक संकट से गुजर रहा था। कभी-कभी अर्थाभाव के कारण कारीगरों को अल्प वेतन देना भी संभव नहीं होता था। ऐसा लगता था कि कारीगरों को टिकाए रखना संभव नहीं होगा, किंतु एकनाथजी की निःस्वार्थ साधना और शिला स्मारक में से प्रस्फुटित अध्यात्म चेतना से प्रेरित होकर कारीगरों ने स्वयं कहा कि हमने अपने परिवार गाँवों में भेज दिए हैं, उनकी वहाँ थोड़ी-बहुत व्यवस्था हो जाएगी, आप यहाँ हमारे पेट को भरने मात्र की व्यवस्था कर दीजिए, हम काम करते रहेंगे। जब आपके पास धन आ जाए, तब हमें दे दीजिएगा।

धन संग्रह के अभियान को एकनाथजी ने राष्ट्रीय यज्ञ का रूप

प्रदान कर दिया। उन्होंने राज्य स्तर पर शिला स्मारक समितियों का गठन आरंभ किया, जिनमें उस राज्य में सभी विचारधाराओं के प्रभावशाली प्रतिनिधियों को सम्मिलित करने की कोशिश थी। तमिलनाडु राज्य समिति में द्रविड़ मुनेत्र कषगम के नेता सी.एन. अन्ना दुरै सम्मिलित हुए तो कम्युनिस्ट नेता कल्याण सुंदरम् भी एकनाथजी के आगमन की उत्सुकता से प्रतीक्षा कर रहे थे। ज्योति बसु और वासवपुनैया जैसे कम्युनिस्ट नेताओं ने भी कन्याकुमारी जाकर शिला निर्माण के उद्यम को देखा। एकनाथजी ने प्रत्येक राज्य सरकार को इस स्मारक के लिए न्यूनतम एक लाख रुपए की राशि देने के लिए मना लिया। नागालैंड, सिक्किम जैसे छोटे राज्यों और जम्मू-कश्मीर के मुख्यमंत्री शेख अब्दुल्ला से भी उन्होंने यह राशि प्राप्त की। महाराष्ट्र की राज्य समिति का अध्यक्ष कांग्रेसी नेता एस.के. पाटिल को बनाया तो उत्तर प्रदेश समिति में चंद्रभानु गुप्त को अपनाया। राज्य और जिला समितियों की निर्माण प्रक्रिया में एकनाथजी ने भारत की बाहरी विविधता और विखंडित राजनीति के गर्भ में विद्यमान सांस्कृतिक एकता और धर्मनिष्ठा का प्रत्यक्ष साक्षात्कार किया। राज्य सरकारों के साथ-साथ एकनाथजी ने धन संग्रह के लिए देश के बड़े उद्योगपतियों का भी सहयोग प्राप्त किया। सबसे पहले उन्होंने प्रसिद्ध उद्योगपति श्री जुगल किशोर बिरला के सामने हाथ फैलाया। उनसे एक लाख रुपए की माँग की। तब उन्हें विश्वास नहीं हुआ था कि एकनाथजी जैसा अज्ञात और साधारण व्यक्ति इतनी बड़ी योजना को पूरा कर पाएगा, इसलिए एकनाथजी के बहुत आग्रह करने पर वे प्रारंभ में पचास हजार रुपए देने को ही तैयार हुए, शेष राशि उन्होंने बाद में दी, किंतु एकनाथजी धन संग्रह अभियान को केवल राज्य सरकारों एवं धनिक वर्ग तक सीमित नहीं रखना चाहते थे। वे इस स्मारक के निर्माण में जन-जन का सहयोग चाहते थे। वे इसे एक राष्ट्रीय प्रयास के रूप में विश्व के सामने प्रस्तुत करना चाहते थे। इसलिए जनता के बीच जाकर धन संग्रह के लिए राष्ट्रीय स्वयंसेवक संघ का विशाल स्वयंसेवक वर्ग पूरी शक्ति के साथ कूद पड़ा। कर्नाटक प्रांत ने एक और दो रुपए के कूपनों की सहायता से धन संग्रह का रास्ता दिखाया।

२५ दिसंबर, १९६६ को मैसूर राज्य समिति ने एकनाथजी को साढ़े चार लाख रुपए का चेक भेंट करके उनका आर्थिक बोझ हल्का कर दिया। एकनाथजी ने इस धन संग्रह के लिए इन कूपनों को इतना आकर्षक रूप प्रदान किया कि इन कूपनों को स्मृति चिह्न की तरह सँजोकर रखने की कामना जन-जन के हृदय में जाग्रत् हो गई। स्मारक के लिए एकत्रित एक करोड़ पैंतीस लाख की कुल धनराशि में से ८५ लाख रुपए इन कूपनों के माध्यम से प्राप्त हुए। अकेले महाराष्ट्र प्रांत से २१ लाख रुपए एकत्र किए गए। पूरे देश में तीस लाख अर्थात् एक प्रतिशत लोगों ने इस स्मारक के निर्माण में अपनी आर्थिक आहुति दी।

हर विरोध परास्त

एक ओर स्मारक निर्माण की प्रक्रिया आगे बढ़ रही थी तो दूसरी ओर देश की राजनीति क्षेत्रवाद और जातिवाद के भँवर में धँसती जा रही थी। तमिलनाडु में दक्षिण बनाम उत्तर का विवाद जोर पकड़ रहा था। इन क्षेत्रवादियों ने इस स्मारक के बारे में भी उत्तर बनाम दक्षिण का विवाद खड़ा करने की कोशिश की। उन्होंने शोर मचाया कि तमिलनाडु में दक्षिण भारत के वंदनीय संत तिरुवल्लुवर की मूर्ति क्यों न हो? इस क्षेत्रवादी आंदोलन से अ.भा. शिला स्मारक समिति के उस समय के तमिलनाडुवासी अध्यक्ष श्रीराजन भी प्रभावित हो गए। उन्होंने समिति पर दबाव डाला कि शिला पर विवेकानंद के साथ तिरुवल्लुवर की प्रतिमा भी अवश्य स्थापित होनी चाहिए। एकनाथजी के सामने भारी धर्मसंकट खड़ा हो गया। एक ओर उन्होंने श्रीराजन को त्यागपत्र देने से रोका, दूसरी ओर वे द्रमुक नेता करुणानिधि को शिला पर ले गए। करुणानिधि में कलाकार की दृष्टि है। इस दृष्टि से उन्होंने शिला का सूक्ष्म अवलोकन कर राय दी कि उस शिला पर दो महापुरुषों की प्रतिमाएँ स्थापित करना संभव नहीं है। अतः तिरुवल्लुवर की प्रतिमा के लिए कोई दूसरा स्थान खोजना होगा। सन् १९६७ के चुनावों में कांग्रेस को हराकर द्रमुक तमिलनाडु में सत्ता में आ गई थी। द्रमुक के पहले मुख्यमंत्री श्री अन्नादुरै की मृत्यु के बाद करुणानिधि मुख्यमंत्री बने और इस नाते २ सितंबर, १९७० को शिला स्मारक के औपचारिक उद्घाटन

कार्यक्रम की उन्होंने अध्यक्षता की। स्मारक का निर्माण हो जाने के पश्चात जब वे उसे देखने आए तो गद्‌गद हो गए। बोले, "मुझे पता ही नहीं था कि मेरे राज्य में स्थापत्य कला का इतना भव्य नमूना खड़ा हो गया है।" २ सितंबर के उद्‌घाटन समारोह में बोलते हुए उन्होंने कहा, "मैं इस मंच से घोषणा करना चाहता हूँ कि मैं, मेरा दल और उसकी सरकार स्वामीजी के जीवन आदर्शों के प्रति पूर्णतया समर्पित हैं।"

८ अक्तूबर, १९७० को दिल्ली की भेंट वार्त्ता में जब हमने यह विषय उठाया तो एकनाथजी का उत्तर था, "मैं नहीं चाहता कि आज इस कटुता के इतिहास को दोहराकर इस स्मारक के निर्माण से राष्ट्रीय एकता की जो चेतना बढ़ी है, उसे दुर्बल करूँ। भेंदों का स्मरण करने से भेद बढ़ते हैं। उन्हें भूलने से वे समाप्त होते हैं। बीस-पच्चीस वर्ष के बाद जब इसका केवल ऐतिहासिक महत्त्व रह जाएगा, तब उसकी गवेषणा करके हम जान सकेंगे कि किस प्रकार क्षुद्र तात्कालिक स्वार्थों के लिए हम लोग बड़े-बड़े राष्ट्रीय कार्यों में अड़ंगे खड़े करते रहे हैं। कैसे क्षणिक स्वार्थ मनुष्य की उदात्त प्रेरणाओं पर हावी हो जाते हैं। तब हम उनसे कुछ रचनात्मक निष्कर्ष निकाल सकेंगे। उसी साक्षात्कार में एकनाथजी ने बताया, "इस संबंध में जिस जिससे जो कुछ वार्त्ता हुई, पत्र व्यवहार हुआ, गतिविधियां रहीं, वे सब लिपिबद्ध रूप में सुरक्षित हैं। मैंने प्रयत्न किया कि मौखिक वार्त्तालाप को भी तुरंत लिपिबद्ध कर दूँ और इस प्रकार स्मारक निर्माण के एक-एक दिन के इतिहास की मूल सामग्री सुरक्षित है। बीस-पच्चीस वर्ष बाद यदि किसी को ऐतिहासिक गवेषणा का शौक हो तो वह इस सामग्री का उपयोग कर सकता है।" (पाञ्चजन्य, २६ अक्तूबर, १९७०)

एक संगठक, नीतिज्ञ व योजक की देन

एकनाथजी के पत्र लेखन और 'रिकार्ड कीपिंग' का अनुभव मुझे तब हुआ जब शिला स्मारक के उद्‌घाटन के अवसर पर एकनाथजी ने 'विश्व संस्कृति एवं चिंतन को भारत का योगदान' शीर्षक से एक बड़ा स्मृति ग्रंथ आयोजित करने के लिए चार सदस्यों के संपादक मंडल का अंग बनने का सौभाग्य मुझे प्रदान किया। उस स्मृति ग्रंथ के संबंध में

विद्वानों के साथ जो भी पत्राचार होता था, उसकी वे छह प्रतियाँ तैयार करवाते थे। एक-एक प्रति चारों संपादकों को, एक प्रति अपनें यात्रा-कार्यालय और एक प्रति स्मृति ग्रंथ के दिल्ली कार्यालय में भेज दी जाती थी। इस प्रकार उस पत्राचार की एक फाइल मेरे पास आज भी सुरक्षित है। जब उस ग्रंथ का संपादन कार्य पूर्ण हो गया और वह मुद्रण की स्थिति में पहुँच गया तो संपादक मंडल की बैठक में एकनाथजी ने पूछा कि इसकी कितनी प्रतियाँ छापेंगे? संपादक मंडल के अध्यक्ष डॉ. लोकेश चंद्र ने उत्तर दिया, "अधिक-से-अधिक पाँच सौ प्रतियाँ।" एकनाथजी ने आश्चर्य की मुद्रा में कहा, "क्या इतने वर्षों की यह महँगी दौड़-धूप केवल पाँच सौ प्रतियाँ छापने के लिए हुई? मैं दौरा करके लौटता हूँ तब तक आप प्रतीक्षा करें।" लौटकर उन्होंने दस हजार प्रतियाँ छापने का आदेश दिया। उस स्मृति ग्रंथ को सबसे आधुनिक प्रेस में छपाया और उसका मूल्य सन् १९७० में डेढ़ सौ रुपए प्रति रखा। इतना ही नहीं, उस स्मृति ग्रंथ में प्रत्येक पृष्ठ के नीचे एक पंक्ति का विज्ञापन देने के लिए उद्योगपतियों से दानराशि प्राप्त की। फलस्वरूप वह स्मृति ग्रंथ घाटे का सौदा होने के बजाय स्मारक समिति को कई लाख रुपए की सहायता राशि देने में समर्थ हो गया।

यह सत्य है कि इतने अल्पकाल में इतने भव्य और विशाल स्मारक के निर्माण कार्य में जहाँ राष्ट्रीय स्वयंसेवक संघ के देशव्यापी संगठन का भारी योगदान है, वहीं यह संगठन शक्ति भी एकनाथजी की कल्पना शक्ति, नीतिमत्ता और योजना कुशलता के बिना सफल नहीं हो पाती। एकनाथजी की योजना कुशलता का परिचय शिला स्मारक के उद्घाटन समारोह के आयोजन में भी प्रगट हुआ। निर्माण कार्य की प्रक्रिया में इस शिला स्मारक का देश भर में प्रचार हो चुका था, वह असंख्य लोगों की भावनाओं से जुड़ गया था, अतः राष्ट्रपति के द्वारा उसके उद्घाटन के समारोह में देश भर से हजारों लोगों के पहुँचने की संभावना थी। एकनाथजी स्वयं भी चाहते थे कि राज्य व जिला स्मारक समितियों के सब सदस्य उसे अपनी आँखों से देख लें, किंतु कन्याकुमारी में इतनी बड़ी संख्या को एक साथ समाने का सामर्थ्य ही नहीं था। उन दिनों कन्याकुमारी की

जनसंख्या केवल ७,००० थी। बाहर के यात्रियों को ठहराने के लिए होटल, विश्रामगृह या धर्मशालाओं का पूर्ण अभाव था। अत: एकनाथजी ने योजना बनाई कि उद्‌घाटन समारोह पूरे दो महीने चलेगा। प्रत्येक क्षेत्र के लिए अलग–अलग दिन निर्धारित कर दिए और इन दो महीनों में देश के महत्त्वपूर्ण व्यक्तियों के कन्याकुमारी आगमन का भी एक सुनिश्चित कार्यक्रम तैयार कर लिया। इस प्रकार कन्याकुमारी के सीमित साधनों के भीतर लाखों देशवासियों को स्मारक दर्शन की योजना तैयार कर दी।

सबसे बड़ी बात है कि एकनाथजी की कल्पना की उड़ान केवल पत्थर के स्मारक निर्माण तक सीमित नहीं रही। वे इस स्मारक के माध्यम से रामकृष्ण मिशन के संन्यासी मिशन के पूरक के रूप में विवेकानंदजी के नाम पर एक गैरसंन्यासी समाजसेवियों की शृंखला खड़ी करने की योजना अपने मन में बनाने लगे। यही योजना ९ जनवरी, १९७२ में विवेकानंद केंद्र के नाम से प्रकाश में आई।

(पाञ्चजन्य, २७ जनवरी, २०१३)

□

जीवनव्रती साधना का पुष्प वृक्ष

ग्वालियर से मेरा पुराना रिश्ता है। मेरे बड़े भाई साहब का परिवार ग्वालियर में बसने के कारण लगभग ४०-४५ वर्ष से बीच-बीच में ग्वालियर जाना होता रहा है, पर, इस बार की ग्वालियर यात्रा ने मेरे मन पर तीर्थयात्रा जैसा प्रभाव डाला। प्रिय मित्र वीरेश्वर द्विवेदी के सामने जब कभी ग्वालियर का जिक्र आता तो वे पूछते, "क्या आपने वहाँ 'विवेकानंद नीडम्' देखा है? देखेंगे तो चमत्कृत रह जाएँगे।" कुछ ऐसा हुआ कि इस बार ग्वालियर यात्रा में वीरेश्वरजी का साथ मिल गया और हम दोनों सीधे 'विवेकानंद नीडम्' पहुँच गए।

ग्वालियर स्टेशन से लगभग ४ कि.मी. की दूरी पर रेलवे लाइन के उस पार 'विवेकानंद नीडम्' का आकर्षक भव्य प्रवेश द्वार सामने खड़ा था। चारों ओर निर्जन, वृक्षविहीन, झुलसाता पहाड़ी क्षेत्र और उसके बीच हरा-भरा सुरम्य, चहचहाता 'विवेकानंद नीडम्' का विशाल परिसर। बस्ती के नाम पर दूर केवल एक भुतहा हवेली, जिसमें कभी ग्वालियर राजघराने का कोई दासीपुत्र रहा करता था और जिसे सामंतवादी युग का स्मारक कहा जा सकता है। कुल मिलाकर 'विवेकानंद नीडम्' अरब के रेगिस्तान के बीच एक छोटे से नखलिस्तान का दृश्य प्रस्तुत करता है।

झाड़ी-झंखाड़ भरे, वृक्ष शून्य, ऊँचे-नीचे, ऊबड़-खाबड़ पहाड़ी क्षेत्र में यह हरा-भरा नखलिस्तान कैसे उग आया, क्यों उग आया, ऐसे प्रश्न उस परिवेश में सहज ही उठने लगते हैं। प्रवेश द्वार के भीतर पहाड़ी की ऊँचाई पर चढ़ती सड़क के दोनों ओर भवनों की शृंखला, पानी से भरे

छोटे जलाशय में तैरता बतख परिवार, गौशाला में बंधी गऊओं और बछड़ों का छोटा परिवार, चार पालतू कुत्तों का आगे-पीछे मँडराता झुंड कभी-कभी अभास देता था कि क्या हम किसी राजमहल में आ गए हैं। फिर वहाँ की सादगी अहसास दिलाती कि यह राजमहल नहीं, किसी आश्रम का ही जीवन हो सकता है। आश्रम है तो उसका कोई मानवी केंद्र भी होना चाहिए। पता चला कि प्रवेश द्वार से ही जो हमारे साथ चल रहे हैं—अनिल सरोदे और उनकी धर्मपत्नी अल्पना सरोदे, यह 'विवेकानंद नीडम्' उन्हीं की रचनात्मक दृष्टि, कल्पना शक्ति और कठोर साधना में से विकसित सृष्टि है। वे हमें बताते जा रहे थे कि किस भवन में कौन सा प्रकल्प चल रहा है, कहाँ क्या है, कि अचानक बाईं ओर ऊँचाई पर स्थित स्वामी विवेकानंद की काले पत्थर की विशालकाय प्रतिमा दिखी, उसी मुद्रा और लहराते उत्तरीय के साथ, जैसी कन्याकुमारी के पास समुद्र में स्थित विवेकानंद शिला स्मारक में स्व. एकनाथ रानडे ने स्थापित की थी।

सरोदे दंपती के साथ हम एक छोटे से कुटीर में पहुँच गए। उसके द्वार पर नाम लगा था 'आहुति'। उस पर उन दानदाताओं के नाम भी अंकित थे, जिनकी श्रद्धा ने इस कुटीर का निर्माण कराया था। भोजन का समय हो चुका था। भोजन के लिए चले तो आश्रम के बालक-बालिकाएँ हमें अभिवादन करने आए। नाम पूछने पर प्रत्येक के नाम में 'विवेक' जुड़ा था। पूछने पर पता चला कि यह उनका आश्रम-गोत्र है। स्वामी विवेकानंद की शिष्य परंपरा में होने के कारण 'विवेक' गोत्र। पाकशाला में आए। 'अन्नपूर्णा' नामक स्थायी पाकशाला का निर्माण अभी प्रतीक्षित है, तब तक इस अस्थायी पाकशाला को 'गोकुल' ने शरण दी है। गोकुल में गोशाला है। अभी ७ गऊएँ वहाँ पल रही हैं। उनके गोबर से दो गोबर गैस संयंत्र चलते हैं। उनकी गैस से ही पाकशाला चलती है। इन गऊओं का दूध आश्रमवासियों के पीने के काम आता है। हमें भी मधुर गोदुग्ध का स्वाद चखने को मिला। पाकशाला जाते समय कई कुटीरों से गुजरना पड़ा। प्रत्येक कुटीर का अपना नाम है और प्रत्येक पर उसके दानदाता का नाम उत्कीर्ण है। क्या प्रेरणा थी, कौन सा आकर्षण था, जो इन दानदाताओं

को दिल्ली, बरेली और प्रयाग जैसे दूरस्थ नगरों से एक कोने में उग रहे इस आश्रम में खींच लाया।

स्वाभाविक ही, मन में प्रश्न उठ रहे थे, जिज्ञासा बढ़ रही थी— विवेकानंद नीडम् का इतिहास जानने की। वीरेश्वरजी ने बताया कि वे उन दिनों भी यहाँ आए थे, जब यहाँ कुछ नहीं बना था और यह क्षेत्र अपने कंकरीले, पथरीले, ऊबड़-खाबड़, जल और वृक्ष-शून्य मूलरूप में बुझा-बुझा सा खड़ा था। वे इस प्रकल्प के विकास के अनेक चरणों के साक्षी हैं। इसने मेरी उत्कंठा को और बढ़ा दिया और मैं वीरेश्वरजी के साथ अनिल सरोदे और अल्पना सरोदे को पकड़कर बैठ गया।

विदर्भ के चंद्रपुर जिले की बरोडा तहसील के एक संघ-कार्यकर्ता बाबूराव सरोदे के पुत्र अनिल ने नागपुर में रहकर बी.कॉम. के बाद विधि स्नातक प्रथम वर्ष पूरा कर द्वितीय वर्ष में प्रवेश लिया कि तभी विवेकानंद केंद्र, कन्याकुमारी के आह्वान ने उसे आकर्षित किया और अपनी कानून की पढ़ाई को अधूरा छोड़कर वह ११ सितंबर, १९७६ को जीवनव्रती कार्यकर्ता प्रशिक्षण के लिए कन्याकुमारी पहुँच गया। इधर प्रयाग में जन्मी अल्पना प्रयाग विश्वविद्यालय में एम.ए. अर्थशास्त्र में पढ़ रही थी कि सन् १९७९ के कुंभ मेले में विवेकानंद केंद्र के मंडप ने उसके मन में उथल-पुथल मचाई और वह भी जून १९७९ में परीक्षा खत्म करके जीवनव्रती प्रशिक्षण के लिए कन्याकुमारी पहुँच गई। इस प्रकार अलग-अलग प्रांतों में भिन्न-भिन्न भाषायी परिवारों में जनमे ये दोनों युवा अलग-अलग समय पर विवेकानंद केंद्र नामक रचनात्मक आध्यात्मिक प्रवाह के अंग बन गए।

विवेकानंद शिला स्मारक और विवेकानंद केंद्र के दृष्टा और शिल्पकार स्व. एकनाथजी का स्नेहपात्र होने के कारण मैं कह सकता हूँ कि विवेकानंद केंद्र के गर्भकाल से ही मैं उससे जुड़ा रहा हूँ। बाल्यकाल से राष्ट्रीय स्वयंसेवक संघ के स्वयंसेवक रहे एकनाथजी के सन् १९६२ में सरकार्यवाह जैसे सर्वोच्च दायित्व से मुक्त होते ही नियति उन्हें स्वामी विवेकानंद के विचार समुद्र में अवगाहन के लिए खींच ले गई। उस अवगाहन में से 'उत्तिष्ठत जाग्रत्' शीर्षक से विवेकानंद वचनामृत बाहर आते ही जुलाई

१९६३ में कन्याकुमारी में विवेकानंद शिला स्मारक की कठिन समस्या उन्हें खींच ले गई। अपनी अद्भुत योजकता, संगठन कुशलता एवं भगीरथ प्रयत्नों से उन्होंने असंभव को संभव कर दिखाया। शिला स्मारक की कल्पना साकार होने की प्रक्रिया में ही उनके मन में स्वामी विवेकानंद के 'मानव पूजा ही ईश्वर पूजा' मंत्र से अनुप्राणित आध्यात्मिक-बौद्धिक शक्ति से संपन्न समाज समर्पित गैर-संन्यासी युवाओं का मंच खड़ा करने का संकल्प दृढ़ होता गया। एकनाथजी की कल्पना थी कि स्वामी विवेकानंद ने भारत की आध्यात्मिक चेतना को आधुनिक शब्दावली में अभिव्यक्त किया है, उनके माध्यम से इस सुप्त चेतना को जगाया जा सकता है। गैर-संन्यासी जीवनव्रती कार्यकर्ताओं के माध्यम से जगह-जगह उस सुप्त चेतना को जगाकर उस जाग्रत आध्यात्मिक चेतना को समाजोन्मुखी बनाकर राष्ट्रीय पुनर्निर्माण के कार्यों में प्रवाहित करना होगा। 'योग' के द्वारा इस आध्यात्मिक चेतना का जागरण एवं लोकसंग्रह संभव हैं। अत: उन्होंने अपेक्षाकृत जाग्रत अंत:करणों तक पहुँचने के लिए योग शिविरों एवं जीवनव्रती कार्यकर्ता प्रशिक्षण योजना को मुख्य साधन बनाया। कन्याकुमारी में गहन प्रशिक्षण से निकले कार्यकर्ताओं को स्वतंत्र कर्मक्षेत्र प्रदान किया ताकि वहाँ जाकर वे योग कक्षाओं द्वारा लोकसंग्रह की प्रक्रिया आरंभ करें, स्थानीय कार्यकर्ताओं की टोली बनाएँ और इस टोली के सहयोग से स्थानीय संसाधनों को जुटाकर शिक्षा, व्यक्तित्व विकास, सादगीपूर्ण वैकल्पिक जीवन-शैली के स्वयंस्फूर्त, स्वावलंबी, स्वतंत्र आध्यात्मिक प्रकल्प खड़े करें। एकनाथजी का दृढ़ विश्वास था कि आध्यात्मिक जागरण के लिए कठोर बाहरी अनुशासन से बँधे संगठन के बजाय परस्पर विश्वास और स्वतंत्र साधना पर आधारित विकेंद्रित क़ार्य प्रणाली चाहिए। ४ अप्रैल, १९८० को मूर्च्छा की स्थिति में पहुँचने के पूर्व एकनाथजी १०० से अधिक देवतुल्य, समर्पित, जीवनव्रती कार्यकर्ताओं की अमूल्य धरोहर राष्ट्र को सौंप चुके थे। इन कार्यकर्ताओं ने पूर्वोत्तर भारत, कश्मीर घाटी एवं अन्य भागों में अपनी कल्पना शक्ति और लोक संग्राहक क्षमता से विभिन्न रचनात्मक प्रकल्प खड़े किए। ग्वालियर स्थित 'विवेकानंद नीडम्' ऐसे

रचनात्मक प्रकल्पों का बहुत श्रेष्ठ उदाहरण है।

अनिल और अल्पना जीवनव्रती कार्यकर्ता के नाते गोवा, महाराष्ट्र, गुजरात और बंगलौर आदि अनेक क्षेत्रों में साथ-साथ काम करते हुए जनवरी १९८६ में दांपत्य सूत्र से बँध गए। मई १९८६ में उन दोनों को ग्वालियर क्षेत्र में कार्य करने के लिए कहा गया। तब वहाँ विवेकानंद केंद्र का कोई आधार नहीं था। कन्याकुमारी में योग शिविरों में गए कुछ ग्वालियर निवासियों का परिचय और सहानुभूति ही एकमात्र पूँजी थी। इसी पूँजी के सहारे सरोदे दंपती ने ग्वालियर में कार्य आरंभ किया। अपने आदर्शवादी सादगीपूर्ण जीवन, आत्मीयतापूर्ण व्यवहार के द्वारा उन्होंने कार्यकर्ताओं की एक टोली खड़ी की और इस टोली के सहयोग से ग्वालियर में 'विवेकानंद नीडम्' के निर्माण का संकल्प लिया। सन् १९८७ से १९९२ तक पाँच साल लंबे प्रयास के बाद उन्हें वर्तमान तीन एकड़ भूमि का आवंटन हुआ। उस आवंटन पत्र पर विवेकानंद केंद्र की ग्वालियर समिति के अध्यक्ष के नाते हस्ताक्षर करनेवाले वरिष्ठ समाजसेवी एवं साहित्यकार श्री जगदीश तोमर से भी भेंट करने का हमें अवसर मिला। श्री तोमर ने बताया कि हमें इस बात का गर्व और संतोष है कि हमने कन्याकुमारी स्थित विवेकानंद केंद्र पर किसी प्रकार का बोझ डाले बिना पूरी तरह स्थानीय संसाधनों को जुटाकर इस परिसर का निर्माण किया। विवेकानंद नीडम् एकनाथजी की 'स्वयंस्फूर्त, स्वावलंबी एवं स्वतंत्र रचनात्मक प्रकल्प' की कल्पना का मूर्तिमंत उदाहरण है।

स्थानीय कार्यकर्ताओं ने हमें बताया कि यह प्रकल्प पूरी तरह अनिल सरोदे और अल्पना सरोदे की कल्पना शक्ति और योजकता में से उपजा है। इसकी एक-एक ईंट पर, एक-एक भवन और गतिविधि पर उनकी छाप है। वास्तुकला में अनिलजी की कल्पनाओं की उड़ान सचमुच विस्मयकारी है। सस्ती से सस्ती सामग्री को खोजना, एक-एक इंच स्थान को उपयोगी बनाना, पहाड़ी क्षेत्र की ऊँचाई-निचाई का भवन निर्माण में उपयोग करना, किसी चीज को बेकार न जाने देना—उनकी इस योजन-कुशलता को देखकर मैं चमत्कृत रह गया। किसी बंद विदेशी कंपनी द्वारा

निर्मित ४,००० से अधिक टाइलों को झाँसी के एक कबाड़ी के यहाँ से कौड़ियों के दाम खरीदकर 'विवेकानंद नीडम्' की विभिन्न कुटीरों के छत निर्माण में जिस कुशलता से प्रयोग किया गया, वह एक प्रेरणादायी उदाहरण है। विभिन्न कुटीरों का खंडों में विभाजन और उनका नामकरण इस पूरे प्रकल्प के पीछे विद्यमान आध्यात्मिक एवं सांस्कृतिक दृष्टि का परिचायक है। विभिन्न गतिविधियों को चलाने वाले कार्यकर्ताओं के आवास के लिए कर्मयोग परिसर का निर्माण किया गया। इस परिसर की विभिन्न कुटीरों को प्रेरणा, कर्तव्य, संभव, सार्थक, मंगल जैसे अर्थपूर्ण नाम दिए गए। सेवानिवृत्त एवं प्रौढ़ कार्यकर्ताओं के आवास क्षेत्र को 'वानप्रस्थ निलयम्' नाम मिला है। उनकी कुटीरों को आहुति, श्रेयस, सुख, संकल्प, वंदन और नमन जैसे नाम दिए गए हैं। वनवासी बालकों के लिए जो छात्रावास भवन बना है, उसे 'उत्कर्ष' नाम मिला है। वनवासी बालिकाओं के आवास के लिए 'निवेदिता' जैसा सार्थक नाम चुना है। प्राकृतिक चिकित्सा भवन का 'सुश्रुत' नाम बहुत ही सार्थक लगा।

सायंकाल हम लोग परिसर को देखने निकले। विवेकानंदजी की विशाल प्रतिमा के निकट योग कक्ष देखा, एक बड़ा सभागार, उसके बाहर खुला प्रांगण, सभागार में खाली बोतलों का प्रयोग सज्जा के लिए किया गया है। एक खुली रंगशाला, जिसमें दर्शकों के बैठने हेतु तीन ओर सीढ़ीनुमा स्थान एवं एक ओर मंच। इस रंगशाला के प्रवेश द्वार को बनाने के लिए जगह-जगह से सुंदर पाषाण कृतियों को एकत्र किया गया, जिससे दूर से देखने पर वह एक ही कारीगर द्वारा एक समय पर निर्मित कृति दिखाई देती है। विभिन्न प्रकार के प्रयोगों के अलग-अलग कक्ष। 'विवेकानंद नीडम्' के विशाल परिसर की जल संबंधी आवश्यकता की पूर्ति के लिए जो उपाय किए गए हैं, वे अनुकरणीय हैं। जल प्रवाह को जगह-जगह प्रपात का रूप देकर उसे बेकार नहीं जाने दिया गया है। जलाशय का नाम 'अंभोद' कितना सटीक है। आश्चर्यजनक रचना तो पहाड़ी की ऊँचाई पर एक विशाल समतल क्रीड़ांगन का निर्माण है। वीरेश्वरजी ने बताया कि जब पिछली बार मैं आया था तो कल्पना भी नहीं कर सकता था कि यहाँ

इतना विशाल समतल क्रीड़ांगन बन सकता है।

पूरे परिसर को हरा-भरा बनाने के लिए २,००० से अधिक वृक्षों का योजनापूर्वक रोपण किया गया है। उत्कर्ष में और कुटीरों में रहनेवाला प्रत्येक बालक रोज प्रात: बिना किसी के कहे प्रात:कर्म, प्रार्थना और योग कक्षा से निवृत्त होकर अपने-अपने लिए निर्धारित हिस्से को साफ करता है, वृक्षों को पानी देता है। यह स्वचालित व्यवस्था परिसर को आत्मनिर्भर बनाती है। प्रत्येक बालक और कार्यकर्ता का परिसर के साथ भावनात्मक रिश्ता जुड़ गया है। परिसर की सुरक्षा का भार वे चार कुत्ते सँभालते हैं, जो आश्रम परिवार का अभिन्न अंग बन गए हैं और हमारे साथ हर जगह वे छाया की तरह चलते थे। अनिलजी ने बताया ऐसे निर्जन क्षेत्र में ये कुत्ते सर्वोत्तम प्रहरी सिद्ध हुए हैं।

लेकिन केवल भवन निर्माण आध्यात्मिक जागरण का माध्यम नहीं हो सकता। उनका मुख्य उपयोग है ऐसी रचनात्मक गतिविधियों के लिए, जो स्व. एकनाथजी के शब्दों में, 'लोक संग्रह, लोक संस्कार और लोक व्यवस्था का आधार' बन सकें। ऐसी अनेक गतिविधियाँ वर्ष भर यहाँ चलती रहती हैं—योगासन कक्षाएँ, बालक-बालिकाओं के व्यक्तित्व विकास शिविर, युवा प्रेरणा शिविर, आध्यात्मिक साधना शिविर आदि-आदि। इन सब गतिविधियों के द्वारा ग्वालियर और आसपास के सैकड़ों परिवार स्वामी विवेकानंद के जीवन और विचारों से अनुप्राणित हो रहे हैं। 'विवेकानंद नीडम्' स्वयं में ग्वालियरवासियों के लिए गर्व और स्वाभिमान का केंद्र बन गया है। शायद प्रत्येक तीर्थ कभी ऐसे ही उगा होगा।

(पाञ्चजन्य, १२ मई, २००२)

□

इन आँखों ने एक नए तीर्थ को उगते देखा

भारत भूमि के चप्पे-चप्पे पर तीर्थ बिखरे हैं। कुछ स्थानीय, कुछ अखिल भारतीय। शताब्दियों-सहस्राब्दियों से अनेक पीढ़ियाँ इन तीर्थों की यात्रा कर रही हैं बिना किसी सूचना या बुलावे की प्रतीक्षा किए। प्रत्येक यात्री के मन की श्रद्धा के अतिरिक्त और क्या हो सकता है, जो एक-दूसरे से अनजान हजारों-लाखों लोग वहाँ इकट्ठे आ जाते हैं और धन्यता का अनुभव करते हैं। इतिहास के विद्यार्थी के नाते यह प्रश्न मेरे मन में हमेशा उठता रहा है कि किसी स्थल विशेष के साथ लोकश्रद्धा जुड़ी कैसे? कभी-न-कभी किसी को तो उस स्थल का माहात्म्य-बोध हुआ होगा, उसके मन में श्रद्धा का भाव जगा होगा और उसकी श्रद्धा का विकिरण अन्य अंत:करणों में हुआ होगा। यह विकिरण क्रमश: आगे बढ़ा होगा, एक पीढ़ी से दूसरी पीढ़ी के अंत:करण में उतरा होगा। अंत में यह स्थिति आई होगी कि बिना किसी से सूचना पाए, बुलावा आए लोग अपने अंदर की श्रद्धा से प्रेरित होकर यात्रा की सब कठिनाइयों की चिंता किए बिना उस तीर्थ के दर्शनों के लिए यात्रा पर निकल पड़ते होंगे।

श्रद्धा का बीज

युगों-युगों से चली आ रही इस तीर्थयात्रा और उसके पीछे विद्यमान व्यक्ति-व्यक्ति की सहज श्रद्धा ने ही इस विशाल भारतभूमि के प्रति हमारे पुत्रभाव को अभिव्यक्ति दी, उसकी छाती पर लिखे गई आध्यात्मिक साधना,

विज्ञान यात्रा, शौर्य गाथाओं की लंबी इतिहास यात्रा से हमें जोड़ा। व्यक्ति-व्यक्ति के मन का यही श्रद्धा भाव बना हमारी राष्ट्रीयता का सांस्कृतिक अधिष्ठान। भाषा, बोली, खानपान, रहन-सहन, रूप-रंग और आचार-धर्म की बहुरंगी विविधता के बीच भारतभूमि और उस पर रचे गए इतिहास के प्रति समान श्रद्धा ही हमारी एकता का सूत्र बन गई। वही आज भी हमें एक राष्ट्र के रूप में जीवित रखे हुए है, उसी ने पाश्चात्य पंडितों की इस भविष्यवाणी को कि भारत को राजनीतिक और प्रशासनिक एकता के सूत्र में बाँधने वाले ब्रिटिश शासन के हटते ही भारत बिखर जाएगा, अपने ही विविधता के बोझ से दबकर मर जाएगा, गलत साबित किया। हर बारहवें वर्ष होने वाला विराट कुंभ मेला इन पंडितों की मूर्खता पर अट्टहास करता है।

पर प्रश्न तो यह है कि इस विशाल भूखंड पर बिखरे ये सब तीर्थ एक साथ उग आए या अलग-अलग समय पर अंकुरित हुए ? इस अंकुरण के लिए श्रद्धा का बीज बोने वाला वह पहला व्यक्ति कौन था, कब हुआ था ? प्रत्येक तीर्थ के माहात्म्य का वर्णन करने वाला कोई न कोई माहात्म्य ग्रंथ या स्रोत या लोककथा हमें उपलब्ध है। सभी पुराण तीर्थ महात्म्य से भरे पड़े हैं, पर इस विशाल तीर्थ महात्म्य साहित्य का अध्ययन करके भी हमारे इस प्रश्न का उत्तर नहीं मिलता कि कौन सा तीर्थ किस पहले व्यक्ति की श्रद्धा में से अंकुरित हुआ। हम सब कहते तो हैं कि जगद्‌गुरु शंकराचार्य ने भारत के चार कोनों में उत्तर में बदरीनाथ, पश्चिम में के द्वारिकापुरी, पूर्व में जगन्नाथपुरी और दक्षिण में रामेश्वरम् पर चार मठों की स्थापना कर के भारत की भौगोलिक एकता को सांस्कृतिक-राष्ट्रीय एकता में परिणत किया, किंतु क्या इसका अर्थ यह निकाला जाए कि शंकराचार्यजी के पूर्व ये चारों स्थान तीर्थ के रूप में स्थापित नहीं हुए थे ? शंकराचार्य ने ही इन चारों तीर्थ धामों की यात्रा की पहली बार व्यवस्था की। ऐसा कोई ठोस प्रमाण हमें अब तक नहीं मिला है। लगता है कि पहले से स्थापित इन चारों तीर्थों पर अपने चार मठों की स्थापना कर शंकराचार्यजी ने भारत की सांस्कृतिक चेतना का प्रतिनिधित्व करने वाली 'संन्यासी संस्था' को

अवश्य एक सुव्यवस्था प्रदान की। शंकराचार्यजी के पहले ही पुराणों और महाभारत जैसे ग्रंथों में तीर्थों की सूचियाँ संकलित हो चुकीं थीं तथा तीर्थयात्रा का प्रवाह बह रहा था।

बीजों का अंकुरण

तीर्थयात्रा के इस प्रवाह के स्रोत की खोज में जब हम पीछे चलते जाते हैं तो अथर्ववेद के पृथिवी सूक्त में हमें इस स्रोत के दर्शन होते हैं। वह सूक्त तो बहुत लंबा है। वह भारतभूमि के भौगोलिक विस्तार, उसके प्राकृतिक, वानस्पतिक, पशु-पक्षी आदि की विविधता और सौंदर्य का भाव-विभोर करनेवाला चित्र प्रस्तुत करता है। उसी क्रम में एक मंत्र कहता है कि इस भूमि पर अलग-अलग बोलियाँ बोलने वाले (जनं विभ्रती विवाचसं) और तरह-तरह के आचार धर्म का पालन करनेवाले (नाना धर्माणं यथौकसम्) लोग रहते हैं, किंतु यह मातृभूमि सबको समान रूप से अपना दूध पिलाकर पोषण करती है। इस अनुभूति से भरा मन कह उठा, ''यह भूमि मेरी माता है और मैं इसका पुत्र हूँ।'' यह माता-पुत्र भाव ही सहस्राब्दियों से हमें इस भूमि के प्रति कृतज्ञता भाव से बाँधे हुए हैं। इसी में से 'भारतमाता' और 'वंदेमातरम्' जैसे प्रतीकों का जन्म हुआ।

पहले से विद्यमान श्रद्धा के बीजों में से नए-नए तीर्थों का अंकुरण कैसे हुआ होगा, इसका कुछ-कुछ अनुमान हम भारत के दक्षिणी छोर पर समुद्र के भीतर एक चट्टान पर लगभग ३० वर्ष पूर्व विवेकानंद शिला स्मारक के निर्माण की गाथा को पढ़कर लगा सकते हैं। दक्षिणी छोर पर स्थित कन्याकुमारी तीर्थ तो बहुत प्राचीन है। उसकी यात्रा भी न जाने कब से चली आ रही है। पहले से चली आ रही श्रद्धा ही परिव्राजक विवेकानंद को वहाँ खींच ले गई थी, उस श्रद्धा के वशीभूत होकर ही वे समुद्र में तैरकर उस शिला पर पहुँचे थे, जहाँ कहते हैं कि देवी के चरण-चिह्न पहले से विद्यमान हैं और वहाँ बैठे विवेकानंद ने आँखें बंद करके आसेतु हिमाचल भारतभूमि की एकता, उसके प्राचीन गौरव और वर्तमान दुर्दशा का साक्षात्कार कर अपने भावी कर्तव्य पथ का निर्धारण किया था।

उसी कर्तव्य बोध ने परिव्राजक विवेकानंद को स्वामी विवेकानंद

की स्थिति में पहुँचाया था, विश्व भर में भारतीय संस्कृति का उद्गाता व संदेशवाहक बना दिया था। वह शिला तो बहुत पहले से तीर्थ बन चुकी थी, उस तीर्थ पर किसी भौतिक प्रतीक की स्थापना का भाव भी कुछ लोगों के मन में काफी पहले से घूमने लगा था, पर उसके मार्ग में खड़ी अनेक बाधाओं को पार कर उस प्रतीक को खड़ा करने का संकल्प स्वामीजी के जन्म शताब्दी वर्ष में स्वामी चिद्भवानंद और राष्ट्रीय स्वयंसेवक संघ के कुछ कार्यकर्ताओं के मन में जगा। अंततः इस संकल्प को मूर्त रूप देने का दायित्व राष्ट्रीय स्वयंसेवक संघ ने अपने एक अति वरिष्ठ कार्यकर्ता एकनाथ रानडे को सौंपा और एकनाथजी ने कन्याकुमारी तीर्थ और स्वामी विवेकानंद के प्रति पूरे भारत में पहले से विद्यमान श्रद्धा-भूमि पर खड़े होकर संघ की विशाल संगठन शक्ति और अपनी विलक्षण कल्पना व संगठन कौशल के सहारे उस शिला पर एक अद्भुत भव्य मंदिर का निर्माण करके भारत की भौगोलिक सांस्कृतिक एकता के प्रत्यक्ष दर्शन को भौतिक धरातल पर रामेश्वरम् के प्राचीन तीर्थ से कुछ और आगे बढ़ाकर अक्षरशः दक्षिणी छोर पर पहुँचा दिया। इस नए तीर्थ के संस्थापक के रूप में विश्व स्व. एकनाथ रानडे को पहचानने लगा है, किंतु उनके व्यक्तित्व को गढ़ने वाले और उसके पीछे खड़े संघ के अमूर्त्त संगठन प्रवाह तथा इस तीर्थ के प्रति सभी देशवासियों को लंबे समय से चली आ रही श्रद्धा भावना के योगदान का देश-कालबद्ध आकलन कर पाना संभव नहीं है।

पं. नेहरू का उपेक्षित भाव

पिछले सप्ताह ऐसे ही एक नए तीर्थ को अंकुरित होते मैंने देखा। पिछले तीर्थ ने भारत के दक्षिणी छोर पर आकार लिया तो यह नया तीर्थ भारत के धुर उत्तरी छोर पर अंकुरित हो रहा है। समुद्र तल से लगभग ११,००० फीट की ऊँचाई पर स्थित लेह नामक बस्ती, जो भारतवासियों के लिए लगभग अनजाने लद्दाख क्षेत्र का प्रमुख नगर है, के निकट सिंधु नदी के तट पर यह तीर्थ उभर रहा है। यह प्रदेश कितना उपेक्षित रहा है, इसका अनुमान इस एक तथ्य से लगाया जा सकता है कि माओत्से तुंग का कम्युनिस्ट चीन इस प्रदेश के पूर्वी भाग अक्साईचीन को धीरे-धीरे हड़पता

रहा और भारत की नेहरू सरकार जानकर भी अपनी भूमि के इस अतिक्रमण पर चुप्पी साधे रही। सन् १९५९ में जब यह भांडा फूटा तो संसद में प्रधानमंत्री नेहरू ने अपनी चुप्पी की सफाई देते हुए कहा था, "अरे, वहाँ रखा ही क्या है ? वहाँ न तो घास का एक तिनका पैदा होता है और न कोई मनुष्य वहाँ रहता है। ऐसे जनविहीन निर्जन प्रदेश के लिए खून क्यों बहाना ?"

देश की धरती के प्रति पं. नेहरू का ऐसा उदासीन भाव देखकर एक वरिष्ठ सांसद श्री महावीर त्यागी ने कहा था, "मेरे सिर पर एक भी बाल नहीं है, तो क्या मुझे भी अपना सिर अलग कर किसी को दे देना चाहिए ?" क्षेत्रफल की दृष्टि से चीन द्वारा कब्जाए हुए क्षेत्र को निकालकर भी, लद्दाख जम्मू और कश्मीर घाटी दोनों को मिलाकर बड़ा है, किंतु जनसंख्या की दृष्टि से उसे अभी भी लगभग निर्जन प्रदेशों की श्रेणी में रखना होगा। नेहरू के इस कथन के चालीस वर्ष बाद आज भी पूरे लद्दाख क्षेत्र की जनसंख्या ढाई लाख से अधिक नहीं है अर्थात् वहाँ प्रति एक वर्ग किलोमीटर पर केवल एक मनुष्य का अनुपात आता है। जहाँ तक पेड़-पौधों का संबंध है, वहाँ दूर-दूर तक नंगे पहाड़ दिखाई देते हैं। जो भी हरियाली वहाँ दिखाई दी, वह कुछ वर्षों में भारतीय सैनिकों के परिश्रम द्वारा सिंचित वृक्षारोपण अभियान का परिणाम है। इस अभियान की सफलता ने सिद्ध किया कि लद्दाख की धरती में उर्वरा शक्ति विद्यमान है, उसमें सुंदर फूल, फल और सब्जियाँ भली प्रकार उगाए जा सकते हैं, किंतु भगवान् बुद्ध की संसार विमुख अध्यात्म धारा में डूबे, अल्पसंतोषी प्रकृतिभक्त लद्दाखवासियों को अधिक परिश्रम करने की आवश्यकता ही अनुभव नहीं हुई। इसलिए हमें दूर-दूर तक जन शून्य पहाड़ी रेगिस्तान जैसा दृश्य देखने को मिला, किंतु यहीं पर हमें इस प्रदेश में विद्यमान भौतिक विकास की असीम संभावनाओं के दर्शन भी हुए। यह प्रदेश उपेक्षित रहा है; सिर्फ अपनी विशिष्ट भाषा, जीवन शैली और धार्मिक जीवन के कारण नहीं वरन् इस कारण भी कि वर्ष में छह मास प्रकृति स्वयं उसका शेष भारत से संबंध विच्छेद कर देती है। सब रास्ते बर्फ से

ढककर बंद हो जाते हैं। शेष भारत और लद्दाख के बीच आवागमन पूरी तरह अवरुद्ध हो जाता है। आधुनिक वैज्ञानिक सभ्यता द्वारा प्रदत्त विमान यात्रा के पूर्व तो लद्दाखवासियों को शेष भारत के बिना ही अपने अल्प साधनों के साथ जीने की आदत पड़ चुकी थी, अपने उस परिवेश में आत्मसंतुष्टि का भाव वे उत्पन्न कर चुके थे, किंतु यह होते हुए भी भारतप्रेम और देशभक्ति का भाव उनमें कूट-कूटकर भरा हुआ है, यह अनुभूति हमें लेह में नवनिर्मित शौर्य स्मारक या कीर्तिभवन (हॉल ऑफ फेम) नामक संग्रहालय को देखते समय हुई।

सैनिकों की जीवट

वहाँ हमने देखा कि लद्दाख क्षेत्र का संपूर्ण भारत की सुरक्षा में कितना महत्त्वपूर्ण स्थान व योगदान है। इस महत्त्व के कारण ही वहाँ भारतीय सेना के जवान अनेक वर्षों से प्रकृति की प्रतिकूलता से और पाकिस्तानी फौजों से एक साथ जूझते रहे हैं। इन वीर सैनिकों का जीवन कितना कठिन है, यह अपनी आँखों से देखने को मिला। पानी, बिजली, भोजन सामग्री, आवागमन के साधनों के अभावों के बीच भी वे कितनी निष्ठा के साथ वहाँ डटे हुए हैं। क्या हमने कभी सोचा कि हमारे ये भाई वहाँ किन परिस्थितियों में डटे हुए हैं ? क्या उन्हीं के कारण हम यहाँ चैन की जिंदगी नहीं जी रहे हैं ? क्या हमने कभी अपनी सुरक्षा के इन प्रहरियों की भावनाओं और उनकी आवश्यकताओं को समझने की कोशिश की ? क्या हमने उनके प्रति अपनी कृतज्ञता और आत्मीयता की भावना को उन तक पहुँचाने का कोई प्रयास किया ? सचमुच इस नए तीर्थ ने भारत के कोने-कोने से जिन ४०० से अधिक महिला, पुरुष तीर्थयात्रियों को आकर्षित किया, उन सबके अंत:करण अपने सैनिक भाइयों की देशभक्ति, दृढ़ता और शौर्य को देखकर कृतज्ञता से भाव-विभोर हो उठे। वे उनकी इस गाथा को देश के कोने-कोने में पहुँचाने वाले उनके राजदूत बनकर वहाँ से लौटे।

लद्दाख क्षेत्र का सामरिक महत्त्व कितना है, इसका प्रतीक १८,००० फीट की ऊँचाई पर स्थित सियाचिन हिमशिखर बन गया है। कुछ दिन पहले जब अखबारों में पढ़ा था कि नए रक्षामंत्री जॉर्ज फर्नांडीस ने दिल्ली

के वातानुकूलित कक्षों में बैठे रक्षा मंत्रालय के कुछ वरिष्ठ अधिकारियों को इस हिमशिखर पर डटे हुए भारतीय सैनिकों के कठिन जीवन को अपनी आँखों से देखने के लिए वहाँ जाने का आदेश दिया तो उनके इस कठोर आदेश का मर्म अधिकांश देशवासी नहीं समझ पाए होंगे, पर इस सिंधु दर्शन तीर्थ यात्रा में ही जब कीर्ति भवन संग्रहालय के सियाचिन कक्ष में रखे उपकरण, वस्त्रों और चित्रों को देखा तथा ब्रिगेडियर दीपक जोशी के मुख से उन सबका अर्थ सुना तो सियाचिन के महत्त्व और वहाँ डटे हुए भारतीय सैनिकों के प्रति मस्तक श्रद्धावनत हो गया। जब रक्षामंत्री जॉर्ज फर्नांडीस हेलीकॉप्टर के बजाय सड़क मार्ग से सियाचिन के लिए रवाना हुए तो सबके अंत:करणों में गर्व और आह्लाद का भाव छलक आया।

क्या अपने देश के एक दूरस्थ, अनजान, उपेक्षित कोने के इस यथार्थ का साक्षात्कार हमें हो पाता, यदि कोई नया अंकुरित तीर्थ देश के कोने-कोने से श्रद्धालुओं को खींचकर वहाँ न ले जाता? इस वर्ष इस तीर्थयात्रा का नाम था सिंधु दर्शन अभियान, पिछले वर्ष उसका नाम था सिंधु स्नान पर्व। समय के साथ ज्यों-ज्यों यह तीर्थ और विकसित होगा, वह अपने लिए स्थायी नाम की खोज कर लेगा किंतु अभी तक के नामकरण से इतना तो स्पष्ट है कि यह तीर्थ और कोई नहीं, वही प्राचीन और पवित्र सिंधु नदी है, जिसके तट पर वैदिक संस्कृति पल्लवित हुई थी, जिस नदी ने हमारे देश को नाम दिया, हमें हमारी सांस्कृतिक पहचान दी।

सहस्राब्दियों से यह नदी हमारी चेतना में बसी हुई थी, हमारी श्रद्धा का केंद्र थी। नदी सूक्त में प्रतिदिन हम उसका स्तवन करते आ रहे थे, किंतु सन् १९४७ में देश विभाजन से हम समझ बैठे थे कि हमारी संस्कृति की प्रवाहिका यह पवित्र नदी हमसे छिनकर पाकिस्तान के अधिकार में चली गई है। उसके पवित्र जल में अब हम स्नान नहीं कर सकेंगे, मानो हमसे हमारा नाम छिन गया है, हमने अपनी पहचान खो दी है। भला हो उन क्षणों का, जब नियति सिंध प्रांत में जनमे संघ के एक श्रेष्ठ स्वयंसेवक और भारतीय राजनीति के शिखर पुरुष लालकृष्ण आडवाणी को सन् १९९६ के लोकसभा चुनावों के निमित्त लद्दाख खींच ले गई और किन्हीं

अनपेक्षित कारणों से उनके निवास की व्यवस्था जिस अतिथि गृह में की गई, उसके पास ही एक सरित्प्रवाह बह रहा था। तब तक सिंधु पुत्र आडवाणी भी यह नहीं जानते थे कि यह प्रवाह ही वह पवित्र सिंधु नदी है, जो पाकिस्तान के पास चली गई है। मानो कोई पुत्र कई दशाब्दियों बाद अपनी बिछुड़ी माँ से मिल गया हो, ऐसा ही दृश्य था वहाँ। वे भाव-विह्वल हो गए। शताब्दियों से प्राप्त श्रद्धा के संस्कार जाग्रत् हो गए। इस यात्रा में उनके साथ 'पाञ्चजन्य' के संपादक तरुण विजय भी थे। उनकी श्रद्धा एक नए तीर्थ का बीज बन गई और इस प्रकार एक नए तीर्थ का बीज सहज रूप से बो गया। नए तीर्थ का बीज पहले से विद्यमान श्रद्धा में होता है। सन् १९९७ की पहली यात्रा में केवल ६५ श्रद्धालु उपस्थित थे तो इस वर्ष यह संख्या ४०० से अधिक पहुँच गई और देश के बारह राज्यों का उसमें प्रतिनिधित्व हुआ।

यह नया तीर्थ अनेक दृष्टियों से बहुत महत्त्वपूर्ण है। भारत के उत्तरी छोर पर अवस्थित होने के कारण भारत की भौगोलिक सांस्कृतिक एकता के चित्र को यह पूरा करता है। इस एकता का जो पुराना प्रतीक कैलास-मानसरोवर आज राजनीतिक दृष्टि से चीन के अधिकार में चला गया है, उस तीर्थ की यात्रा का भी सबसे सुगम और सुरक्षित मार्ग इस क्षेत्र में उपलब्ध है। उसके खुल जाने पर कैलाश-मानसरोवर यात्रा प्राकृतिक आपदाओं से मुक्त हो जाएगी। यह तीर्थ समस्त देशवासियों को पुनः भारत की सांस्कृतिक यात्रा की साक्षी सिंधु नदी से जोड़ देगा। विभाजन के कारण सिंध प्रांत को छोड़ने के लिए विवश लाखों सिंधी भाइयों का तो मानो इस तीर्थ के द्वारा अपनी बिछुड़ी माँ से ही मिलन हो गया है, इसीलिए वहाँ पहुँचे तीर्थयात्रियों में सिंधी भाइयों की संख्या सर्वाधिक थी, उनका उत्साह और आह्वान देखने लायक था। यह तीर्थ उन्हें अपना तीर्थ लग रहा था।

इस तीर्थ का इससे भी अधिक योगदान होगा कि इसके द्वारा पूरा देश अब तक के उपेक्षित क्षेत्र लद्दाख से जुड़ जाएगा। भावात्मक एकता का प्रवाह लद्दाख क्षेत्र को भी आप्लावित कर लेगा। लद्दाखी बौद्ध

अस्मिता जो अलग-थलग पड़कर इस्लामी विस्तारवाद के विरुद्ध स्वयं को अरक्षित पा रही थी, अब अपने मूल विशाल सांस्कृतिक प्रवाह का अंग बनकर सुरक्षित ही नहीं; बलशाली भी हो जाएगी, उनमें यह विश्वास जग रहा है। इसकी झलक २६ अगस्त की सायंकाल लेह में आयोजित एक विचारगोष्ठी में उपस्थित बौद्ध नेताओं, विद्वानों एवं लामाओं के उद्‌गारों में देखने को मिली। इस यात्रा में बुद्ध के भावी अवतार भगवान् मैत्रेय, वैदिक ऋषि परंपरा और सिंध के संत झूलेलाल के प्रति भक्ति के प्रवाहों का संगम होते देखा। यह त्रिवेणी संगम उस समय साक्षात् रूप में सामने आया, जब संत झूलेलाल की प्रतिमा की उपस्थिति में वैदिक नदी सूक्त के उच्चार के साथ बौद्ध लामाओं ने अपनी विधि से सिंधु नदी के पवित्र जल की पूजा की और अनेक यात्रियों ने सिंधु नदी के जल में स्नान तक किया। इस यात्रा को सफल बनाने में वहाँ स्थित भारतीय सैनिकों ने जिस लगन और उत्साह से योगदान किया, उसका वर्णन करना तो यहाँ संभव नहीं है, किंतु इससे यह स्पष्ट हो गया कि इस नई तीर्थयात्रा के माध्यम से पूरा देश उनके वीरव्रत, शौर्य और त्याग का दर्शन कर सकेगा तथा उनके एकाकीपन को भी दूर कर सकेगा। इसे ही कहते हैं कि 'एक के साधे सब सधे'। निश्चय ही उत्तरी छोर पर सिंधु नदी के तट पर जो तीर्थ अंकुरित हो रहा है, वहाँ शीघ्र ही सिंधु माता, भगवान् मैत्रेय और संत झूलेलाल के मंदिर खड़े हो जाएँगे। सिंधु स्तोत्र और अन्य महात्म्य साहित्य का सृजन भी हो जाएगा।

(पाञ्चजन्य, ६ सितंबर, १९९८)

□

सिंधु दर्शन पर्यटन नहीं, तीर्थयात्रा है

सिंधु दर्शन के लिए यह मेरी तीसरी लद्दाख यात्रा थी। सन् १९९७ में जब मैं पहली बार लद्दाख गया था तो सिंधु दर्शन समारोह में देश-विदेश से केवल ६५ लोग एकत्र हुए थे, किंतु इस बार यह संख्या ६,००० को भी पार कर गई थी। इंडियन एयरलाइन्स के अनुसार विमान से जाने वालों की संख्या ४,००० पहुँच गई थी। स्वामी अवधेशानंदजी की भागवत कथा के प्रेमियों में से ४०० भक्त विमान से पहुँचे तो २५० लोग बसों द्वारा श्रीनगर, जोजिला दर्रे, द्रास और कारगिल होते हुए लेह पहुँचे। उनकी यात्रा अत्यंत रोमांचकारी और जोखिम भरी थी। भारी बर्फ ने सड़क को बंद कर दिया था। सेना ने बर्फ काटकर बस के गुजरने लायक जो मार्ग बनाया, उसके दोनों तरफ २० फीट ऊँची बर्फ की दीवार खड़ी थी। द्रास से गुजरे तो वहाँ पाकिस्तानी सेना गोले बरसा रही थी, किंतु उनकी श्रद्धा अटल व अविचलित थी। सिंधु के तट पर स्वामी अवधेशानंदजी की भागवत कथा का उन्होंने छह दिन तक श्रवण किया, सूर्यग्रहण के अवसर पर सिंधु के बर्फीले जल में स्नान किया। नेहरू युवा केंद्र की पताका तले देश के प्रत्येक राज्य से लगभग २५० युवकों ने बस द्वारा मनाली, मंडी से लेह की यात्रा की। यह मार्ग कहीं-कहीं १८,००० फीट की ऊँचाई को छूता है। ऑक्सीजन की भारी कमी से त्रस्त होकर भी ये युवक अपने साथ भारत की पवित्र नदियों का जल सिंधु में प्रवाहित करने के लिए लाए। दिल्ली से भारतीय मजदूर संघ के २० कार्यकर्ताओं ने इस लंबी और कठिन यात्रा को मोटरसाइकिलों व स्कूटरों से पूर्ण करने का संकल्प पूरा

किया। सुदूरपूर्वी छोर पर अरुणाचल से २० कलाकारों का दल वहाँ के मंत्री श्री चोनामिन के नेतृत्व में ब्रह्मपुत्र नदी का जल सिंधु को भेंट करने के लिए लाया। कैसा विचित्र मिलन। मानसरोवर के एक ही स्रोत से निकलकर ये दोनों बहनें, एक पूर्व दिशा में तो दूसरी पश्चिम दिशा में बँटकर भारत की समूची उत्तरी सीमा का प्रक्षालन करती हैं और इस समारोह में दोनों के जल ने मिलकर अपनी परिक्रमा पूरी कर ली।

सभी उपासना पंथों-बौद्ध, जैन, ईसाई, इस्लाम, शैव, वैष्णव आदि के प्रमुख धर्माचार्यों ने काँची कामकोटिपीठ के शंकराचार्य श्री जयेंद्र सरस्वतीजी की अध्यक्षता में सर्व धर्म एकता का मंत्रोच्चार कर सिंधु के तट पर कुंभ मेले के संत समागम का स्मरण दिला दिया। 'राष्ट्रीयता के परिप्रेक्ष्य में सिंधु' विषय पर एक संगोष्ठी में लद्दाख और शेष भारत के अनेक लब्धप्रसिद्ध चिंतकों, साहित्यकारों और कवियों ने सिंधु के जलप्रवाह में भारत की लंबी अखंड इतिहास-यात्रा और राष्ट्रीय एकता का साक्षात्कार किया। इस अवसर पर केंद्रीय गृह राज्यमंत्री स्वामी चिन्मयानंद का यह उद्‌गार बहुत सार्थक लगा कि शायद अब कुंभ का मेला गंगा, त्रिवेणी संगम, क्षिप्रा और गोदावरी नदियों से आगे बढ़कर सिंधु के तट पर भी आकार ले रहा है।

नवोन्मेष का शंखनाद

कौन जाने कुंभ के मेले ने भी कभी ऐसे ही सूक्ष्म रूप में आरंभ होकर सहस्राब्दियों में आज का विराट रूप धारण किया हो। आज कुंभ के मेले को किसी आयोजक, किसी निमंत्रण-पत्र, पोस्टर या विज्ञापन की आवश्यकता नहीं। देश-विदेश से लाखों-लाख लोगों को कोई अदृश्य श्रद्धा अपने आप वहाँ खींच लाती है। शायद सिंधु के तट पर भी वही इतिहास दोहराया जा रहा है। इसे नियति की लीला नहीं तो क्या कहें कि सन् १९९६ का चुनाव अभियान लालकृष्ण आडवाणी को लद्दाख खींच ले गया। तब वे सत्ता में नहीं थे, इसलिए सरकारी अतिथि गृह में पहले से आरक्षित कमरा उन्हें राज्यपाल के अचानक आगमन के कारण खाली करके चोगलमसर के किसी अतिथि गृह में जाना पड़ा था और तब वे

चौंक पड़े थे, यह जानकर कि उनके अतिथि गृह के पास बह रही पतली जलधारा और कोई नहीं बल्कि सिंधु नदी है। वही सिंधु नदी, जिसके तट पर उनका बचपन बीता था, जिसे देश विभाजन ने उनसे छीन लिया था और तभी से उनका मन तड़प रहा था, वह दिन देखने के लिए जब सिंधु माँ से उनका पुनर्मिलन होगा। वे उछल पड़े थे यह जानकर कि सिंधु तो अभी भी उनके पास है, देश के इस दूरस्थ उपेक्षित लद्दाख में। कैसा अज्ञान है कि कस्तूरी मृग के समान देशवासी यह जानते ही नहीं थे कि सिंधु का प्रवाह डेढ़ सौ किलोमीटर तक खंडित भारत की भूमि पर बहकर ही पाकिस्तान में प्रवेश करता है। आडवाणी के मन में संकल्प जगा कि देश को इस सत्य का दर्शन कराना ही चाहिए। उनके साथ थे पाञ्चजन्य के संपादक तरुण विजय। उन्होंने आडवाणीजी के इस संकल्प को साकार रूप देने के लिए अपनी सकारात्मक कल्पना के घोड़े दौड़ाने शुरू कर दिए और अगले वर्ष केवल ६५ तीर्थयात्रियों के साथ यह नया कुंभ आरंभ हो गया। ७० से ४०० और इस वर्ष ६,००० से अधिक। भारत के नवोन्मेष का शंखनाद है यह। बिल्कुल उसी तरह जैसे एक शताब्दी पूर्व सन् १८९३ में लोकमान्य तिलक ने गणेशोत्सव को लोक-जागरण का अस्त्र बनाकर राष्ट्र में नवजीवन का संचार किया था, राष्ट्रीय आंदोलन के अध्याय में से भिक्षावृत्ति के पन्ने को हटाकर स्वदेशी, स्वाभिमान और आत्मसम्मान का पन्ना जोड़ा था। 'स्वराज्य मेरा जन्मसिद्ध अधिकार है और मैं इसे लेकर रहूँगा' लोकमान्य का यह मंत्रघोष ही गांधीजी के नेतृत्व में स्वातंत्र्य आंदोलन की मुख्य प्रेरणा बना।

लद्दाख की उपेक्षा

किंतु स्वाधीन भारत लोकमान्य और गांधी के उस मंत्र से, उस प्रेरणा से भटक गया और अब नियति ने माध्यम बनाया श्री आडवाणी को। इधर सिंधु नदी ने हमें पश्चिमोत्तर छोर पर स्थित उपेक्षित लद्दाख से जोड़ दिया, उधर ब्रह्मपुत्र दर्शन कार्यक्रम ने हमें पूर्वोत्तर छोर पर अरुणाचल प्रदेश से जोड़ दिया। सिंधु दर्शन और ब्रह्मपुत्र दर्शन कार्यक्रमों को साधारण पर्यटन की श्रेणी में नहीं रखा जा सकता। मातृभूमि के उपेक्षित, अनजाने

कोनों को कोटि-कोटि देशवासियों की श्रद्धा के चैतन्य से परिप्लावित करनेवाली यह पवित्र तीर्थयात्रा है। यदि हम तीर्थयात्रा में ३० वर्ष पूर्व दक्षिणी छोर पर समुद्र के भीतर निर्मित विवेकानंद शिला स्मारक को भी जोड़ दें तो यह कहा जा सकता है कि मातृभूमि के इन तीन छोरों पर स्थापित इन नए तीर्थों ने भारतीय भूगोल और संस्कृति के तादात्म्य को पूर्णता पर पहुँचा दिया है। आदि शंकराचार्य ने बदरीनाथ, जगन्नाथपुरी, रामेश्वरम् और द्वारिका में चार धामों की स्थापना करके भारत के भूगोल को जो सांस्कृतिक अधिष्ठान प्रदान किया था, उसी प्रक्रिया को इन तीन नए तीर्थों ने आगे बढ़ाया है। भारतीय संस्कृति की भौगोलिक सीमाओं को पूर्णता प्रदान की है। क्या अब हम सात नदियों, सात पर्वतों, सात मोक्षदायिका पुरियों की तरह अब सात धामों का पुण्य स्मरण कर अपनी भू-सांस्कृतिक एकता का साक्षात्कार कर सकेंगे? यदि सन् १९९६ में सिंधु की अनायास खोज के बाद सिंधु दर्शन की लालसा हमें खींचकर लद्दाख न ले जाती तो क्या हम उसकी वास्तविकता, उसकी अंतर्वेदना और उसकी आकांक्षाओं को जान पाते? सन् १९४७ में स्वाधीनता के समय लद्दाख अपने ९८,००० वर्ग कि.मी. के विशाल भू-भाग को लेकर भारत में आया, पर हमने उसकी ओर ताका भी नहीं, हमारी दृष्टि २६,२९३ कि.मी. वाले जम्मू क्षेत्र और उससे भी कम १५,९५३ वर्ग कि.मी. क्षेत्रफल वाली कश्मीर घाटी पर ही गड़ी रही, जबकि लद्दाख का क्षेत्रफल इन दोनों को मिलाकर भी दुगने से अधिक था। हमारी उपेक्षा का परिणाम हुआ कि मैत्री के आवरण में कम्युनिस्ट चीन ने चुपचाप लद्दाख के ३७,५५५ वर्ग कि.मी. भाग पर कब्जा कर लिया और ५,१८० वर्ग कि.मी. भाग को पाकिस्तान ने चीन की मित्रता पाने के लिए उसे तश्तरी पर रख कर दे दिया। अक्साईचीन प्रदेश पर चीन के कब्जे का रहस्योद्घाटन होने पर तत्कालीन प्रधानमंत्री जवाहरलाल नेहरू ने एक निर्लज्ज हँसी के साथ भारतीय संसद् में कहा, कि अरे अक्साईचीन चला गया तो क्या हुआ, वहाँ धरा ही क्या है? घास का एक पत्ता भी वहाँ पैदा नहीं होता, एक भी इन्सान वहाँ रहता नहीं। यह सच है कि लद्दाख के विशाल क्षेत्रफल में जनसंख्या लगभग शून्य के

बराबर थी, किंतु जो भी थी, उसने भगवान् बुद्ध की प्राचीन संस्कृति को हमारे लिए सुरक्षित रखा था। वह सरलता, सादगी, शांति और अहिंसा के मूल्यों के साथ जी रही थी और भारत के प्रति घोर आत्मीयता से ओतप्रोत थी। सन् १९४९ में ही लद्दाख के बौद्धों ने भारत के प्रधानमंत्री को एक मर्मस्पर्शी ज्ञापन देकर भारत सरकार की सीधी छत्रछाया में आने की प्रार्थना की थी। तब से लगातार वहाँ का बौद्ध बहुमत मुस्लिम आक्रामकता और विस्तारवाद से बचने के लिए केंद्रशासित प्रदेश बनने के लिए गुहार लगा रहा है, आंदोलन कर रहा है, पर भारत है कि कानों में रुई खोंसकर बैठा हुआ है और कश्मीर घाटी के मुस्लिम पृथकतावाद को मनाने में ही अपनी पूरी ताकत लगा रहा है।

पश्चिमोन्मुख विकास

सन् १९७५ में शेख अब्दुल्ला ने सत्ता में वापस आने के बाद लद्दाख को पर्यटन के लिए खोल दिया, उसे मुस्लिम बहुल कारगिल और बौद्ध बहुल लेह जिलों में बाँट दिया, साथ ही कश्मीर घाटी के संपन्न मुस्लिम व्यापारियों को प्राचीन कलाकृतियों का व्यापार करने के लिए लेह में बसने के लिए प्रोत्साहित किया। लद्दाख की ऊँचाइयों ने, उसकी ठंडक ने और प्राचीन कलाकृतियों ने यूरोपीय व अमरीकी पर्यटकों को बड़ी संख्या में आकर्षित किया। बेचारे भोले-भाले लद्दाखियों का पहली बार पश्चिमी सभ्यता की उत्तेजक, स्वच्छंद जीवन-शैली से साक्षात्कार हुआ। दमित वासनाएँ भड़क उठीं और इस्लाम की ओर मतांतरण की गति तेज हो गई। भारत का हिन्दू समाज लद्दाख यात्रा के जोखिम को उठाने को तैयार नहीं हुआ। सरकारी नौकरी के कारण जो हिन्दू वहाँ जाने को विवश होते थे, उन्होंने लद्दाखी समाज से जुड़ने का प्रयास नहीं किया। वहाँ अपने परिवार को ले जाने का साहस न होने कारण ऐसे हिन्दू कर्मचारी स्थानीय बौद्ध महिलाओं को दूसरी पत्नी बना लेते थे, उनसे संतान भी उत्पन्न करते थे, पर स्थानांतरण की स्थिति आने पर लद्दाखी पत्नी और उससे उत्पन्न बच्चे को वहीं असहाय छोड़ जाते थे, क्योंकि उनका परिवार उन्हें अपनाने को तैयार नहीं था, जबकि मुस्लिम समाज में बहुपत्नी प्रथा

होने के कारण वे कई लद्दाखी पत्नियों को हजम कर सकते हैं। इस बार की यात्रा में जवाहरलाल कौल के ये अनुभव सुनकर अपने पर बहुत लज्जा आई। जवाहरलालजी से बीसों वर्ष पुराना संबंध होने पर भी पहली बार पता चला कि उनका जन्म लद्दाख क्षेत्र में ही हुआ था और लद्दाखी समाज की समस्याओं का उन्हें बहुत गहरा अनुभव है।

लद्दाख में जाने के बाद ही पता चलता है कि भारत के वीर सैनिक कितने दुर्गम क्षेत्र में कितना कठिन जीवन जीकर हमारी सीमाओं की रक्षा कर रहे हैं। लद्दाखी यथार्थ के इस समय तीन चेहरे हैं। एक, परंपरागत बौद्ध या लामा रूप, दूसरा लद्दाख की प्रत्येक घाटी और पहाड़ी पर भारतीय सेना के शिविर और तीसरा सेना और पर्यटकों के कारण आधुनिक सभ्यता का बड़े पैमाने पर प्रवेश। आधुनिक तेज वाहन सड़कों पर दौड़ने लगे हैं। लेह में विमानतल बन गया है, नियमित विमान सेवा शुरू हो गई है। रोहतांग दर्रे का मार्ग खुल जाने पर लद्दाख यात्रा और भी छोटी हो जाएगी। सिंधु दर्शन के वार्षिक समारोह से 'विकास' की यह गति और भी तेज हो रही है। लेह का बाजार किसी भी अन्य शहर की तरह उपभोग के आधुनिक उत्पादों से पटा हुआ है। लेह शहर में ७२ बड़े होटल और १७५ अतिथिगृह उग आए हैं। चारों तरफ वही दिखाई देते हैं। व्यापार की अपार संभावनाएँ खुल जाने के कारण बाहर के लोग लद्दाख में जमीन खरीद रहे हैं, पूँजी लगा रहे हैं। धारा ३७० की दीवार के कारण शेष भारत के लोग तो इस लूट में हिस्सा नहीं बँटा सकते, पर जम्मू और कश्मीर घाटी के लोग इसका पूरा लाभ उठा रहे हैं। इसी पीड़ा को व्यक्त करते हुए प्रसिद्ध कवयित्री पद्मा सचदेव ने पूछा कि जम्मू के ब्राह्मण परिवार की बेटी होने के बाद भी दिल्ली में ब्याही होने के कारण मैं जम्मू-कश्मीर राज्य में अपनी झोंपड़ी क्यों नहीं बना सकती?

पर क्या लद्दाख के विकास की यही दिशा होगी? इसे हम विकास कहें या लद्दाख की अस्मिता का नाश। लद्दाख ने न केवल हमें सिंधु नदी वापस दी, बल्कि भगवान् बुद्ध को भी उनके सांस्कृतिक, धार्मिक परिवेश के साथ हमें वापस दिया। सातवीं से तेरहवीं शताब्दी तक विदेशी

मुस्लिम आक्रमणकारियों ने भले ही बौद्ध धारा का भारतीय धरती से उच्छेद कर दिया हो, किंतु भगवान् बुद्ध हमारी चेतना में सदैव बने रहे। हमने उन्हें भगवान् विष्णु के नवें अवतार के नाते पूजा। दसवीं शताब्दी के कवि जयदेव की रचना इसका प्रमाण है। हमने उन्हें संकल्प मंत्र में स्थान दिया। नित्य प्रति हम संकल्प मंत्र में दोहराते रहे 'वैवस्वत मन्वन्तरे अष्टाविंशतिचतुर्युगे कलियुगे कलि प्रथम चरणे बौद्धावतारे', किंतु बौद्ध धारा भारत में सूख गई थी। भगवान् बुद्ध के लीलास्थलों की तीर्थयात्रा पर विदेशी बौद्ध हावी रहे। बीसवीं शताब्दी में भारतीय विश्वविद्यालयों में बौद्ध अध्ययन का आधार विदेशों से आयातित बौद्ध वाङ्मय बना। सन् १९५६ में डॉ. अंबेडकर ने जिस नवबौद्ध आंदोलन का सूत्रपात किया, उसका भगवान् बुद्ध की करुणा और अहिंसा से कोई नाता नहीं, वह मात्र हिन्दू विद्वेष और घृणा में से जन्मा एक नकारात्मक विघटनकारी राजनीतिक आंदोलन है।

पर्यटन नहीं, तीर्थाटन

पर लद्दाख और अरुणाचल ने परंपरागत बौद्ध प्रवाह को अखंड बनाए रखा। सिंधु दर्शन और ब्रह्मपुत्र दर्शन कार्यक्रम हमें इस प्रवाह से जुड़ने का अवसर देते हैं। ये कार्यक्रम हमारे लिए पर्यटन नहीं, तीर्थयात्रा हैं। पर्यटक की प्रेरणा मनोरंजन होती है, जबकि तीर्थयात्री श्रद्धा से अभिभूत होता है। भगवान् बुद्ध के प्रति हमारे मन की श्रद्धा सिंधु दर्शन और ब्रह्मपुत्र दर्शन के समारोहों में प्रकट होनी चाहिए। भगवान् बुद्ध ही इन दोनों समारोहों के अधिष्ठाता देव होने चाहिए। वे संपूर्ण बौद्ध विश्व के साथ हमारे संबंधों को जोड़ने वाला पुल बन सकते हैं। अभी तो यह समारोह प्रारंभिक चरण में है, इसका स्वरूप क्रमशः विकसित हो रहा है। क्यों न इस अवसर पर भागवत् कथा के साथ-साथ बुद्ध कथा का आयोजन हो? क्या बामियान में ध्वस्त बुद्ध प्रतिमा की स्थापना सिंधु के तट पर हो सकती है? लेह में केंद्र सरकार ने एक बौद्ध अध्ययन संस्थान की स्थापना की है। उसके पुस्तकालय में विशाल तिब्बती बौद्ध साहित्य को देखकर आश्चर्य हुआ। वहाँ के प्राचार्य ने इस बार एक निबंध पढ़ा, जिसमें प्राचीन बौद्ध

वाङ्मय में सिंधु नदी के संदर्भों को एकत्र किया गया है। उन्होंने कहा कि प्राचीन बौद्ध वाङ्मय पूरी तरह भारतीय संस्कृति और परंपरा से ओत-प्रोत है। हमें बौद्ध परंपरा को पश्चिम की विकृत दृष्टि से नहीं, भारतीय दृष्टि से देखना होगा और इस दिशा में सुनियोजित प्रयास करने होंगे। लद्दाख और अरुणाचल इन प्रयासों की आधारभूमि बन सकते हैं। एक बात और, सिंधु दर्शन के मुख्य कार्यक्रम में केंद्रीय शहरी विकास मंत्री अनंत कुमार की यह घोषणा सुनकर आश्चर्य हुआ कि वे दिल्ली में सिंधु दर्शन फाउंडेशन का भवन बनाने के लिए भूमि देंगे। मैं सोचने लगा कि क्या कुंभ मेला फाउंडेशन का भी कोई भवन कहीं बना है? क्या कुंभ मेला शुरू करने के लिए भी कोई फाउंडेशन बना था? क्यों हम समाज के श्रद्धालुओं को संस्थाओं और भवनों में कैद करने पर तुले हुए हैं? क्यों नहीं उन्हें सहज रूप से प्रगट होने और आकार लेने का अवसर देते?

(पाञ्चजन्य, १५ जून, २००३)

□

अध्यात्म प्रवचन नहीं, आचरण है

क्या यह आश्चर्य की बात नहीं कि अब अंग्रेजी दैनिकों में भी अध्यात्म की चर्चा आरंभ हो गई है? अंग्रेजी शिक्षा में ढले आधुनिक मस्तिष्क ने यह मान लिया था कि अध्यात्म और धर्म अंधविश्वास व पिछड़ेपन के लक्षण हैं। उनका युग लद चुका है और अब केवल विज्ञान का युग है, पर ईसा की बीसवीं सदी के अंतिम चरण में पहुँच कर भारत में अध्यात्म का पुनर्जागरण जैसा हो रहा है। युवा पीढ़ी में तीर्थ यात्रा की रुचि जगी है। वैष्णो देवी, बदरीनाथ, अमरनाथ के यात्रा पथों पर भक्ति गीत गाती युवा टोलियाँ धर्म-युग की वापसी का संकेत देती हैं। संतों, 'भगवानों' और आश्रमों की बाढ़-सी आ गई है। राजधानी दिल्ली में, जिसे भारत की धरती पर पश्चिम की भौतिक सभ्यता का उपनिवेश कहा जाता है, विशालतम वातानुकूलित सभागारों में संतों-आचार्यों के अंग्रेजी भाषा में कई-कई दिन तक धाराप्रवाह प्रवचन चलते हैं। ये सभागार खचाखच भरे होते हैं। उनके बाहर एक से एक महँगी कारों की लंबी कतारें लगी होती हैं, जिससे पता चलता है कि राजधानी का समृद्ध, संभ्रांत और शिक्षित वर्ग इन प्रवचनों की ओर खिंच रहा है। रामकिंकरजी, मोरारी बापू, आसाराम बापू, विजय कौशल आदि कितने ही कथाकारों के मुख से 'राम-कथा' सुनने के लिए विशाल जनसमुदाय का उमड़ना एक नए विश्वास को जगाता है।

गायत्री-परिवार, स्वाध्याय-प्रवाह, स्वामी नारायण संप्रदाय, राधास्वामी, निरंकारी, सत्य साईं बाबा, महेश योगी के सत्संगों व समागमों

में हजारों-लाखों की भीड़ इकट्ठा होती है।

धार्मिक पुनर्जागरण के इस वातावरण को देखकर स्वामी विवेकानंद की वह वाणी कानों में गूँजने लगती है, "पश्चिम के प्राण यदि पौंड, शिलिंग, पेंस में बसते हैं तो भारत के प्राण धर्म में बसते हैं। भारत धर्म में जीता है, धर्म के लिए जीता है। धर्म ही भारत की आत्मा है।" हम देख रहे हैं कि भारत की आत्मा अनेक रूपों में, अनेक भार्गों से अभिव्यक्त हो रही है, किंतु दूसरे ही क्षण मन में यह प्रश्न भी उठता है कि प्रवचनकारों की संख्या बढ़ रही है, प्रवचन सुनने वालों की संख्या भी बढ़ रही है, फिर भी देश नैतिकता की दृष्टि से पतन के गर्त में तेजी से क्यों गिर रहा है? समाज-जीवन में भोग, विलासिता और कामुकता का प्रभाव क्यों बढ़ता जा रहा है? समाचार-पत्रों के पन्ने हत्या, अपहरण, बलात्कार और भ्रष्टचार के समाचारों से ही क्यों भरे होते हैं? यदि आध्यात्मिक जागरण का अर्थ 'आत्मवत् सर्वभूतेषु' और 'सर्वभूत हितेरता:' होता है तो सामाजिक और पारिवारिक रिश्तों में दरारें क्यों पड़ती जा रही हैं? पति-पत्नी, भाई-भाई, बाप-बेटी, दोस्त-दोस्त, स्वामी-नौकर के संबंधों में नि:स्वार्थ आत्मीयता की पवित्र गंध के बजाय स्वार्थ, अविश्वास और हिंसा की दुर्गंध क्यों आने लगती है? प्रवचनों के माध्यम से बह रहा आध्यात्मिकता का शब्द-प्रवाह हमारी अंत:चेतना के उदात्तीकरण में सफल क्यों नहीं हो पा रहा? हमें 'अर्थ' और 'कर्म' की एषणाओं पर विजय पाने की शक्ति क्यों नहीं दे रहा? 'मनुस्मृति' में वणित धर्म के दस लक्षणों अर्थात् श्रेष्ठ जीवन-मूल्यों को व्यक्तिगत एवं सामाजिक आचरण में उतारने की निष्ठा हमारे भीतर क्यों नहीं उत्पन्न कर पा रहा?

यहाँ प्रश्न खड़ा होता है कि अध्यात्म स्वयं में है क्या? यह शब्द है या कोई शब्दातीत अनुभूति? क्या केवल शब्दों के माध्यम से आध्यात्मिक चेतना का संप्रेषण संभव है? क्या तर्कबुद्धि से अध्यात्म को ग्रहण किया जा सकता है? इन प्रश्नों के उत्तर में कठोपनिषद, मुंडकोपनिषद, श्वेताश्वतर उपनिषदों का कहना है—

नायमात्मा प्रवचनेन लभ्यो, न मेधया न बहुना श्रुतेन।

(आत्मा को न प्रवचन से, न मेधा से और न बहुत सुनकर पाया जा सकता है।)

इसी सत्य का साक्षात्कार स्वामी विवेकानंद के पूर्व रूप नरेंद्र दत्त को रामकृष्ण परमहंस के संपर्क में आने पर हुआ। नरेंद्र दत्त अंग्रेजी पढ़ा-लिखा तर्क-पटु युवक था, जबकि रामकृष्ण परमहंस निरक्षर भटटाचार्य, घोर मूर्ति पूजक और पागल से दिखने वाले व्यक्ति थे। रामकृष्ण परमहंस ने नरेंद्र का विवेकानंद में रूपांतरण शब्दों के माध्यम से नहीं, आध्यात्मिक शक्तिपात् से किया था। अपनी इस अनुभूति के कारण ही स्वामीजी ने तर्कबुद्धि की सीमा का बार-बार उल्लेख किया। तर्क-प्रवीण शिक्षितों को फटकारते हुए उन्होंने कहा था, ''ऐ पढ़े-लिखे मूर्खों, अपनी बुद्धि पर वृथा गर्व मत करो। कभी मैं भी ऐसा गर्व करता था, किंतु भगवान् ने मुझे एक निरक्षर भट्टाचार्य, घोर मूर्ति पूजक और पागल से दिखने वाले व्यक्ति के चरणों में बैठकर जीवन दीक्षा पाने का सबक सिखाया।'

वस्तुतः आध्यात्मिकता के जागरण की कसौटी प्रवचन से आगे बढ़कर आचरण है। 'स्व' का विस्तार अध्यात्म है। जिसने दूसरो के लिए जीना सीख लिया, वही आध्यात्मिक है। किसी ने प्रश्न उठाया कि अठारह मोटे-मोटे पुराणों के माध्यम से व्यासजी क्या संदेश देना चाहते हैं, क्या बात हमारे मन में उतारना चाहते हैं? उत्तर मिला कि अठारह पुराणों के माध्यम से व्यासजी केवल दो बातें कहना चाहते हैं कि परोपकार ही पुण्य है और परपीड़न ही पाप है—

परोपकारस्तुः पुण्याय, पापाय परपीड़नम्।

एक प्रसंग की कल्पना कीजिए। एक आचार्य हैं। गीता के एक-एक श्लोक पर चार-चार दिन तक विद्वत्तापूर्ण प्रवचन देते हैं। उनकी प्रवचन शैली में भावपूर्ण मुद्राओं, उपमाओं-उदाहरणों को सुनकर श्रोतागण मंत्रमुग्ध हो जाते हैं। प्रवचन का समय है। लोग आचार्यजी की प्रतीक्षा में बैठे हैं। आचार्यजी बढ़िया जलपान करके वतानुकूलित गाड़ी में बैठकर प्रवचन-स्थल की ओर चल पड़े। रास्ते में किसी ट्रक से टकरा कर एक साइकिल सवार युवक खून से लथ-पथ सड़क पर गिरा पड़ा है, पर आचार्यजी को

प्रवचन के लिए समय पर पहुँचना है इसलिए वे उस घायल युवक की जान बचाने के बजाय प्रवचन स्थल की ओर बढ़ जाते हैं, किंतु उसी समय कोई व्यक्ति मामूली हैसियत का, बिना पढ़ा-लिखा साइकिल से दैनिक मजदूरी के लिए जाता हुआ, इस दृश्य को देखकर रुक जाता है। भूल जाता है कि काम पर नहीं जाएगा तो मजदूरी चली जाएगी, परिवार का पेट कैसे भरेगा। वह उस घायल युवक की मदद में जुट जाता है। अब बताइए इन दोनों में से किस व्यक्ति को आध्यात्मिक मानें। उसे, जिसका शब्दों पर, पंडित्य पर अधिकार है, किंतु जिसके अंदर करुणा का सहज उद्रेक नहीं है अथवा उसे जिसे अध्यात्म की भाषा तो नहीं आती, पर जो दूसरों का कष्ट दूर करने के लिए अपने और परिवार के कष्टों को भूल जाता है?

इसीलिए तैत्तिरीय उपनिषद में आचार्य ने समावर्तन के समय शिष्य को शब्द-ज्ञान की अपेक्षा गुरु के आचरण को स्मरण रखने का आग्रह किया। उन्होंने कहा कि हमारे आचरण में जो अनुकरणीय हो, उसी का पालन करना, जो अनुकरणीय नहीं है, उसे छोड़ देना। पुराण के पंच लक्षणों में अंतिम लक्षण 'सुचरितानि' बताया गया है अर्थात् प्राचीन परंपरा में से ऐसे चरित्रों को समाज के सामने प्रस्तुत करना जो जीवन मूल्यों के प्रति निष्ठा पैदा कर सकें। सत्यवादी राजा हरिश्चंद्र, अतिथिसेवी राजा रतिदेव, पितृभक्त श्रवण जैसी अनेक कथाएँ हमारे लोकमानस में गहरी बैठी हुई हैं। उपनिषद में बताया गया है कि धौम्य ऋषि के आश्रम में शब्द-ज्ञान के प्रति उदासीन है, किंतु सबकी सेवा के लिए सदैव तत्पर और आश्रम की रक्षा के लिए अपने शरीर की बाजी लगाने वाले आरूणि को ब्रह्मज्ञान सबसे पहले प्राप्त हुआ। ऐसे अनेक प्रसंगों के वर्णन द्वारा आध्यात्मिक यात्रा को प्रवचन और शब्द-चर्चा से ऊपर उठाकर चित्त-शुद्धि और आचरण-शुद्धि पर केंद्रित किया गया है। भगवान् श्रीकृष्ण ने तो भगवद् गीता में पग-पग पर कर्मयोग पर ही आग्रह किया है। उन्होंने कहा कि कर्म के बिना शरीर-यात्रा नहीं हो सकती और शरीर के बिना धर्म की साधना नहीं हो सकती। इसलिए श्रेष्ठजनों को साधारण लोगों के सामने आचरण का उदाहरण प्रस्तुत करना चाहिए। भारतीय परंपरा के इस मूल

स्वर को मुखरित करते हुए ही स्वामी विवेकानंद ने कहा था कि नर सेवा ही सच्ची नारायण सेवा है।

हम भारतवासी महान् व समृद्ध ज्ञान-परंपरा के उत्तराधिकारी होते हुए भी आचरण के क्षेत्र में पिछड़ गए हैं। हम खोखली शब्द चर्चा को ही अध्यात्म मान बैठे हैं। इस स्थिति से क्षुब्ध होकर स्वामी विवेकानंद ने एक बार कहा था, 'यहाँ हरेक व्यक्ति 'ब्रह्म' की बात करता है। धिक्कार हैं तुम्हें। तमस में डूबे हो और ब्रह्म की बात करते हो। सत्त्व गुण तो दूर की बात है, तुम्हें केवल रजस की थोड़ी-सी मात्रा मिल जाए तो बहुत है।' इसीलिए वह कहा करते थे कि 'भारतीय युवकों को गीता से पहले फुटबॉल दो।'

(पाञ्चजन्य, १४ दिसंबर, १९९७)

□

सेवा क्षेत्र में तरह-तरह के खिलाड़ी

संस्कृत वाङ्मय की एक प्रसिद्ध कथा के अनुसार एक बार किसी जिज्ञासु ने पूछा, "मुनिवर व्यास ने लाखों-लाख श्लोक वाले विशाल पुराण ग्रंथों की रचना क्यों की? इन पुराणों के द्वारा वे हमें क्या समझाना चाहते हैं? इस विराट पुराण-साहित्य का सारतत्त्व क्या है?" इन प्रश्नों का उत्तर इस लोकप्रिय श्लोक में प्राप्त हुआ—

अष्टादश पुराणेषु व्यासस्य वचनद्वयं।
परोपकारः पुण्याय, पापाय परपीडनम्॥

अर्थात् 'अठारहों पुराणों में व्यासजी ने दो ही बातें कही हैं कि परोपकार ही पुण्य है और परपीड़न ही पाप है।' एक शब्द में कहना हो तो सेवा धर्म ही सब पुराणों का सारतत्व है।

पर यह सेवाधर्म कहने-सुनने में जितना सरल लगता है, करने में उतना ही कठिन है। सेवा धर्म के मार्ग पर बढ़ने के लिए एक अति संवेदनशील अंतःकरण चाहिए, यह मात्र बुद्धि का विषय नहीं है।

इस विषय को स्पष्ट करने के लिए एक प्रसंग का चित्रण आवश्यक लगता है।

दिल्ली शहर में प्रातः लगभग ९:३० बज रहे हैं। सब लोग दफ्तरों, कारखानों या दुकानों में ड्यूटी पर समय से पहुँचने की जल्दी में हड़बड़ाकर भागे जा रहे हैं। एक भीड़-भाड़ भरे चौराहे पर जोर से ठक की आवाज होती है। एक कार एक दुपहिया स्कूटर चालक को टक्कर मारकर बिना रुके भाग जाती है। स्कूटर चालक लहूलुहान बीच सड़क पर पड़ा है।

तमाशबीनों की भीड़ जमा हो जाती है। लोग उस लहूलुहान व्यक्ति पर निगाह डालते हैं और ड्यूटी पर पहुँचने के लिए चल पड़ते हैं। ऐसे ही तमाशबीनों में एक विद्वान भी हैं। उनकी वेशभूषा और माथे की सजावट से स्पष्ट है कि वे कहीं प्रवचन के लिए जा रहे हैं। उनकी वातानुकूलित कार भी भीड़ को देखकर कुछ क्षणों के लिए रुकती है। चालक बताता है कि क्या हुआ है? पर वे उसे शीघ्र चलने का आदेश देते हैं, क्योंकि प्रवचन का समय हो गया है, वहाँ भक्तजनों की भीड़ उनकी प्रतीक्षा कर रही है। वहाँ वे डेढ़ घंटे तक भगवद्‌गीता के एक श्लोक की व्याख्या में विद्वत्तापूर्ण प्रवचन करते हैं। बताते हैं कि गीता के अनुसार ब्राह्मण, गाय, हथिनी, कुत्ते और चांडाल आदि सब भूतों में एक आत्मा को देखना चाहिए। (आत्मवत् सर्वभूतेषु) और संपूर्ण प्राणिमात्र के हित की चिंता करनी चाहिए (सर्वभूतहितेरतः)। यही अध्यात्म है। यही मानव विकास की सर्वोच्च स्थिति है।

इस विद्वत्तापूर्ण प्रवचन को सुनकर श्रोतागण झूमने लगते हैं। उन्हें लगता है कि अध्यात्म में गोते लगा लिये, किंतु उन्हें क्या पता कि यह प्रवचन देने के लिए आते समय स्वामीजी की आँखों के सामने एक परिवार की रोजी-रोटी का एकमात्र सहारा एक युवक सड़क दुर्घटना में लहूलुहान होकर सहायता के लिए छटपटा रहा था, किंतु स्वामीजी उसकी सहायता के लिए वहाँ नहीं रुके, क्योंकि उन्हें विद्वत्तापूर्ण प्रवचन जो देना था, किंतु उसी समय वहाँ रोजाना मजदूरी से परिवार का पेट भरने वाला एक निरक्षर गरीब मजदूर उस घायल युवक की सेवा में जुट गया था, अपने भूखे परिवार और कमाई को भूल गया था। उसने ऐसा क्यों किया? कौन सी चीज उसे घायल की ओर खींच रही थी?

इन दोनों में से हम किसे सच्चा आध्यात्मिक पुरुष मानें—विद्वान प्रवचनकार को या निरक्षर गरीब परदुःखकातर मजदूर को? इस प्रश्न के उत्तर में गांधीजी नरसी भगत की इन प्रसिद्ध पंक्तियों को दुहरा देते हैं।

वैष्णव जन तो तेने कहिए, जे पीर पराई जाने रे॥

स्वामी विवेकानंद भी बार-बार स्मरण दिलाते हैं, "हृदय से अनुभव

करो, तर्क बुद्धि से काम नहीं चलेगा। यह कुछ दूर तक जाकर रुक जाती है। यह कर्म की प्रेरणा नहीं देती, केवल मार्ग बताती है।'' इसलिए रामकृष्ण मिशन की स्थापना करते समय उन्होंने चेतावनी दी कि इस मिशन का लक्ष्य रामकृष्ण परमहंस की प्रतिमा के सामने केवल घंटे बजाना नहीं होगा, बल्कि दरिद्र नारायण की सेवा होगा। उन्होंने कहा कि मानव देह ही सच्ची ईश्वर पूजा है।

समाज-सेवा या सामाजिक कार्य आजकल देश में बहुत बड़ा व्यवसाय बन गया है। सैकड़ों-हजारों स्वयंसेवी संस्थाएँ राष्ट्रजीवन के विभिन्न क्षेत्रों में सेवा धर्म में जुटी दिखाई दे रही हैं। सेवा धर्म के अनेक चेहरे हमारे सामने आ रहे हैं।

एक चेहरा! एक मोहल्ले में आग लग जाती है। आसपास के मोहल्लों के कुछ संवेदनशील युवक सूचना पाते ही वहाँ दौड़ आते हैं। आते ही वे जल रहे मकानों में फँसे लोगों और सामान को बचाने में जुट जाते हैं। बालटियाँ इकट्ठा करके पानी भरकर आग को बुझाने में लग जाते हैं। मोहल्ले के निवासियों को धैर्य बँधाते हैं, आग बुझाने के काम में सहयोगी बनते हैं। उनकी संगठन कुशलता और प्रयत्नों से आग बुझ जाती है। उसी समय एक राजनीतिक नेता भी वहाँ पहुँच जाते हैं। वे आग की लपटों में घिरे मोहल्ले का एक सुरक्षित चक्कर लगाते हैं और तुरंत भागकर अखबार के दफ्तर पहुँच जाते हैं। वक्तव्य देते हैं कि आग कैसे लगी, इसकी जाँच कराई जाए, जिन परिवारों की आग लगने से क्षति हुई है, उन्हें भरपूर मुआवजा दिया जाए। वक्तव्य देकर नेताजी किसी होटल में जाकर बढ़िया भोजन करते हैं। अगले दिन अखबारों में नेताजी का चित्र और वक्तव्य छप जाता है। सब लोग उनकी वाह-वाही करते हैं। आग बुझाने वाले युवकों का नाम भी नहीं छपता।

दूसरा चेहरा! समाजसेवीजी पता लगाते हैं कि किस सेवा-कार्य के लिए सरकारी या विदेशी सहायता उपलब्ध हो रही है। वे तुरंत एक स्वयंसेवी संस्था बनाते हैं। दौड़-धूप करके संपर्कों का इस्तेमाल कर मोटी अनुदान राशि प्राप्त कर लेते हैं। एक बढ़िया दफ्तर खोलते हैं। संस्था का बहुत

आकर्षक और महँगा प्रचार-साहित्य तैयार करते हैं, वेतनभोगी कर्मचारियों की एक फौज इकट्ठा करते हैं, आकर्षक विजिटिंग कार्ड, लेटरहैड, बढ़िया कार और समाज-सेवा पूरे वेग से गतिमान। ऐसे अनेक नामों को मैं जानता हूँ जो टूटी चप्पल पहनकर सेवा क्षेत्र में घुसे और महँगी वातानुकूलित कार में बैठकर बाहर निकले। विदेशी या सरकारी अनुदान द्वारा पोषित एवं वेतनभोगी कर्मचारियों पर आश्रित सेवा प्रकल्पों का व्यवसाय करनेवाले ऐसे विमानचारी समाजसेवियों की एक विशाल फौज इस समय हमारे देश में पनप रही है। ये सेवाधर्मी अपनी भूमिका दाता की बना लेते हैं और सेवा क्षेत्र के निवासियों को याचक की स्थिति में पहुँचा देते हैं। याचक और दाता का यह रिश्ता स्थायी बन जाता है। स्वावलंबन और आत्मविश्वास की भावना जगाना उनका उद्देश्य नहीं है, क्योंकि वह जाग गई तो उनकी दुकान कैसे चलेगी? विदेशी या सरकारी अनुदान वे कैसे पा सकेंगे?

समाज-सेवा का एक तीसरा प्रकार भी है। उसे हमने लफ्फाजी क्रांतिकारिता का नाम दिया है। इसमें समाज के दुःख-सुख में सहभागी होने की कोई आवश्यकता नहीं है। आप वातानुकूलित कमरों या पुस्तकालयों में बैठकर गरीबी आदि सामाजिक व्याधियों का मार्मिक वर्णन कीजिए, क्रांति की भाषा लिखिए। लेख और किताबें प्रकाशित कीजिए, खूब पैसा कमाइए और क्रांतिकारी विचारक के रूप में नाम भी कमाइए। जो लोग सच्चे अंतःकरण से निःस्वार्थ भाव से समाज-सेवा का कार्य करें, उनकी आलोचना कीजिए, उनके सेवा कार्यों में कमियाँ निकालिए, उन पर भेदभाव का आरोप लगाइए। समाज में भेदभाव पैदा करके कुछ वर्गों की सहानुभूति प्राप्त कीजिए। निःस्वार्थ समाजसेवियों पर राजनीतिक लाभ उठाने का आरोप लगाइए। पर, स्वयं राजनीति यह समाज-सेवा का बौद्धिक प्रकार है।

समाज-सेवा के इन तीन प्रकारों से भिन्न एक चौथा प्रकार भी है। इस प्रकार का मुख्य लक्ष्य संवेदनशील अंतःकरणों का लोकसंग्रह करना, उनके मन में समाज और राष्ट्र के प्रति आत्मीयता के भाव को गहरा करना, अपने 'स्व' का विस्तार कर समाज और राष्ट्र के लिए सर्वस्वार्पण के भाव को उद्दीपित करना। राष्ट्रभक्ति से ओतप्रोत समाज के प्रति

आत्मीयता और संवेदना से परिपूर्ण ऐसे असंख्य अंत:करणों का देशव्यापी संगठन खड़ा करना। आध्यात्मिक राष्ट्र के निर्माण का यह व्यावहारिक मार्ग है। यही सच्चा अध्यात्म है। ऐसे अंत:करण राष्ट्र के किसी भी कोने में, समाज के किसी भी वर्ग पर आपदा आने पर बिना किसी निमंत्रण, अनुदान या प्रतिफल की प्रतीक्षा किए तुरंत वहाँ दौड़ जाएँगे और चुपचाप सेवा व सहायता में जुट जाएँगे। प्रसिद्धिपराङ्मुखता उनकी आस्था है। समाज-सेवा उनकी स्वयंस्फूर्त आंतरिक निष्ठा है।

राष्ट्रीय स्वयंसेवक संघ नाम रूपी संगठन और संस्कार प्रक्रिया ने समाज-सेवा के इस चौथे प्रकार का श्रेष्ठ उदाहरण प्रस्तुत किया है। संघ के स्वयंसेवकों की समाज-सेवा किसी एक विषय, किसी एक वर्ग या किसी एक क्षेत्र तक सीमित नहीं है। वह समाज का समग्र विकास करने की दिशा में सर्वस्पर्शी, सर्वव्यापक साधना है। चाहे सन् १९४७ में देश-विभाजन और सन् १९५० में इस्लामी उन्माद की मानव निर्मित विपदा द्वारा विस्थापित हुए करोड़ों-करोड़ देशवासियों की प्राण रक्षा और पुनर्वास की चुनौती हो, चाहे सन् १९७८ में आंध्र प्रदेश और तमिलनाडु पर चक्रवात का संकट हो, चाहे दिल्ली में यमुना की बाढ़ हो, चाहे सन् १९८७-८८ में गुजरात पर सूखे का आक्रमण हो, चाहे सन् १९९१ में उत्तर प्रदेश के उत्तरकाशी क्षेत्र, सन् १९९३ में महाराष्ट्र के लातूर क्षेत्र या सन् २००१ में गुजरात का भूकंप हो, संघ का स्वयंसेवक प्रत्येक प्राकृतिक आपदा के समय सबसे पहले विपदाग्रस्त क्षेत्र में पहुँचा है। हरियाणा के डबवाली नामक स्थान पर पंडाल की आग से घिरे स्त्री-पुरुषों-बच्चों को बचाने, १२ नवंबर, १९९६ को हरियाणा के चरखी दादरी नामक स्थान पर सऊदी अरब और कजाक विमानों की टक्कर में दुर्घटनाग्रस्त सैकड़ों मुस्लिम यात्रियों या उत्तर प्रदेश के फिरोजाबाद नामक स्टेशन पर रेल दुर्घटना में आहतों की सहायता का क्षण हो, संघ का स्वयंसेवक बिना किसी झिझक या भेदभाव के वहाँ दौड़कर पहुँचा है। लाशों की दुर्गंध के बीच भी उसकी धैर्यपूर्ण नि:स्वार्थ सेवा को देखकर मुस्लिम उलेमा और नेता भी चमत्कृत हुए हैं। उन्होंने उनकी भूरि-भूरि सराहना की है।

किंतु संघ के स्वयंसेवक का यह सेवा भाव केवल मानव निर्मित या प्राकृतिक आपदा के समय ही जाग्रत् नहीं होता, वह समाज के दुर्बल, पिछड़े और उपेक्षित वर्गों की अहर्निश सेवा में ही लगा हुआ है। वह व्यक्तिगत और पारिवारिक भविष्य को ठोकर मारकर, दौड़कर दूरस्थ और दुर्गम कोनों तक समाज के प्रति करुणा और आत्मीयता को लेकर पहुँचा है। वह चाहे अरुणाचल की सीमा हो या लद्दाख की सूखी दुर्गम पहाड़ियाँ हों या कन्याकुमारी की मछुआरा बस्तियाँ हों, हर जगह संघ का स्वयंसेवक सेवा की मशाल लेकर खड़ा मिलेगा। वनवासी हों या पिछड़ी जातियाँ, किसान हों या मजदूर, प्रत्येक क्षेत्र में संघ का स्वयंसेवक अपनी नि:स्वार्थ सेवा और कर्म साधना के द्वारा आध्यात्मिक ऊर्जा फैला रहा है।

सुविधा जीवी लफ्फाज क्रांतिकारियों द्वारा प्रचार माध्यमों में राक्षस की छवि ओढ़ने के बाद भी वह निष्काम समाज-सेवा के अपने पथ पर अटल अडिग है, क्योंकि सेवा की प्रेरणा से वह अपना रिश्ता पिता-पुत्र का मानता है। इस भारतमाता के प्रति उसका रोम-रोम पुत्र भाव से ओतप्रोत है। वह मात्र अपने कर्तव्य का पालन कर रहा है। सेवा धर्म उसके आध्यात्मिक उन्नयन की सहज अभिव्यक्ति है। संघ संस्थापक डॉ. हेडगेवार कहा करते थे कि यदि आपका कोई सगा-संबंधी बीमार पड़ जाए तो क्या अपनी नौकरी, व्यापार और व्यक्तिगत सुख भूलकर उसकी सेवा में नहीं जुट जाएँगे? क्या इसके लिए किसी को आपसे कहना पड़ेगा? संघ का स्वयंसेवक, संपूर्ण राष्ट्र और समाज के प्रति ऐसी ही आत्मीयता महसूस करता है। समाज ही उसका भगवान् है, आराध्य है। समाज के प्रति आत्मीयता और भक्ति-भावना ही इस यात्रा में उसका पाथेय है।

(पाञ्चजन्य, २५ मार्च, २००१)

□

राम का विजय पर्व है दीपावली

दीपावली प्रतिवर्ष आती है। इस वर्ष भी आई है। परंपरा की पुकार है, इसलिए लोग दीप जलाना चाहेंगे, बच्चे खिलौनों और पटाखों के लिए मचलेंगे, गृहणियों के मन धनतेरस पर नए-नए बरतन घर में लाने के लिए ललकते रहेंगे। मन के किसी कोने से उल्लास जगना चाहेगा, उमंग उभरना चाहेगी। आखिर यही तो पुण्य दिवस है जब किसी पुरायुग में अन्याय, अत्याचार और अधर्म के प्रतीक रावण को मारकर सोने की लंका के सिंहासन पर धार्मिक विभीषण को आसीन कर जनकनंदिनी को साथ ले मर्यादा पुरुषोत्तम राम 'जननी जन्म भूमिश्च स्वर्गादपि गरीयसी,' अयोध्या में वापस लौटे थे, जनोल्लास के बीच उनका राज्याभिषेक हुआ था। उस दिन का उल्लास-उमंग काल के मोटे परदे को चीरकर आज भी हमारे मानस में संस्कारों के रूप में समाई हुई है और प्रतिवर्ष दीवाली के रूप में फूट पड़ना चाहती है, पर···बस यहीं तक।

जिस वर्तमान में हम जी रहे हैं, वह उस उल्लास को उभरने नहीं दे रहा, उमंग को चहकने नहीं दे रहा। चारों ओर पराजय का, निराशा का, घुटन का, अभाव का दृश्य है, जो मन को कुंठित किए जा रहा है। महँगाई का रावण, सांप्रदायिकता का रावण, विदेशी शत्रुओं का रावण, विदेशनिष्ठा का रावण, पृथकतावाद का रावण, भ्रष्टाचार का रावण, गुटबंदी का रावण—एक नहीं, अनेक रावण चारों ओर दीख पड़ रहे हैं और सब मानो हमारी स्वाधीनता की सीता को अपहृत करने पर तुले हुए हैं। हम कैसे भूल जाएँ कि अकाल की काली छाया बाड़मेर और जैसलमेर के क्षेत्रों पर मँडरा रही

है। वहाँ आज दीपक नहीं जल रहे, मृत्यु का अँधियारा छाया है। कैसे हम विस्मरण करें कि पूर्वी भारत में असम और बंगाल के हमारे सहस्रों बंधुओं को सर्वनाशी बाढ़ निगल गई।

यह सत्य है कि बीच-बीच में विजय का एकाध समाचार आ जाता है, जो हमारे मूर्छित प्राणों में कुछ स्पंदन भर देता है। कहीं से सूचना आ गई कि भारतीय रक्त एवं नाम को धारण करनेवाले एक वैज्ञानिक को संसार का सबसे प्रतिष्ठित पुरस्कार अर्थात् नोबेल पुरस्कार मिल गया। हम फूल गए, गर्व से हमने अपना मस्तक ऊँचा करना चाहा, हमने चाहा कि हरगोविंद खुराना का चित्र अपने गले में लटका लें, नाचें, कूदें। रवींद्रनाथ ठाकुर, चंद्रशेखर वेंकट रमण और अब खुराना नोबेल पुरस्कार पाने वालों की पंक्ति में तीसरा भारतीय नाम। आखिर एक भारतीय तो निकला, जिसने विश्व में हमारे झुके मस्तक को थोड़ा ऊँचा उठाने की कोशिश की, किंतु जब दूसरे ही क्षण हमें पता चलता है कि यह वह प्रतिभा है, जिसे मातृभूमि अपनी गोद में समा नहीं सकी, जो यदि यहाँ रह जाती तो मुरझा जाती और शायद कभी नोबेल पुरस्कार पानेवालों की पंक्ति में सम्मिलित न हो पाती, क्योंकि कहाँ है हमारे यहाँ शोध के वे साधन, शोध की एकांतिक साधना की प्रेरणा देने वाला वह बौद्धिक एवं ध्येयनिष्ठ वातावरण, जिनके द्वारा डॉ. खुराना कोई मौलिक वैज्ञानिक उपलब्धि कर पाते; (उन्होंने जो कुछ आज पाया है, वह तो अमेरिका और कनाडा की देन है, भारत की नहीं) तो लज्जा के भार से मस्तक पुनः झुकना चाहता है।

पराजय की भावना पुनः मन को कचोटने लगती है। क्या सचमुच अब हम विश्व संस्कृति को कोई योगदान नहीं दे सकते? क्या सचमुच अब भारतीय गगन पर उसकी अपनी उपलब्धियों के दीए कभी नहीं जगमगाएँगे? सोचते-सोचते मन पहुँच जाता है स्व. जगदीशचंद्र बसु के पास, गणितज्ञ रामानुजम के पास। आशा और आत्मविश्वास का उजाला पुनः हमें घेरने लगता है। प्रतिभा के धनी पुत्र दरिद्र माता की गोद में रहकर भी अपनी उपलब्धियों से विश्व को चमत्कृत कर सकते हैं। क्या केवल इसलिए कि माँ आज अपने सत्पुत्रों की सब इच्छाओं की पूर्ति करने में

समर्थ नहीं है, उसे अभावों के अँधेरे में भटकता छोड़कर पराए स्वर्ग में चले जाना कर्तव्यपरायण पुत्रों के लिए शोभा दे सकता है? अपने नरक में रहकर उसे स्वर्ग में परिणत करने में जो पुरुषार्थ और गौरव है, क्या वह पराए स्वर्ग में जाकर अपने स्वदेश को लांछित करने में हो सकता है?

उत्थान और पतन व्यक्तियों के जीवन में आते हैं तो राष्ट्रों के जीवन में भी आते हैं। यह तो भाग्य का चक्र है जो घूमता ही रहता है, इसका अर्थ यह तो नहीं कि पतन का घेरा आते ही हम भाग चलें उन राष्ट्रों की ओर जिनका भाग्य चक्र संयोग से उत्थान की ओर उन्मुख है।

हमारे राष्ट्रीय जीवन का वर्तमान पतन भारत माँ की गोद में जन्म लेने वाली प्रत्येक प्रतिभा के लिए एक सात्विक चुनौती है कि वह पतन के अंधेरे से डरकर भागे नहीं अपितु अपनी साधना के दीए जलाकर इस अंधेरे को भगाए, ऐसी परिस्थितियाँ पैदा करे, जिससे विकृतियों के रावणों का अंत हो और करोड़ों देशवासियों के अंदर के उल्लास का दम घुटने न पाए अपितु वह पूर्ण वेग से बाहर प्रकट हो सके।

यह एक पवित्र ऋण है, जिसे लेकर हम सब जनमे हैं। इससे उऋण हुए बिना हमारा निस्तार नहीं है। अब हममें से प्रत्येक के मन में यह कर्तव्य-बोध जगेगा, तभी दीपावली सच्चे अर्थों में दीपावली बन सकेगी।

(पाञ्चजन्य, २२ अक्तूबर, १९६८)

□□□